文库

丛书主编

郑毅

韩边外

李澍田　宋抵
乔　钊　胡维革
编

吉林文史出版社

图书在版编目（CIP）数据

韩边外 / 李澍田, 宋抵, 乔钊等编. -- 长春 : 吉林
文史出版社, 2021.1
　（长白文库）
　ISBN 978-7-5472-7572-6

　Ⅰ. ①韩… Ⅱ. ①李… ②宋… ③乔… Ⅲ. ①东北地
区－地方史－近代 Ⅳ. ①K293

　中国版本图书馆CIP数据核字(2020)第253633号

韩边外

HANBIANWAI

出 品 人: 张强

编: 李澍田　宋抵　乔钊　胡维革

丛书主编: 郑毅

责任编辑: 程明 戚晔

责任校对: 肖景全

装帧设计: 尤蕾

出版发行: 吉林文史出版社有限责任公司

电　　话: 0431-81629369

地　　址: 长春市福祉大路出版集团A座

邮　　编: 130117

网　　址: www.jlws.com.cn

印　　刷: 吉林省优视印务有限公司

开　　本: 170mm×240mm　1/16

印　　张: 13

字　　数: 230千字

版　　次: 2021年1月第1版　2021年1月第1次印刷

书　　号: ISBN 978-7-5472-7572-6

定　　价: 128.00元

《长白文库》编委会

《长白文库》总序

中华优秀传统文化是中华民族的"根"和"魂",习近平总书记高度重视中华优秀传统文化,并将其作为治国理政的重要思想文化资源。"不忘本来才能开辟未来,善于继承才能更好创新。""优秀传统文化是一个国家、一个民族传承和发展的根本,如果丢掉了,就割断了精神命脉。"中华优秀传统文化具有多样性和地域性等特征,东北地域文化是多元一体的中华文化中的重要组成部分。吉林省地处东北地区中部,是中华民族世代生存融合的重要地区,素有"白山松水"之美誉,肃慎、扶余、东胡、高句丽、契丹、女真、汉族、满族、蒙古族等诸多族群自古繁衍生息于此,创造出多种极具地域特征的绚烂多姿的地方文化。为了"弘扬地方文化,开发乡邦文献",自20世纪80年代起,原吉林师范学院李澍田先生积极响应陈云同志倡导古籍整理的号召,应东北地区方志编修之急,服务于东北地方史研究的热潮,遍访国内百余家图书馆寻书求籍,审慎筛选具有代表性的著述文典300余种,编撰校订出版以《长白丛书》(以下简称《丛书》)为名的大型东北地方文献丛书,迄今已近40载。历经李澍田先生、刁书仁和郑毅两位教授三任丛书主编,数十位古籍所前辈和同人青灯黄卷、兀兀穷年,诸多省内外专家学者的鼎力支持,《丛书》迄今已共计整理出版了110部5000余万字。《丛书》以"长白"为名,"在清代中叶以来,吉林省疆域迭有变迁,而长白山钟灵毓秀,蔚然耸立,为吉林名山,从历史上看,不咸山于《山海经·大荒北经》中也有明确记录,把长白山当作吉林的象征,这是合情合理的。"(《长白丛书》初版陈连庆先生序)

1983年吉林师范学院古籍研究所(室)成立,作为吉林省古籍整理与研究协作组常设机构和丛书的编务机构,李澍田先生出任所长。全国高校古籍整理工作委员会、吉林省教委和省财政厅都给予了该项目一定的支持。李澍田先生是《丛书》的创始人,他的学术生涯就是《丛书》的创业史。《丛书》能够在国内外学界有如此大的影响力,与李澍田先生的敬业精神和艰辛努力是分不开的。《丛书》创办之始,李澍田先生"邀集吉、长各地的中青年同志,乃至吉林的一些老同志,群策群力,分工合作"(初版陈序),寻访底本,夙兴夜寐逐字校勘、联络印刷单位、寻找合作方，因经常有生僻古字，先生不得不亲自到车间与排版工人拼字铸模；吉林文史出版社于永玉先生作为《丛书》的第一任责编，殚精竭虑地付出了很多努力，为《丛书》的完成出版做出了突出贡献；原古籍所衣兴国等诸位前辈同人在辅助李澍田先生编印《丛书》的过程中，一道解决了遇到的诸多问题、排除了诸多困难，是《丛书》草创时期的重要参与者。《丛书》自20世纪80年代出版发行以来，经历了铅字排版印刷、激光照排印刷、数字化出版等多个时期，《丛书》本身也称得上是改革开放以来中国印刷史的见证。由于《丛书》不同卷册在出版发行的不同历史时期，投入的人力、财力受当时的条件所限，每一种图书的质量都不同程度留有遗憾，且印数多则千册、少则数百册，历经数十年的流布与交换，有些图书可谓一册难求。

1994年，李澍田先生年逾花甲，功成身退，由刁书仁教授继任《丛书》主编。刁书仁教授"萧规曹随"，延续了《丛书》的出版生命，在经费拮据、古籍整理热潮消退、社会关注度降低的情况下，多方呼吁，破解困局，使得《丛书》得以继续出版，文化品牌得以保存，其功不可没。1999年原吉林师范学院、吉林医学院、吉林林学院和吉林电气化高等专科学校合并组建为北华大学，首任校长于庚蒲教授力主保留古籍所作为北华大学处级建制科研单位，使得《丛书》的学术研究成果得以延续保存。依托北华大学古籍所发展形成的专门史学科被学校确定为四个重点建设学科之一，在东北边疆史地研究、东北民族史研究方面形成了北华大学的特色与优势。

2002年，刁书仁教授调至扬州大学工作，笔者当时正担任北华大学图书馆馆长，在北华大学的委托和古籍所同人的希冀下，本人兼任古籍所所长、《丛书》主编。在北华大学的鼎力支持下，为了适应新时期形势的发展，出于拓展古籍研究所研究领域、繁荣学术文化、有利于学术交流以及人才培养工作的实际需要，原古籍研究所改建为东亚历史与文献研究中心，在保持原古籍整理与研究的学术专长的同时，中心将学术研究的视野和交流渠道拓展至东亚地域范围。同时，为努力保持《丛书》的出版规模，我们以出文献精品、重学术研究成果为工作方针，确保《丛书》学术研究成果的传承与延续。

在全方位、深层次挖掘和研究的基础上，整套《丛书》整理与研究成果斐然。《丛书》分为文献整理与东亚文化研究两大系列，内容包括史料、方志、档案、人物、诗词、满学、农学、边疆、民俗、金石、地理、专题论集12个子系列。《丛书》问世后得到学术界和出版界的好评，《丛书》初集中的《吉林通志》于1987年荣获全国古籍出版奖，三集中的《东三省政略》于1992年获国家新闻出版总署全国古籍整理图书奖，是当年全国地方文献中唯一获奖的图书。同年，在吉林省第二届社会科学成果评奖中，全套丛书获优秀成果二等奖，并被国家新闻出版总署列为"八五"计划重点图书。1995 年《中国东北通史》获吉林省第三届社会科学优秀成果二等奖。2005 年，《同文汇考中朝史料》获北方十五省（市、区）哲学社会科学优秀图书奖。

《丛书》的出版在社会各界引起很大反响，与当时广东出现的以岭南文献为主的《岭南丛书》并称国内两大地方文献丛书，有"北有长白，南有岭南"之誉。吉林大学金景芳教授认为"编辑《长白丛书》的贡献很大，从《辽海丛书》到《长白丛书》都证明东北并非没有文化"。著名明史学者、东北师范大学李洵教授认为："《长白丛书》把现在已经很难得的东西整理出来，说明东北文化有很高的水准，所以丛书的意义不只在于出了几本书，更在于开发了东北的文化，这是很有意义的，现在不能再说东北没有文化了。"美国学者杜赞奇认为"以往有关东北方面的材料，利用日文资料很多。而现在中文的《长白丛书》则很有利于提高中国东北史的研究"（《长白丛书》出版十周年纪念会上的发言）。中国社会科学院边疆史地研究中心主任厉声研究员认为："《长白丛书》已经成为一个品牌，与西北研究同列全国之首。"（1999 年 12 月在《长白丛书》工作规划会议上的发言）目前，《长白丛书》已被收藏于日本、俄罗斯、美国、德国、英国、加拿大、澳大利亚、韩国及东南亚各国多所学府和研究机构，并深受海内外史学研究者的关注。

为了更好地传承和弘扬优秀地域文化，再现《丛书》在"面向吉林，服务桑梓"方面的传统与特色，2010 年前后，我与时任吉林文史出版社社长的徐潜先生就曾多次动议启动出版《长白丛书精品集》，并做了相应的前期准备工作，后因出版资助经费落实有困难而一再拖延。2020 年，以十年前的动议与前期工作为基础，在吉林省省级文化发展专项资金的资助下，北华大学东亚历史与文献研究中心与吉林文史出版社共同议定以《长白丛书》为文献基础，从《丛书》已出版的图书中优选数十种具有代表性的文献图书和研究著述合编为《长白文库》加以出版。

《长白文库》是在新的历史发展时期对《长白丛书》的一种文化传承和创新，《长白丛书》仍将以推出地方文化精华和学术研究精品为目标，延续东北地域文化的文脉。

《长白文库》以《长白丛书》刊印 40 年来广受社会各界关注的地方文化图书为入选标准，第一期选择约 30 部反映吉林地域传统文化精华的图书，充分展现白山松水孕育的地域传统文化之风貌，为当代传统文化传承提供丰厚的文化滋养，是一件功在当代、利在千秋的文化盛举。

　　盛世兴文，文以载道。保存和延续优秀传统文化的文脉，是人文社会科学研究者的社会责任和学术使命，《长白丛书》在创立之时，就得到省内外多所高校诸多学界前辈的关注和提携，"开发乡邦文献，弘扬地方文化"成为20世纪80年代一批志同道合的老一辈学者的共同奋斗目标，没有他们当初的默默耕耘和艰辛努力，就没有今天《长白丛书》这样一个存续40年的地方文化品牌的荣耀。"独行快，众行远"，这次在组建《长白文库》编委会的过程中，受邀的各位学者都表达了对这项工作的肯定和支持，慨然应允出任编委会委员，并对《长白文库》的编辑工作提出了诸多真知灼见，这是学界同道对《丛书》多年情感的流露，也是对即将问世的《长白文库》的期许。

　　感谢原吉林师范学院、现北华大学40年来对《丛书》的投入与支持，感谢吉林文史出版社历届领导的精诚合作，感谢学界同人对《丛书》的关心与帮助！

郑　毅

谨序于北华大学东亚历史与文献研究中心

2020年7月1日

《长白丛书》序

　　吉林师范学院李澍田同志，悉心钻研历史，关心乡邦文献，于教学之余，搜罗有关吉林的书刊，上自古代，下迄辛亥，编为《长白丛书》，征序于予，辞不获命。爰缀予所知者书于简端曰：

　　昔孔子有言："夏礼吾能言之，杞不足征也。殷礼吾能言之，宋不足征也。文献不足故也，足则吾能征之矣。"说者以为："文，典籍也。献，贤也。"这是因为文献与历史研究相辅相成，缺乏必要的文献，历史研究便无从措手。古代文献，如十三经、二十四史之属，久已风行海内外，家传户诵，不虞其失坠，而近代文献往往不易保存。清代学者章学诚对此曾大声疾呼，希望唤起人们的注意，于其名著《文史通义》中曾详言之。然而，保存文献并不如想象那么容易。贵远贱近，习俗移人，不以为意，随手散弃者有之。保管不善，毁于水火，遭老鼠批判者有之。而最大损失仍与政治原因有关。自清朝末叶以来，吉林困厄极矣，强邻环伺，国土日蹙，先有日、俄帝国主义战争，继有军阀割据，九一八事变后，又有敌伪十四年统治，国土沦陷，生民憔悴。在政权更迭之际，人民或不免于屠刀，图书文物更随时有遭毁弃和掠夺的命运。时至今日，清代文书档案几如凤毛麟角，九一八事变以前书刊也极为罕见。大抵有关抨击时政者最先毁弃，有关时事者则几无孑遗。欲求民国以来一份完整无缺的地方报纸已不可能，遑论其他。

　　中华人民共和国成立以来，百废俱兴，文教事业空前发展。而中经十年内乱，公私图书蒙受极大损失，断简残篇难以拾掇。吉林市旧家藏书，"文革"期间遭到洗劫，损失尤重。粉碎"四人帮"后，祖国复兴，文运欣欣向荣，在拨乱反正的号召下，由陈云同志倡导，大张旗鼓，整理古籍，一反民族虚无主义积习，尊重祖国悠久文化传统，为振兴中华，提供历史借鉴。值此大好时机，李澍田同志以一片爱国爱乡的赤子之心，广泛搜求有关吉林文史图书，不辞劳苦，历访东北各图书馆，并远走京沪各地，仆仆风尘，调查访问，即书而求人，因人而求书，在短短几年时间里，得书逾千，经过仔细筛选，择其有代表性者三百种，编为《长白丛书》。盖清代中叶以来，吉林省疆域迭有

1

变迁，而长白山钟灵毓秀，巍然耸立，为吉林名山，从历史上看，不咸山于《山海经·大荒北经》中也有明确记录，把长白山当作吉林的象征，这是合情合理的。

丛书中所收著作，以清人作品为最多，范围极其广泛，自史书、方志、游记、档案、家谱以下，又有各家别集、总集之属。为网罗散佚，在宋、辽、金以迄明代的著作之外，又以文献征存、史志辑佚、金石碑传补其不足，取精用宏，包罗万象，可以说是吉林文献的总汇。对于保存文献，具有重大贡献。

回忆酝酿编余之际，李澍田同志奔走呼号，独力支撑，在无人、无钱的条件下，邀集吉长各地的中青年同志，乃至吉林的一些老同志，群策群力，分工合作，众志成城，大业克举。在整理文献的过程中，摸索出一套先进经验，培养出一支坚强队伍。这也是有志者事竟成的一个范例。

我与李澍田同志相处有年，编订此书之际，澍田同志虚怀若谷，对于书刊的搜求、目录的选定，多次征求意见。今当是书即将问世之际，深喜乡邦文献可以不再失坠，故敢借此机会聊述所怀。殷切希望读此书者，要从祖国的悲惨往事中，培养爱祖国、爱乡土的心情，激发斗志，为"四化"多作贡献。也殷切希望读此书者能够体会到保存文献之不易，使焚琴煮鹤的蠢事不要重演。

当然，有关吉林的文献并不以汉文书刊为限，在清代一朝就有大量的满、蒙文的档案和图书，外又有俄、日、英、美各国的档案和专著，如能组织人力，有计划、有步骤地进行整理，提要钩玄勒成专著，先整理一部分，然后逐渐扩大，这也是不朽的盛业，李君其有意乎？

吉林　陈连庆　谨序

一九八六年五月一日

前 言

　　近代东北史是中国近代史的一个组成部分。东北地区是满族的发祥地，清王朝入关后一直非常重视这块"龙兴之地"，在统治制度、土地占有形式等方面都有它自己的特点，这种情况直到清末并未完全改变。近代东北又是帝国主义列强激烈争夺的地区之一。19世纪五六十年代，沙俄割占了黑龙江以北、乌苏里江以东一百多万平方公里的中国领土。19世纪末20世纪初，日本发动侵略中国的甲午战争以及日俄战争，主要战场都在东北，战争的结局给东北社会的发展变化带来严重的影响。研究和探讨近代东北社会发展和变化的历史趋势，对揭示和研究中国近代社会发展变化的历史规律，无疑是有重要意义的。

　　而在东北近代史上，历时八十年、控制几千里的韩氏家族的兴起、发展和衰亡，或者说"韩边外"的形成、发展、逐渐封建化和最后消失，又具有特别重要的地位和巨大的影响。

　　"韩边外"既指韩宪宗、韩登举、韩绣堂三代人，又指"柳条边"外、长白山北麓的广大地区；亦指以韩家三代为首领的与清政府不即不离的政治势力。在历史上，它内容庞杂，波及广泛，影响深远。大凡东北近代史上的重大事件，几乎都与它旁牵侧引，相关相联。完全可以说，它是东北近代史的一个聚光点。通过它，我们既可以看到韩氏家族发家立势的轨迹，又可以看到东北人民开发边疆、保卫祖国的业绩，同时可以看到帝国主义列强侵略东北的行径。因此，要想全面深入地研究东北近代史，就不能不在"韩边外"上下些功夫。

　　但由于资料缺乏，截至目前，国内关于"韩边外"的研究论文仅有八九篇，而且还多限于对具体的个别问题的探索与描述，很少对它进行系统研究，这不能不说是中国史研究中的一大憾事。我们出于对家乡的感情，愿为有志于此的同志们提供一点儿研究上的方便，尽力搜集了有关"韩边外"的资料，最后汇集成了本书。

　　本书搜集资料比较广泛，包括正史、野史、方志、笔记、官私文书、采访调查录等近二十万字。译文部分兼收日人、俄人、德人等著述。除文字材料外，还附有韩氏三代及矿区、会房、碑石、寺庙等多幅照片资料。这里特别值得一提的是，值发意之初，蒙长春市地质队工程师王金元同志将自己早在20世纪50年代便属意于此而亲自查录的原东北档案馆珍藏的历史档案全部无私地提供给我们，使本书内容更加充实（档案资料为50年代手抄稿，难免有误，引用时请查原件）。此外，高万华同志为我们翻拍了全书的照片。在此，我们表示深深的谢忱。

由于我们的水平有限，加之时间仓促，错误不妥之处，敬希读者指正。

编　者

一九八六年五月一日

目 录

一　韩边外与韩氏家族

（一）韩氏家族概况

韩边外入夹皮沟经过

按：韩边外原名显忠，后改名效忠。原籍山东，移居复州。其父以农为业。道光年间，随父至厂北木器河，佣工于侯姓家。嗣闻三姓有巨盗葛乘龙招集游民，私开金厂，效忠辞工，偕孙老八往投焉。后经三姓副都统带队击之，葛败，效忠潜逃珲春。不数月，旋赴延吉冈，得与兴京李盛林、海城八卦沟刘启广等二百余人结为同盟弟兄。众因效忠久在边外，而年又居长，群呼为边外大爷。由是韩边外之名遂传于吉林南冈。当是时，夹皮沟内有自三座塔来之梁才、孙义堂二人，暗夺李半疯之金厂，率众三百余名占据该处，坐索税金，抽收太苛，一时掏金工人往投效忠者甚多，效忠自鸣得意。旋与李、刘商议谋夺梁、孙之金厂。咸丰九年四月底，率众攻之，数日不克。效忠独出奇计，夜间用火绳缠于树上，燃之以作疑兵。梁与孙见而生疑，畏其人多，遂渡江而西。梁逃千山，出家为僧，孙回原籍，众皆涣散。金厂因而悉归效忠。此即韩边外入夹皮沟之经过。

《长白山江冈志略》第160—161页。

韩边外妻子略

按：韩边外嫡妻侯氏。（韩边外）因少时佣工于侯姓家，侯某见其厚重少文，故以女妻之，生受文。继娶李氏，无所出。边外年七十六岁，卒于沟内。受文不善理事，生三子：一登举，一登科，一登朝，故以长子登举经理家务。

《长白山江冈志略》第161页。

《宋教仁集》载韩边外志略

韩边外，原为吉林府辖地。当七十余年前，有山东登州人韩效忠（亦名显忠，号瑞臣）者在夹皮沟为挖金贼首领，占领附近一带之地。清吉林将军遣人讨之，不克，乃招抚之。效忠阳受抚而阴修兵备，逐渐扩张其领域，遂至全有今地（效忠绰号边外，因呼其地曰韩边外，人亦呼为韩国或韩家），而成为独立自治之部落，清官吏授为练长之职。光绪二十三年，效忠卒。子受文弱病，受文子登举承其后，为现今韩边外之统领。其疆域东西长二百里，南北广百里。东以古洞河（界敦化县）为界，南以头道江南山为界，西以那尔轰大鹰沟为界，北以牡丹岭为界，面积约二万余方里，人口约五万余。其治所初在木旗沟（亦曰金城，亦曰地荫子，明时之穆城卫地也），在松花江之东岸，木旗河之南，北距吉林省治二百二十里，后分治于桦树林子（亦曰桦皮甸子），亦在松花江东岸，南距木旗沟三十里。统领居桦树林子，下有总理、管事等员属之。其领内分为团练会九区，会有会首一人，掌地方民政、裁判、赋税、军备之事（曰夹皮沟会，曰金银别会，曰古洞河会，曰帽儿山会，曰梨子沟会，曰棒槌沟会，曰那尔轰会，曰头道流河会，曰大沙河会），每会养兵十余人，乃至五十人，合桦树林子、木旗沟二治所之护勇计之，共有兵六百余人。其地当长白山之北缓斜面，松花江上流头道江、二道江诸水贯流其中，诸山脉纵横起伏，成为一大溪谷之高原地。地质属太古界之结晶片岩系，以片麻岩、云母、石英等为多。气候甚寒，多北风，雨雪较盛。居民皆系汉人（山东人最多），风俗习惯皆与山东省相同。交通甚不发达，自桦树林子北行渡松花江，经大鹰沟，可至吉林。东行沿漂河而上可至敦化。南行可至木旗沟。自木旗沟西行，渡松花江，经宽街，可至海龙府。东行沿木旗河而上，可至敦化。南行经二道沟、头道沟、色勒河、高丽房、贝勒庙子、老银厂、二道岔，可至夹皮沟。自夹皮沟东行，经金银别、二道江、两江口、大沙河、古洞河，可至"间岛"及娘娘库。南行经高丽沟子、头道流河，沿二道江而上，可至濛江、汤河及临江县（娘娘库、濛江、汤河、临江县皆在长白山脉之西北缓斜，而鸭绿江之北，韩边外之南，即日本人谓为"西间岛"，或"南间岛"者。娘娘库为娘娘库河以西南之地，广长各数十里，有团练会，会首王老峒。汤河为头道江上流之地，当费德里山之北面，广长各七八十里，有团练会之首名纪□□。二地皆系自治村落，与韩边外无异。濛江，为头道江以东以西之地，当地汤河之北，广长各百余里，吉林将军设有开垦局治之，居民亦立团练会自治。临江县，在费德里山脉之南，鸭绿江北岸，自帽儿山以东，至二十四道沟，皆其辖地，东西二百余里，县属盛京兴京厅，纯然之官治地也。今岁春，清东三省总督奏请增设州县于奉天、吉林二省，娘娘库隶桦甸县，以汤河濛江地设立濛江州，皆属吉林省，以临江县东部增设长白府，属盛京省。刻下尚在经营中也），皆系险恶之道路，车马不能通行之处。产业以矿业、林业、猎业、人参业为重，农业、渔业次之，工商业无足称者。矿者多沙金，领内到处皆有，而以夹皮沟、古洞河、大沙河、金银别为最。林产多松、桦、柞、椴、楸、榆等，由松花江输出于吉林。猎产多虎、熊、狍子、野狐、灰鼠、麝等。各处有窝棚，从事狩猎。人参多在那尔轰附近一带，为领内最贵重之物。农产多玉蜀黍、豆、高粱、粟。渔产多鲤、鲫，产额均不少。现统领登举（号子升）自光绪二十三年袭职，至二十五年，吉林将军保为尽先守备，后又升为都司。去岁，吉林巡抚又保升参将，授为南山一带总练长。今年春，东三省总督已奏请将其地设立桦甸县，以收其自治权云。

陈旭麓主编：《宋教仁集》上册，第 123—125 页。

《吉林新志》附韩边外事

附：韩边外事。桦甸县向为多金多林之区，清季韩氏效忠始率矿工披荆斩棘，采金种田，渐形开辟。光绪三十四年创设今县。由吉林省城南行百八十里，至大鹰沟，再南三十里为桦树林子地方。再二十五里为木奇河，又迤东南一百九十里为夹皮沟。韩氏鲁籍莱阳人，原名边外，本一农夫，不识一字。当清同光间，召集燕齐流民，于沟内淘采金矿。严约束，远斥堠，生聚日繁。俨于穷边幽谷中，别开世界。吴大澂勘界莅东，极赞其才，为更名效忠。韩氏蓝缕胼胝，以启山林。属彼势力范围者，北起大鹰沟，南迄古洞河、大沙河（皆源于长白北麓，经安图县界入松花江）并及松花江西之荒沟与那尔轰等岭。几占桦甸全县面积三分之一（东西四百七十余里，南北五百里）。其组织为六十里设一村，村有营、有店。凡贫苦流民，住店不收费，生给衣食，死有衣棺。且设育婴堂、养老院，生养死丧，众皆归心。编众为兵，分屯各营。扼险设防，官民不得私入其境。光绪十三年，吴大澂莅吉勘界，微服入其境，婉劝出沟来省，置宅第于西关前新街。甲午战，清兵屡败，遂征其兵。边外令其孙登举（年廿）领兵一营，助战有功。奏赐（登）举参将。自是遂为皇室功臣，势焰更炽。官宪无敢与较者。民国初年，知无可恃，遂将所占田荒山林等陆续领照登记。九、十年间经省署改编其兵为保国团。近且改为警察。五六十年创业三世之草莽英雄，今只富家翁耳。边外清宣统三年死。子无能为，孙登举弟兄四人，今只登举（六十余矣）及其四弟在，再晚辈则皆衰颓无闻。康德元年春，报载有日本资本家若干人组织实业团体，以韩氏之遗产为对象，将大事其经营，并邀韩氏为股东，即以其不动产为股本。

《吉林新志》下，卷 5，第 210—211 页。

《南园丛稿》载韩边外世家

韩边外者，初不详其名字，山东登州人也。迁辽东复州，年三十余，复东徙吉林之金城。佣富人侯姓家。为之服役者十余年，碌碌杂作，其家亦未之奇也。一夕，与其曹摴蒲（摴薄，一种博戏），负巨资，自度不能偿，又念郁郁久居，畏约无穷时，乃笑谢其曹曰：吾有巨金在边外，当为诸君走取之。遂逸去，自投夹皮沟为金匪。先是其地旧有金匪五十余家，韩既至，居一二年间，悉交其贤豪长者，相与约为兄弟。时沟中盛产金沙，四方贾贩，闻风遥集，渐成都邑，而常苦马贼肆扰。韩有胆略，辄与李炮头率众追击之。李故其地猎夫之头目也，为人豪健多权谋，又精枪法，百发百中，人因以炮头呼之。众以马贼出没无常，共议设团练会，以自为保卫，欲推韩为练长。韩不可，曰：李君先至，诸君奈何后之，众以属李。李曰：韩君功大，吾不可以先之。两人互相让，久不决。众奋曰：是当决之神耳。乃择期会大众，于神座前设瓯（瓯，匣子），书二人名投其中，祝曰：其名先出者，神所择也，谁敢违之。已而韩名先出，众欢呼推为练长，以李副之，自是二人同理团政。事皆咨而后行，严约束，远斥堠，马贼绝迹，所聚金匪乃达千余人。金匪非匪也，特以私掘金矿故，故官府数数遣兵搜捕之。李炮头辄啗以重贿，官兵亦利之，因得继续其业者二十余年。李炮头乃卒，卒年七十三矣。程思敬代为副长，然与韩议多不合，未几辞去。韩遂专理团政，精练团勇三百人，分区守护，各置守长。治效既张，而远方来者益众，韩并为之授田庐，平争讼。即四山之耕民猎户，亦争愿出资，编入其团，举身家财产胥托之。是时管内编户千八百余，男妇万人，都分一百五十牌，守望谨严，闾里晏如，殆有路不拾遗之风焉。韩固慷慨仗义，凡官吏捧檄而来，或南士薄游塞上者，皆倾身结纳之，无不欣喜过望以去。于是韩边外之名，乃愈鹊起于白山黑水间矣。光绪七、八年顷，吴大澂为吉林分巡道，闻其名，托言按边，亲诣韩所察之。既入其境，见其部署井然，亟赏其才。访之人言，又深惧其得众心也，思有以羁縻之。因命韩治具，相与谈谦。微澂感韩曰：吾见若门楣上，榜曰“威镇江东”，此非庄家佬所宜言也。乃自书“安分务农”字，指谓韩：此额最佳，吾为若易之。且更其名曰效忠，字曰瑞臣，留其家数日始去。去时复携效忠至吉林省城，介之见将军都统，要以输租赋，赴征发，领地设分检员。韩皆如约，以此得世资其力至今。

　　光绪二十三年，效忠年八十四，于八月十三日卒。效忠状貌魁梧，身长八尺，晚年颜渥如丹，白髯髵髵垂胸，两目深长，斜侵入鬓，望之若仙。性严重，果于杀戮，然豪侠尚义，析富济贫，孜孜唯恐不及，故人皆畏而爱之。管内居民，倚之若长城，而管外数百里间，亦与之通款曲，连声气，亦思托庇其宇下焉。其地东西袤长八百余里，南北横幅五六百里，皆效忠势力范围也。盖今吉林南部之桦甸、磐石、敦化、濛江，奉天东南之抚松、安图，曩皆称之为韩边外。初韩与人拐蒲时，偶戏以边外自豪，其后众或沿而呼之。遂并以名其地，或曰韩家，亦曰韩国云。

效忠之子曰受文。性愚闇，且弱而多病，终岁与其妻同居吉垣，不常至其领地也。有孙男四人，曰登举、曰登云、曰登朝、曰登庸。登云、登庸皆放荡嗜鸦片，不事事，唯登举能绳其祖，登朝能辅其兄。登朝初为夹皮沟管事，众咸安之，登举遇事亦时与商榷，赖以分肩焉。登举字子升，幼娶金城侯氏女，即效忠微时主家也。然夫妻屡反目，遂以奸出，侯家亦中落，屡丐人（丐人，求人）居间求收覆水。登举终不许，自娶孙氏为继室。

效忠死时，登举年二十六，遂袭祖业。为人短小肥硕，猴颈皤腹，少不好学，然饶才气，勇敢有智略，管内之民皆悦服之。先是光绪二十年，中日以争朝鲜开衅，吉林将军檄调韩家团勇从征伐。时效忠已老，不能行，命登举代之。登举以兵五百人，隶贵统领麾下，名曰敌凯军。先屯吉林之长山屯，既与诸军御日军于海城，诸军皆败，登举全军而返，以功授尽先守备。二十五年，复奉命募兵五百人驻沈阳。逾年，义和团之难作，而登举先以其兵归。是时，满洲既乱，俄人乘间而入，悉以大兵据诸会城。满洲官吏自将军以下皆望风送款，莫有抗颜行者。独登举闭境自守，俄人莫测也。会登举有族侄韩绪堂者，侨寓吉垣。二十六年八月，俄人遣兵捕之，详讯韩边外情况，且曰献状。登举闻之大怒，自率精兵出击俄人于蚂蚁岭，俄兵大败，遁归吉垣。居数日复举哥萨克大队来攻，韩军见势不敌，退守大鹰沟南岸，隔江与俄兵相持。日凡数战，韩军渐败衄，乃西走宽街。俄人乘胜渡江，掠金城、桦树林，举韩家之室庐积聚，悉焚毁之。居民星散，火光彻昼夜不息。韩军登山，望之汹惧。登举乃集部下誓之曰，前日所为皆误，彼众我寡，何可与战，是当出奇以破之。于是命众悉去武装，各人怀枪挟弹，蛇行猱附，散伏荒岩丛薄间，约伺俄人出，则阻击之。俄人既胜韩军，屯营金城，遣兵四出，穷搜诸村落。然出者常多失踪，迹之则断头折足，横尸林壑中。时而三五人结队群行，方指画形势，忽而闻声惊顾，连翩俱倒，亦莫识飞弹之自何来也。由是重足一迹，相戒不敢出营。登举亦自率部下数十人，伏匿蚂蚁岭中，遇俄人过则歼之。往来既绝，探报皆阻隔不通。哥萨克兵之深入南山者，又全队覆没，无一生还，俄人益惶惑，不知为计，乃步步为营而退。是役也，韩家损失最巨，俄人亦受重创。自是不敢轻觑之。乃曲意与登举交欢，至下令军中，呼登举为小王子云。

光绪二十七年，晋登举即补都司，赏戴蓝顶花翎，旋膺特旨加参将衔，叙御俄功也。入民国后，为吉林营务处总办。八年卒，子秀堂嗣。

金城桦树林者，韩家之根本重地也。其创建自效忠时始，桦树林有烧锅一，韩家所专卖也。他家酿造者皆禁之。金城则韩家之居宅在焉，闳闳壮丽，类王侯邸第，厮养隶役百余人，马百余头，牛三百余头，家财盖达千万，岁入可三十万。然岁出犹稍过之。

赞曰：李炮头其圣矣乎！迹其智勇兼施，筚路蓝缕，以启山林，物望所归，固在韩氏之先也。然不惜以已成之业，拱手授之韩氏，光明磊落，绝无利害计较之心存焉。使得是人而托之重任，推其大道为公之心，世世以选贤与能为治，则富强文明，虽以之冠绝五洲可也。呜呼，福国利民，固当于耕夫猎父中求之。彼赫赫者，吾何诛焉。

张相文：《南园丛稿》卷5，第1—4页。

《宽城随笔》有关韩氏资料

夹皮沟金矿，距省四百八十五里，距县治二百十五里，沟长不及三里，宽不及二十丈，前清光绪二十年间盛产金沙矿，至四五万人。此一隅之地，当时有剧场两处，晨夕演艺。民间交易辄以金沙为通货，购一果品动出金钱许，故四方商贩闻风来集。迤北有老营厂沟、板庙子岭亦产金，然不及斯沟之盛。在前清同光间，有韩边外者，籍隶山东，富于才略，招集燕齐流民于夹皮沟淘采金矿。严约束，远斥堠，生聚日繁，俨于穷荒广漠间别开一新世界。吴大澂勘界茇东，亟赏其才，为更名曰"效忠"。其势力范围所及自大鹰沟起，直至古洞河、大沙河并及松江西不荒沟、那尔轰等处，袤长约八百余里。其间山岭环叠、森林绵密，非得向导几不辨南北。自练团勇，皆骁健善战。甲午中日之役，曾以其徒五百与日军战于海城。庚子俄人入犯，竟挫之于马烟山，不敢进窥。韩之管内编户千八百余，男妇万人，凡分一百五十牌。守望谨严，闾阎安堵，向有路不拾遗之谚。当桦甸、磐石等县未设治时，居民诉疾苦、安耕凿，靡不惟韩氏是赖。故中日"间岛"交涉，日人指此为世界秘国。今则韩氏之孙登举者犹能继其业，坐拥良田数万方里，岁入二十余万金，养团勇数百人，现尚充将军府军事顾问。但现时该矿线苗久已不旺，沙残沟老，迥不如前矣。

《宽城随笔》第33页。

《桦甸县志》附韩边外传

当专制世，值承平时，在例禁地，以白丁立业，以白手起家，形同割据，权若政府，非官非寇，不公不私，不合乎法而亦未尝干法，似违禁令而卒未遭惩，俨然上达九重，中接官府，下辖黎庶，拥武力擅杀生，以一人之声威任数百里之安危，以一家之势力握数千户之生命。创者考终，述者衍绪，征之各志，靡此先例，编者不获，窃取汉史"卓异"二字，虽觉不伦，然以时论，以人论，不可不谓卓，不可不谓异也，于是乎志卓异。

韩宪宗

韩宪宗，奉省复州人，随其父来吉，居永吉县属之木石河，以农为业。宪宗性嗜赌，弱冠时不务生产，因赌负债，逼潜来桦邑之砍椽沟，与人开采私金，工作年余，颇有积蓄。时近岁暮，宪宗至省垣，购备卒岁需用及衣饰各物，运载归家，戚里询所由来，宪宗具道采金状况。有徐氏者，系韩姑母族，其姑母因系念母家，由复迁来，与韩同里业农。闻宪宗所称，意颇羡之，协议来春同赴砍椽沟采金。不意至目的地，金矿被官家驱散。闻延吉岗即今延吉县治，发现金矿，所产甚丰，遂同往，未几，马匪蹂躏，金场溃散，徐返里。宪宗独来本邑穆钦河，佣工于侯姓家。此时加级沟（即夹金沟，下同）之金场（即金厂，下同）已开发，宪宗又以赌负，逃之加级沟，联合十余辈，结为义兄弟。值豪匪梁才率其丑类横行沟里，鱼肉金工，骚扰过甚，人皆患之。潜谋逐梁，以事出仓促，梁无备力绌，率其残党遁去，众遂推宪宗为沟中首领，听其约束。自是金工日集，产量日丰，商贾亦日盛，加级沟之金场名闻远近。而韩之家居地为边外（木石河在柳条边外，土人以边外相呼），人遂以边外称之，韩边外之名亦与加级沟共腾。官府累派兵往剿，赖韩宪宗有远识，知官力难敌，违众议，避而不抗。及富明阿任吉林将军，值李半疯股匪窜入南山一带，宪宗助剿，省南各地赖以肃清。富将军以剿匪出力，奏请以穆钦河、桦皮甸子等处沿边未开荒地，安插金夫，并改宪宗名为现琮，以金夫总目上闻。韩领佃后，仍采私金如故。嗣以在金场营商之程思敬与同籍治丧之侍卫倭兴额挟嫌构讼未胜，倭遣抱赴都察院呈诉，转达九重，当派崇绮、冯誉骥来吉查办。值铭安为吉林将军，亦曾借韩党羽剿捕马匪，且曾给以功牌，乃有意左袒，易现琮名为效忠奏入，仍派员查拿，将挖金人遣散。效忠先期外出，当时实以山林险阻，又因地在封禁，官家既畏于冒险，更恐获疏察，畏忌兼存，韩乃得恣意南山，历久未败。及清光绪六年，吴大澂以三品卿来吉林帮办钦差，闻韩声势，单骑入加级沟察看金场情形。现琮侦悉，迎吴大澂入，大飨之，吴赏识有加，谕劝随之赴省，谒铭将军。韩晋谒时，哭诉彼以协助剿匪，家族在木石河遇害。将军特饬兵保护，回里营葬。吴大澂更为篆"安分务农"门额，韩于省垣西开（街）构居悬之。自是，韩徙其家属于穆钦河，以省垣为寄庐，往来于省垣与南山之间，一面招人垦穆钦河荒地，一面仍率人挖金，坐收渔利。凡其佃农皆具武力，主持省南松花江上游东西各地之治安，其声势所及，颇有路不拾遗、夜不闭户之风。及现琮卒，孙登举尚能承其余烈。迄今韩边外之名犹时闻，远近称道，实人中之杰出者也。

韩登举

韩登举字子升，弱冠时佐乃祖现琮理家政，颇能以权术得众心。甲午中日战役时，有吉垣满族荣和以御前侍卫告奋勇，特派为总统来原籍募军。登举知之，报称以南山猎户千人投效，所有粮饷甘愿自备，编入敌忾新军，即以登举为管带，受荣节制，随赴前线。及和议成，依克唐阿为奉天将军，登举以乡谊，兼荣和居间提携，擢为三营统领。旋荣以饷事被劾，登举回籍，为长忠靖公顺所赏识，委充吉字军统领。庚子俄人犯东省，登举闻耗，设伏于蚂蚁岭，与俄人之前锋接触，拒战数日。初颇利，伤俄兵甚多；继敌兵挟重炮大集，伏兵被猛烈炮火轰击，力不支，溃退江东。俄兵追袭，登举率残众，保其眷属，避匿山林，桦树林子穆钦河（即木旗河，下同）两地家宅毁焉。赖里中有通俄语某，为之调停。韩以牛酒犒俄军，事随解。登举自是家居，以官余声势，袭乃祖余荫，豪视江东，其势力范围较旧日缩小，所及者为今七、八两区。然决匪盗，受民质，行徭役课敛，凡官家所有所能者，韩氏无不尽有尽能。盖自现琮以及登举祖孙两世，拥此势力，垂五十年余，可谓乃祖善作，乃孙善继者也。

按：自韩现琮领袖加级沟，省南各地东西数百里，大小金股二十余处，皆按所得之金，提成纳于韩现琮。雇用炮夫，担负保护。迨以荒地安插金工，使之垦佃，议定每金工一名给荒地五垧。不征荒价，垦后三年，每垧征租六百六十文。彼时人稀地广，一般农民对于土地殊不重视。当放予金夫荒地时，虽按口授荒，而实地就垦者，十无一二，多数委所领之荒，照付之现琮。现琮由斯以金场之总头目兼为大地主，已于招佃代垦，坐食地租之外，仍采私金，更以金工集资所雇用之炮手，兼保卫农户，春秋两季按户拨派费用。在韩氏最盛时，其势力之所及，自牡丹岭西及省南松花江左右并辉发河两岸，皆所管领。官家以养痈禁地，讳于上闻，兼以山林崎岖，挞伐匪易，小举无功，大举声张，达入天听，疏察养患，不免获罪。以此于韩氏，既投鼠而忌器，遂迁就以偷安。适逢咸（丰）同（治）之交，腹地多故，而大股马匪发难于奉，窜扰吉省南北。尔时旗兵奉调入关，本省兵力单弱。清廷以吉林系根本重地，责成守土之官相机扑灭，更虞金夫操切激变，著地方官妥为安置。而将军富明阿揆内廷意旨，利用韩氏武力，合于土宜，籍收以毒攻毒之效。而韩氏得以养成势力，祖孙相继五十年。在清光绪中叶以前，恣生杀，理雀鼠，敛民财，行赏罚，韩氏行之安然，受之者帖然，官府对之默然。直至光绪季年，因韩氏将加级沟金矿勾结

韩边外

日人，引起政府注意，倡设治于桦树林子。建斯议者实存深意，奈登举昧于远图，任设治之责者亦以在韩肘腋，窒碍甚多，借口地僻人稀，不若官街繁盛，遂与江西士绅联合请寄治官街。将桦树林子已建之衙售于韩氏。在韩氏自以为得计，殊不知此举实松花江以西各区之幸，江以东各区之不幸，亦实为韩氏之大不幸也。使当日政府建于桦树林子，不惟可无前几年胡匪之蹂躏，其地襟江，有握全境交通枢纽之形势，百凡事业必克发达，不仅大有造于各地，而韩氏所享之福利独更优且大也。设县后，韩氏仍其故识，保其旧习，江东七、八两区之武柄尚在握。登举故去，其子绣堂恐前烈之不保，知警察保卫之寻常势力无优越气势。乃大展力量，极事铺张，脱乡勇之面目，仿陆军之形式，改组山林游击队，不受县政府节制，直接隶属于省军辖，韩氏之武力声势更盛于前。而仁义军同乐辈之大股胡匪亦猖獗过昔，七、八两区之迭受匪扰更较前为甚。省辖上鉴于七、八两区之人民所享之保护不得与他区一致，于是则取缔韩氏之山林游击队，使七、八两区之人民与他区之人民享同一保护，而韩氏之武柄解除，亦与一般人民所享之保护同一焉。

《桦甸县志》卷9，第14—18页。

（日）《北满金矿资源》中韩家传记

第一世　韩宪宗

韩宪宗，字国瑞，后改名为效忠。原籍为山东省登州府文登县（一说莱阳县），后宪宗之父韩文毓率家迁居到奉天省复州骆驼山西部一带居住。后又迁到九台界（今九台区）的木石河流域的花曲柳沟，宪宗和其弟庆宗随父亲从事农业。宪宗素性嗜赌，在弱冠时即不务正业，以致因赌博负债太多，而无法居住在家里。因此，他只身出走，来到桦甸县境内之砍椽沟的沙金地，同那里的采金人一起不顾官府的禁令而采掘沙金。一年多时间，宪宗有了些积蓄，到了年底，他到省城购买了一些应年用的衣物、装饰等物品，运回家乡。并向亲戚乡邻讲述了一年多砍椽沟采金的情况，引起其伯母的族亲徐氏的注意。第二年春天，徐氏便同韩家一起搬到砍椽沟居住。谁知，刚到砍椽沟，正遇到金矿被封，采金人都被赶散，所以徐、韩两人只得离开砍椽沟。

后来徐氏听说延吉县境内沙金丰富，所以徐氏又同宪宗一起来到延吉。然而此处金场也屡遭马匪的蹂躏而无人采金，徐氏因此返回家乡，宪宗则独自来到桦甸县木旗河（穆钦河），在一位姓侯的地主家当了长工。这时夹皮沟的金场已经有人开采，宪宗又偶因赌博负债到了老金场。

宪宗生于嘉庆十年（大化二年，1805年），到道光二十六年（弘化三年，

1846年）时，已经四十有一。道光二十八年（1848年），宪宗来到夹皮沟成为马文良手下的采金夫，并联合十余人结拜为把兄弟。当时以梁才为首的一伙土匪，常来夹皮沟骚扰，欺压采金夫，已经成为采金人的心腹之患。因此，宪宗运用智谋带领采金夫讨伐梁才部，重创了梁才部，使梁才因失去控制夹皮沟的力量，而率残部逃走。此后，宪宗又联合数百组的采金夫，组织成了一个自卫的团体，宪宗自己便出任了采金夫自卫团的团长，又屡次击溃了清朝派来的讨伐军，使清朝政府断绝了讨伐的意念。这样，韩宪宗成为夹皮沟采金夫公认的统领，采金夫也都愿听从他的命令。咸丰四年（安政元年，1854年），宪宗四十九岁，夹皮沟产金量日益增大，采金夫也越集越多，商业也日盛。在同治之年，出现黄金境，夹皮沟金矿的名声也越来越大。韩氏把家居地称为韩边外，夹皮沟的人也如此称，久而久之竟成了一个代名词。韩氏家族居住的木旗河是在柳条边以外的地方，土人则把它称作边里、边外，就是对韩边外而言的。

同治五年（庆应二年，1866年），富明阿被任命为吉林将军。此时正值土匪李半疯潜入南山一带为患，宪宗便出来协助富明阿剿匪，这样，使韩宪宗的威望在省南各地影响颇大。富明阿也因他剿匪有功之故，允其在木旗河、桦皮甸子等边沿之地召集采金夫开垦荒地。宪宗也改名为现琮，并在富明阿的奏请下成为采金夫的首领。然而，韩宪宗除带领人马开垦荒地而外，仍然进行着采金活动。其后铭安当上了吉林将军，以宪宗为羽翼代其讨伐马匪，这样宪宗又深得铭安的宠爱，于是，又把名字改为效忠，并曾得到铭安赐给他的功牌。后来铭将军准备派遣查办委员到韩边外处解除此地的挖金贼。但当时因为山林既危险又是封禁地，查办委员均怕入山遇害，迟迟未能进行，而韩家也估计到这一点，采金如故。光绪六年（明治十三年，1880年），吴大澂以三品卿的身份被派到吉林当督办边务大臣。为了解决韩边外的事情，他改装进入夹皮沟，进行了一个月的考查，最后来到韩家，受到韩宪宗一家的热情款待。吴大澂对韩宪宗很赏识，对韩家私自采金也未加责怪，而且允许韩宪宗同他一起赴省城去见铭将军。在省城，韩宪宗拜见铭将军时，哭诉了自己出兵协助官府剿匪的战功，讲了夹皮沟的许多人为剿匪战死的情景，其中死者许多人是韩家亲属。铭将军听后很受感动，叫韩宪宗安心回乡办理丧事，并决定派兵保护韩家。吴大澂还特地为宪宗题写了"安分务农"的门额，命其悬挂于韩家在吉林省城西关的住宅上。从这开始，韩宪宗又把家属迁移到木旗河的地窖子，自己来往于省宅和南山住宅之间，吴大澂又在韩家的木旗河住宅门额上题以"百姓同居"四字。

后，吴大澂督办和铭安将军协商，并奏请清朝政府把伊通河以南苏密甸

韩边外

子（吉昌镇附近）一带土地开放，清政府也授予韩宪宗五品先锋官之职。

从此，宪宗一方面召集人众，开垦木旗河的荒地，另一方面率人采掘金矿，坐收渔利。凡为韩家的民众均配备武力，以维护省城南部松花江上游的治安，其势力所及之地，形成了路不拾遗、夜不闭户之势。光绪八年（明治十八年，1882 年）旧历七月十三日，宪宗因患黄疸性疾病，病殁，终年八十岁。其长子受文四十岁承其家业。

据说，宪宗容貌奇伟，身高六尺，膀阔腰圆，体重约二百余斤。力大，虽举五斗粮而气不喘。赤面、方额、长须，洗脸时胡须在水中参立，硬如钢针，眉毛向上，耳大有轮，并且很厚，说话声音洪亮。

地窨子的救恤：在挂着"百姓同居"的地窨子宅内，宪宗首创对外族人、乞食人、贫穷人的救恤事业，给他（她）们以饭食、衣裳、靴鞋和回山东的旅费，并且给死者买棺材和寿服等。据说在宪宗、受文、登举时期每天都有一百至三百个求食者。民国八年，韩登举死后，此习被废止。但是现在据说每日仍有十多名求恤者。地窨子本宅，于光绪二十六年韩登举时代在北清事变中，为俄军烧毁，重建于光绪二十七年和三十年。

第二世 韩受文

韩受文，字殿臣，幼时体质不壮，只不过读了三四年书，被人评为性情忠厚，一生喜好清闲，是个不喜理事的老成人。受文于道光二十五年（弘化二年，1845 年）出生，光绪十一年继承家业，由于经营不善，家业损失很大，然而他却毫不在意。到了光绪二十年，日清战争时，他便把家业交给长子韩登举继承。宣统三年，受文死去，终年六十六岁。

第三世 韩登举

韩登举，字子升，生于同治八年（明治二年，1869 年）。在弱冠时，就曾辅佐祖父韩宪宗，后又辅佐父亲韩受文管理家事。他为人善权谋而深得民心。光绪二十年，韩登举二十五岁时正式继承家业，同年爆发了日清战争（中日甲午战争）。当时在吉林的一位叫荣和的满族人，曾在清朝的近卫军中以英勇善战闻名。在日清战争时，荣和被派遣到吉林招集军队。韩登举听到这个消息，很高兴，准备了武器、粮食，并征集南山的乡勇一千多人投奔荣和，被荣和编入新军。这样，登举当上了新军管带，成为荣和手下的将领，并随军开赴前线。日清和议签约后，依克唐阿当上了奉天将军。登举凭着乡党的身份和与荣和的交往，被提拔为三营统领。不久，荣和因贪扣军粮事被弹劾，登举也因此回乡。吉林将军长顺忠靖公很欣赏登举的天才，任命他为吉字军统领。光绪二十六年

（明治三十三年，1900年），北清事变①，俄军侵入东北，登举所率之部被俄军击溃，他只得带残兵回到故乡南山。当时俄军听传言，急速向南山增兵。登举闻听俄军驻扎在蚂蚁岭，便和俄军前锋交战，开战之初登举占了便宜，俄军士兵负伤人数甚多。尔后俄军利用大炮反攻，使登举部受到很大打击，登举败退江东。俄军进一步追击，登举只得率残部保卫眷属逃避于山林之中。桦树林、木旗河两地住宅也尽被俄军烧毁。在这艰难时刻，登举部下有会俄语的人，尝试着替登举同俄军调停，登举也四处奔走，慰劳俄军，以替自己解决纷争。但是俄国人早就看中夹皮沟金矿，对此垂涎三尺，所以俄军利用韩登举破败之机，指使二百俄军侵入夹皮沟，恣意大发淫威，最终在光绪二十九年（明治三十六年，1903年）着手形成俄国人的所谓采掘合同。第二年二月爆发了日俄战争，满洲义军占领了夹皮沟。长顺将军把南山一带委托给韩家，任命登举为猎户游击队总练长。其后二三年内，林七、刘单子、结巴李等三伙土匪都曾掠夺过夹皮沟。光绪三十四年（明治四十一年，1908年），吉林巡抚朱家宝策划韩边外主权恢复，清朝政府叙封韩登举为四品统领。中华民国后，登举辞去了统领和总练长之职。当时的吉林将军孟恩远反对登举的辞职，并任命他为吉林公署高等顾问官，允许他把夹皮沟、木旗河、桦树林作为韩家的自治区，韩家的乡勇也被公署所承认，允许他们担任领地的警备。后民国八年（大正八年，1919年），前民国陆军总长鲍贵卿，利用从黑龙江就任吉林省督军兼省长之机，从桦树林到省城会见韩登举，时登举已病重，年至五十而卒。

韩家居住的地窖子，由于韩登举多年居官，又承其祖父的余荫，所以一直在江东称雄。但其势力与过去相较，却日益缩小。后来势力所及之处，仅有桦甸县第七、第八两区。为了解决匪盗，统治其地居民。韩登举在此地组织了自卫团。在韩家领地，官府所有权力都为韩家所有。从宪宗咸丰四年到登举时代的民国八年，五十五年间，韩家都掌握着此地的生杀大权，支缴民财，实行奖罚，使当地居民视韩家同官府一般。可谓祖宗善创业，子孙善继业了。

义泰昌：光绪二十九年，由于韩登举提倡，以老韩家一族会资一百万元为资本，开设了叫作义泰昌的商业机关，开始了由韩家支租税的时代。韩家委托小商贩进行山货买卖，设烧锅、油房，还开设了烟草以及木材、杂货的买卖。到民国七年（大正七年，1918年），义泰昌得到了很大发展，在当时的九台县，长春（"新京"）、哈尔滨、大连都设有分号。民国八年登举死后，撤除了分号，并进行了统一的管理。

韩家直营事业：韩家实行地租、丈量、木材、人参的税收，以及养兵费的增收，同时经营了养鹿场。

---

① 八国联军侵华

养鹿圈：光绪初年，韩宪宗在木旗河流域的东棒槌营附近创建养鹿场，共有鹿二十多只。在登举时代的光绪三十年时，又产鹿五十多只，计有八十余只。后来韩登举又在桦树林子以东不远的戏院子建立了一个养鹿圈，把棒槌营的鹿移到此处，另外又购入一百三十只鹿，共计二百只。这样一来，养鹿使韩家获得很大利益。但民国十七年（昭和三年，1928年），养鹿圈的鹿由于捕杀、卖出，剩下二百余只。民国八年登举去世，韩家经济紧迫，四世绣堂把全部养鹿圈转让给营口山行商德顺茂，直到现在。

棒槌营：同治年间，韩宪宗在桦树林子创设了公顺泉烧锅，晚年，于光绪初年在木旗河创设养鹿圈，同时创设了人参栽培场，把后者叫作棒槌营。也就是在木旗河中流的荒沟和东沟开设的两个人参栽培场，前者叫作前棒槌营，后者叫作后棒槌营。在此二处，交替，变换，实行人工栽培法。两地的面积，约二十多垧。由于韩登举锐意经营，效果良好，到韩绣堂年间，民国十三年（大正十三年，1924年），出于经济原因，终止了人参培植工作。

韩边外的山参（天然人参）的产量，包括其所辖的桦甸的夹皮沟、苇沙河、色勒河（即色洛河，下同）、诸道溜河、金银壁河、木旗河、漂河、万两河等地山参的产量，每年为三百两；敦化县所辖乌松碴子、花碴子等地每年产五十两。

第四世　韩绣堂

韩绣堂，字文卿，是韩登举的长子，前吉林将军鲍贵卿的侄女婿。民国八年，绣堂十七岁，经家族亲属会议决定：绣堂继承家业，成为老韩家的家长。当时他被吉林督军派遣进入东三省陆军讲武堂，所以他把家中的一切事务交给韩锦堂代管。民国十年（大正十年，1921年），绣堂十九岁于陆军讲武堂毕业后归家，管理家业。不料，在其上学的三年间，家中事业衰败，再加上商业受损严重，外债过多，管理遇到极大困难。当时韩家所属的乡勇队称作保卫团，由韩绣堂管理，省公署任命绣堂为保卫团总队长，兼任吉林省军署咨议官、署省长公署委员长等职务。绣堂当时考虑到时代动乱，自知其警察保卫力量甚微，所以极力扩张势力，索性模仿军队养起私兵来。民国十四年，由于地方政治体制改组，山林游击队并入桦甸县公署管辖，绣堂被迫辞去总队长的职务。从此，韩家的武装力量到了完全被解除的地步。当时张作霖改编第四十七旅，在旅长鲍澂的邀请下，韩绣堂到北平就任四十七旅参谋长。民国十六年（昭和二年，1927年）春，他二十五岁时，因忙于家事，辞职回到吉林省城操持家务，并且出任兴吉林业公司总经理。民国十九年（昭和五年，1930年）冬天，兴吉林业公司，因家庭方面内部纠纷以及各种困难因素而改为商办。其间他又做了鲍家债款的改订、经收租粮办法及兴吉林业公司主会议等工作。民国二十年（昭和六年，1931年）满洲事变^①前，来往于天津、北平与省城之间。事变后，他由于和旧政权鲍家的姻亲关系，不能回到"满洲国"，而停留在北"支那"一带，一切家务由叔兄韩锦堂代为管理。"康德"元年（昭和九年，1934年）三月，绣堂才回到吉林省城，重当韩家现在家长，这年绣堂才三十二岁。

韩锦堂

韩锦堂，字云卿，他是三世登举弟弟韩登科（字子荣）的儿子，是第四世韩绣堂的叔伯兄弟。光绪三十四年（明治四十一年，1908年），韩锦堂十七岁时，由前清吉林将军长顺奏请，被任命为四品官。宣统元年（十八岁）进入吉林武备堂，民国二年（二十一岁）毕业，后当上了吉林省督军孟恩远军署咨议。民国九年（二十八岁）当上吉林督军兼省长鲍贵卿的军署咨议，后又任陆军第七旅三团二营副。民国十二年（三十二岁）在吉林督军孙烈臣手下当山林游击队第二大队长。"大同"元年（昭和七年，1932年）韩锦堂四十岁。时值"满洲国"成立，他便在吉林省长熙洽手下任公署咨议官。在满洲事变前民国十九年冬天，由家族推荐管理老韩家的家事，被任为当时老韩家的执事家长。昭和九年（四十二岁）时，成了豁达的绅士。

姜继昌

姜继昌，字渭卿，原籍为吉林省永吉县小海浪人。祖父姜世明，父亲姜富，世代从事农业，操持家务，节省简朴。光绪十三年（十二岁）始进私塾读书。光绪十六年到桦甸县桦树林子，同年到老韩家直营的公顺泉烧锅，学习性理（天理和人性）。光绪十九年（十八岁）深得该烧锅经理的信任，被派到夹皮沟去经商。光绪二十四年（二十三岁），在奉天有仁、育两支军队，韩登举任育字后军统领，姜继昌随登举当粮饷委员。光绪二十六年（二十五岁）韩登举被任命为吉林省靖边军第五营统领，姜继昌依然随其为粮饷委员。同年八月发生了北清事变，俄军侵入东三省。韩登举远征俄军，姜继昌替其管理韩家的家事。光绪二十九年（二十八岁）根据韩登举的提议，利用老韩家家族的合资，创设了义泰昌，姜继昌被任命管理义泰昌和夹皮沟金帮事业。到了民国七年，义泰昌的事业大大发展，民国八年（大正八年，1919年），登举死后，事业范围急剧减少，于是老韩家负债累累，家庭状况也日益凋零。

姜继昌拥立第四世韩绣堂和执事家长韩锦堂，决心办理一切实业。首先确立林权，民国十六年（昭和二年，1927年），创办兴吉林业公司，绣堂任总经理。

当时夹皮沟金矿权已为别人占有，姜极力辅佐韩家把权力争回。总而言之，姜继昌是跟随三世登举振兴老韩家事业的有功之臣。他辅佐拥立第四世绣堂和执事家长韩锦堂，获得林权，创设兴吉林业公司，又争回夹皮沟金矿权，并得以保持。昭和九年，姜继昌五十九岁，这个忠实于韩家的"老臣"，实际上已经成了老韩家的柱石人物。据说韩家的实权归他所持有，凡事都敢参言。

〔日〕门仓三能：《北满金矿资源》第311—321页。

张伟民译，郝国琨校。

（日）《北满金矿资源》载韩氏家族

韩边外，主要指辉发河合流点以上的松花江干流流域，即指桦甸县、安图县、濛江县、抚松县，所谓广义的西部"间岛"地区而言。其中桦甸县占四分之三。安图县、濛江县自老韩家第一世韩宪宗、经二世韩受文至三世韩登举，则完全属于老韩家领域，俗称韩边外。其方圆东西约四百华里，南北约二百至四百华里，其领域内大小河流无不产金。

始祖韩宪宗以一采金夫起家，其所以成为韩边外者，原因在其经营矿业时，首先以平治其领域的治安为要。韩边外领域内之采金业自清朝至民国始终站在一般矿业法治之外。在经营韩家事业的中心地——有名的夹皮沟金厂，老韩家利用自己家族的特殊地位和关系，成为夹皮沟各金厂的总头目，并兼为大地主，附近森林、矿山的所有者。而且自养私兵，君临百姓。在第一世韩宪宗和第二世韩受文时代，有武装常备兵一千至三千多人，到第三世韩登举时仍养兵一千名。韩统领领土内的行政、司法、兵马、警察、租税等都由韩家执掌，并采取排他敬远主义，几乎完全具备一个独立王国的状态。不单是对外人，就是对满汉族人亦完全采取极端"锁国"政策。不论任何人，如不经韩统领的同意均不得入其领域之内。如果强进，被韩府兵士捕获，杀头是常见的。因此，满洲事变以前（1931年，译者注）时，韩边外各领域之利源，人们只能是旁观而已。

前面叙述的大房子是俗称，正式称呼为"会房"，是韩家事业枢要部门。自始祖宪宗到三世登举，夹皮沟"会房"驻有四十至一百名乡勇，并以亲族中亲近者为会房副总办，掌管会房，住于西院。会房既是事务所又是衙门，统领采矿业、行政、司法、租税等权力。凡是在韩边外境内采金者，不论任何人，皆征收"会经"。"会经"是养会与养乡勇之经费，是韩边外境内居民受韩的保护所付出的报酬。每年征收金沙二分，在旧历四月分二期缴纳，定为制度。除此之外，再不收其他矿区费、手续费。"会经"与民国矿业法规定之矿业税比较，其负担是比较轻微的，而再无官府的其他摊派，采金者及其居民引以为德政。

韩家领域采金最主要的地方为桦甸县七区、八区、五区及安图县大沙河流域之古洞河上游。夹皮沟和炮台栈的会房为韩家最盛时所设。至第二世受文，于光绪十五年（1889年）又在安图县金厂（大沙河热闹街）及古洞河热闹街设立会房，为东方之重镇。至第三世登举，势力稍衰，宣统二年（1910年）安图县及古洞河两会房被封闭，并将原来采金纳税额由二分增至三分，引起当地居民的不满。

第四世韩绣堂（文卿），韩登举之亲生子，其妻是前吉林将军鲍贵卿侄女。于民国八年（1919年）十七岁掌握韩家大业。后韩绣堂被吉林省督军派送东三省陆军讲武堂学习，家中事务由其叔兄韩锦堂代管。民国十年韩绣堂十九岁于陆军讲武堂卒业，吉林省公署委任他为保卫团总队长。民国十五年（1926年），二十四岁的韩绣堂出任第四十七旅参谋长到北京就任。民国十九年（1930年）绣堂因家事繁忙，辞职回吉林省城管理家业，为兴吉林业公司总理。民国十九年冬，兴吉林业公司因家庭方面内部纠纷改为商办。为改订鲍家之债款、经收租粮、办兴吉林业公司股东会议，往复天津、北京间。值满洲事变，因与旧政权鲍家关系，未能回满洲，留居华北。家中事务由叔兄韩锦堂代理。"康德"元年（1934年）三月韩绣堂归吉林省城，住在吉林西关。昭和九年（1934年），三十二岁。

韩锦堂，字云卿，第三世登举弟登科之子，绣堂之叔兄。宣统元年十八岁入吉林武备学堂，民国二年二十一岁毕业，任吉林军署咨议。民国九年二十八岁任陆军第七旅三团二营营副。民国十二年三十一岁，任山林游击大队第二大队长。"大同"元年成立"满洲国"，四十岁的韩锦堂任省公署咨议官。满洲事变前，民国十九年冬，为同族推选而掌管韩家家事。现年四十二岁，为韩家执事家长。

姜继昌，是始终跟随三世登举中兴韩家家业的功臣。姜于登举死后，辅佐第四世绣堂、锦堂获得林权，创设兴吉林业公司，并争回让与他人之矿权，成为老韩家的柱石。老韩家的实权掌握在他手中。

〔日〕门仓三能：《北满金矿资源》第279—284页。

张伟民译，郝国琨校。

韩边外家事只言片语

一、从严治家

从严治家是韩氏家族的一个传统。"老边外"韩宪宗去世后，由其孙韩登举继承家业,他也把这一传统继承下来。韩登举早年曾帮助其祖父管理家事,接任后办事更加认真。他每天清晨早起,在院内巡视一周。伙计们都知道他的性格,每日也都早起。在巡视中所遇之人不用寒暄客套。如发现有人不起床,便问其原因,如有疾病,令其找医治疗。他还时常在吃饭时去大伙房,察视做饭做菜的情况,有时拿起碗筷与伙计们同吃起来。如发现在做菜烧饭过程中有浪费现象,就叫来厨师,斥责他们的失职。韩登举对正经的庄稼人十分爱护,对那些好吃懒做的"沟溜"特别反对,甚至一经抓住便毫不留情地砍头。韩家的家兵纪律严明,其部下有一个士兵夜间去大河北牡丹屯闯入民宅强奸民女,第二天被受害者告发,中营管代宋平西不用上报韩登举,自己就果断下令将其活埋。

二、乐善好施

韩家鼓励开荒创业,以劳动谋生。大批的山东难民流落到韩家管区里落户,韩家一概收留,人尽其才,会木工手艺就进木匠铺,有打铁本领的就进铁匠铺,没有手艺的要种地可以开荒务农。头三年不交地租,三年后平地收一石二斗,山地收八斗地租。新来户缺口粮,可以去韩家借粮,秋后归还不收利息,如缺畜力可以去韩家借牛使用,秋后送回。韩家还专设"麻房子"收留路人和逃荒的灾民,在韩家院内暂住的经常不下百人,对年老体弱、疾病残疾、无人供养的人韩家给以收留,与家兵同食,年节还改善生活。冬发棉衣,夏发单衣,能劳动的可以剥麻,按麻多少发给工钱。死后还给棺材埋葬,但要在棺材内放四个饭碗一绺麻,意思是死后转变牛马来报答韩家的恩德。

三、韩母作寿与少爷娶亲

每年正月初二是韩统领(韩登举)母亲的生日,韩家都要举行隆重的拜寿仪式。年前就从桦甸县城请来戏班子,在韩家宅院里过节,唱戏祝寿。韩家管区的十八个排头也带着自己管区的人前来帮忙。每次都要大办三天,韩家出钱唱三天戏,放三天席。区内的有钱人前来献礼拜寿,有的送寿桃,有的送寿衣;没钱的人都来看热闹,坐席喝酒的每天都不下两三千人,当时桦树林子街内的各旅店和韩宅里住满了前来拜寿的人。韩母每次作寿光杀猪就得一百多头,场面之大是难以想象的。坐席的人没有贵贱之分,随便坐,随便吃。后来,韩家在吉林省城建了一处宅院,拜寿一事也就改在吉林了,但是前来拜寿的除了省城里的高官显贵外,桦树林子一带的有钱人也都去吉林给韩母拜寿。

民国八年(1919年)韩家攀上了吉林督军鲍贵卿这门官亲。韩登举的儿子韩家的"二少爷"与鲍贵卿的侄女鲍蕴芳的婚事，在桦树林子镇举行。韩家为之大操大办，场面热闹非凡。韩家还专门请来了十六个吹鼓手，分为两伙。管区的十八个排头也提前带着帮忙的来韩家操办，杀猪宰羊，烧菜端盘干零活。大宴整整操办了三天，管区的老少乡亲都称韩家为房东，前来贺喜，随着喝酒坐席。

这天一大早韩家便派出车马和家兵去桦甸接亲，半路上在穷棒子岗（现辉发岗）遭遇土匪阻截，双方交火多时，因韩家家兵使用的是清一色的俄式快枪，土匪抵挡不住逃进山里。在这场袭击中，韩家带兵的兵头李河当场毙命，喜事又变成丧事。

四、韩登举的家室与韩家浪子

韩登举（1870—1919年），是韩家最有作为的一个人物。早年由韩宪宗做主，在韩登举幼年时期便娶了大户侯家之女，但夫妻不合，又因侯氏与他人通奸，被韩登举逐出家门。后来韩登举又自娶了孙氏为继室，可是孙氏又在二十岁时去世。而立之年才娶了桦树林子街姜家的大女儿姜氏为三太太。民国八年（1919年）韩登举的儿女亲家鲍贵卿转任吉林督军，韩登举前往吉林祝贺，同时求助于鲍夺回失去的夹皮沟金矿权。九月间吉林省城正流传霍乱病，韩登举到吉林不久就染上霍乱死于吉林。当时韩登举已被封为"清湘军总办"，但突然暴卒，官也没能当成。韩家在吉林的宅院，在吉林西关前兴街五道码头，人称"韩统领胡同"。在他出殡的那天，送葬的人很多，前头的已到山神庙，后面的还没出院子，张作霖还专程派人给韩登举送来了挽联。

韩登举的儿子叫韩绣堂，是个公子哥儿，人称二少爷。年青的时候讲排场、摆阔气，花钱似流水。出外办事都是骑马，身边马弁、护卫一大帮，前呼后拥好不威风。成年后去沈阳东三省讲武堂读书，是韩家最有学问的人。他为人大方，对人和气但从不过问家事。他的夫人叫鲍蕴芳，是鲍贵卿的侄女，鲍小姐是个大家闺秀，性格温柔、善良，整天大门不出二门不迈，他们两口子都染上抽大烟的嗜好。

韩家的大少爷叫韩锦堂，他是韩登举的胞弟韩登科的儿子。他秉性老成持重，成年后娶了吉林市的孙小姐为夫人。韩登举死后，一直由韩锦堂持掌家业，他不像二少爷那么讲排场，出门在外虽有护兵但是一身买卖人打扮。九一八事变之后，"满铁"以讨债为名对韩家进行敲诈，韩锦堂将吉林南山韩家所有的森林土地和矿山卖给了日本人。

五、庚子抗俄消除匪患

光绪二十六年（1900年），沙俄入境，其他将领都不抵抗，唯有韩统领率部回到吉林南山闭境自守，还特意从吉林发回七船军火准备抗俄。当时南山境内还有其他散兵游勇，如振东营、国防营、唐老道等清廷和地方军队，韩统领令其在蚂蚁岭设阵抗俄。沙俄军队进入南山，来的兵很多，他们使用的武器是洋枪洋炮，还有连珠枪，而韩统领的家兵使用的是"单打一"和"套筒子"。在蚂蚁岭上大战数日便退到木旗河，俄军进入桦树林子烧了韩家的火药库连同韩家的两处宅院。后来俄人与韩统领议和，南山恢复了平静，但是在南山境内的散兵游勇不断骚扰，民不聊生。韩统领就对这些散兵宣布："我已与俄人议和，你们怎么办？如果不归顺我对你们就不客气了。"这些人只得从命。当时韩统领发给他们每人一小块红布条，令其钉在左前襟为标志，订准日子到大鹰沟（达营沟）点名整编。这一天，这些散兵汇集在会房院内，韩统领带兵早就到达那里。韩统领一声令下，韩家家兵一拥而上将他们缴了械，一个一个地砍头。混乱中有少数散兵得以逃脱，其余全被杀掉，尸体也被用火烧掉。

六、奉神与庙宇

从老边外起韩家就信奉神灵，每年都烧香拜佛，祈求山神保佑韩室合家安康，延传万世。甚至不惜重金在木旗河、地窖子、帽儿山、荒沟、夹皮沟等地大建山神庙、娘娘庙等。特别是韩家曾破费万金在桦树林子修建了"善林寺"。韩家专门从关内聘请名师，由河北省永平府乐亭县的盖德珍、王永昌、霍德明等工匠为技师，在桦树林子水淹地东岸修建了一座空前壮观的庙宇，整个工程用了十二年。"善林寺"是个面南坐北的四合院，院内设有前殿、关公殿、娘娘殿等，在前殿里除供有山神之外，还供有"当今皇帝万岁、万万岁"的供牌。在前殿左有鼓楼、右有钟楼，后院还设有东、西廊房和佛堂。"善林寺"不论在建筑工艺和装潢水平上都堪称清代吉林省的一大奇观。在"善林寺"内韩家还专门凿制了两通汉白玉的石碑，记载着韩家修建善林寺的过程和韩家的功德。

七、姜继昌与"义泰昌"

姜继昌，字渭清（1869—1946年），原本姓陈，后过继给他的姑母姜氏为子，意为借子传孙，故改名为继昌。

姜继昌在少年的时候便投靠韩家。光绪二十年（1894年）他跟随韩登举赴辽抗日，任军需官。他的才干颇受韩家信任，回来后任管事，后来又升为韩家开的"义泰昌"行经理。"义泰昌"主要经销粮油制品，主要有火磨、油坊、烧锅、粮油杂货铺等。在其鼎盛时期，油坊日加工量八千五百斤，烧酒日用粮一万斤，粮米加工完全机械化，年收入五万元。其分店遍及东北主要口岸商市。

韩统领死后，韩家开始衰落，韩家八大少爷皆是纨袴子弟，只会花钱，不会理财，终日纵情享乐抽大烟，家势日趋衰落。九一八事变以后，日本侵略者占领整个东北，韩家佃户走散，土地荒芜，收入锐减，负债累累。1932年，日本"大同殖产株式会社"以讨债为名，借故"接收"韩家的金矿、山林、土地等全部家产。韩家将所剩之钱分股擗分后便各奔他乡了。以前老韩家曾发行大量的官帖，还剩一大部分没有兑换，同时还欠他人外债一部分，这两笔欠款韩家也不清楚，姜继昌便以"还清上述两笔外债"为条件把"义泰昌"收归己有。姜继昌在接收"义泰昌"之后，在报上登出广告宣布韩家的外债定期由他偿还，并努力经营"义泰昌"，在二年内还清了欠债，兑换回大部分官帖。后来姜继昌又投资二十余万元，购制了二十四马力蒸汽机，开办粮米加工业、经营烧锅和油坊，还开设了百货商店，并在红石一带经营林场，雇用工人一百五十多人。

1945年八一五光复后，姜继昌极力组织维持会。十一月，东北民主抗日联军进驻桦树林子。一九四六年春没收了姜家的财产。同年五月桦甸县人民政府撤出江东时，将姜继昌祖孙三人在桦树林子小五虎东沟枪决。

（张传江、李其泰调查整理稿）

（二）韩边外与夹皮沟金矿

《吉林省人文地理学》中的夹皮沟金矿

清咸丰三年，户部因国库空乏，通令各省准人民开采金银矿，征收税金以裕国库。次年，吉林将军景淳奏准试采登潭卡伦所属木旗河金矿。后以矿工聚众为匪，奉令封禁。然附近居民仍行私掘不止，益以咸同之际内地多事，流民来吉者愈众，而私掘之范围亦愈广。惟仅限于砂金，其采掘地点多在延、珲、和、汪、三姓、东宁、桦甸等县境内。其采掘方法虽语焉难详，而当极盛之际，以上矿工总计约达十万之多。最多者为桦甸县之夹皮沟。该沟当光绪十九及二十年间，有矿工四五万人，曾设剧场二处，交易皆以金砂为通行货币，其产额之丰富可想而知。清季，工头韩边外据沟聚众称霸，官兵不能剿，俨然小国，省道不修，庶政不讲，矿夫称视同敌国，宜乎强邻交迫束手无策也。因各区皆在丛山深谷之间，流民私采，制止颇为困难。当局遂因势利导，规定化私为公之法，或征收金厘，或与民分劈。其金厘之征收，延珲等县各由该县税捐局兼办，三姓则另派专员设局办理，故三姓金矿数十年来名为官办，其实亦带征收性质也。我国凡百实业，民办则利厚，官办则赔累，各金矿自化私为公以来均呈僵局，虽因矿苗渐减，而督率之法、之人亦有未尽善也。

附：韩边外事。桦甸县向为多金多林之区。清季韩氏效忠始率矿工披荆斩棘，采金种田，渐形开辟。光绪三十四年创设今县。由吉林省城南行百八十里至大鹰沟，再南三十里为桦树林，再二十五里为木旗河，又迤东南一百九十里为夹皮沟。韩氏鲁籍莱阳人，原名边外，本一农夫，一字不识。当清同、光间，招集燕齐流民于沟内淘采金矿。严约束，远斥堠，生聚日繁，俨于穷边幽谷中别开世界。吴大澂勘界莅东，极赞其才，为更名效忠。韩氏蓝缕胼胝以启山林。属彼势力范围者，北起大鹰沟，南迄古洞河、大沙河（皆源于长白北麓，经安图县界入松花江），并及松花江西之荒沟及那尔轰等岭，几占桦甸全县面积三分之一（东西四百七十余里，南北五百里）。其组织为六十里设一村，村有营、有店，凡贫苦流民住店不收费，生给衣食，死有衣棺。且设有育婴堂、养老院，生养死葬众皆归心。编众为兵，分屯各营，扼险设防，官民不得私入其境。光绪十三年，吴大澂莅吉勘界微服入其境，婉劝出沟，来省置宅第于西关前新街。甲午战，清兵屡败，遂征其兵。边外令其孙登举（年廿）领兵一营助战，有功，奏赐登举参将。自是遂为皇室功臣，势焰更炽，官宪无敢与较者。民国初年，知无可恃，遂将所占田荒山林等陆续领照登记。九、十年间，经省署改编其兵为保国团，近且改为警察。五六十年之霸主，今只富家翁耳。边外，清宣统三年死，子无能为，孙登举弟兄四人，今只登举（六十矣）及其四弟在。再晚辈则皆衰颓无为。

《吉林省人文地理学·人文部》第64—65页。

《桦甸县志》关于韩边外事

桦甸在未设治之前，以山林丛错，利匪出没，向为胡匪渊薮。自以色勒河以下荒地安插挖金流氓以后，韩效忠称豪于江东，黎氓听其号召。初则联络村民设联庄会，维持公安，继则计户出资，雇用乡勇击捕盗贼。彼时吉林尚未易建行省，内政寄夫军令，不惟百凡疏阔，且多迁就因循，姑息规避。对于省南一带，以山林险阻，视为畏途，直等瓯脱，遂委松花江上游东西各地之治安于韩氏之手。在当时，韩氏之势力东达延吉、西及伊通、南届奉省、北抵省垣。于剿击胡匪之外，兼解民纷，生杀赏罚皆可恣意。韩氏亦颇饶才能，凡其声威所及，匪避其锋，俨同吉省之一附庸国！不第遐迩，咸知韩边外（韩效忠之绰号）。居斯土者，且只知有韩氏，而不知有国家有官府，无识愚氓尚以韩国相呼。韩效忠死，其孙登举袭其余荫，更乘甲午之役告奋博得头衔，赫耀乡里，尚能继其大父余威。及庚子后韩登举以事被抑，兼吉林易驻防为行省，韩氏之炎日敛。然松江以东自加级沟至桦树林子一带之武力犹在其掌握，直同桦甸之特别区。迨韩登举卒，其嗣子绣堂以今昔异势，又值赵令汝梅政莅莅桦，于民国十四年，遂将江东七、八两区归并，与他区一致，韩氏之武柄至此而止。盖本县剿匪卫民之责于未设治之前唯一韩氏负之，既设治之后则官家与韩氏共负之，自十四年以来纯由官家负之。其沿革远者无籍可征，略如上述，即民国四年以迄今，兹有文书足稽者志之于次。

《桦甸县志》卷5，第4页。

（日）《满洲地志》有关吉林

南山及夹皮沟沿革

概言

在大清统治时期，在其山谷边境之间，往往由一部豪族占据一方，作为自己的领地，不受清官统治，支配自给。这里的居民，带有古老的酋长制的政治色彩。他们多驻扎在吉林府东南约四十五里的松花江上游，长白山北坡的俗称地窨子的塞村，以夹皮沟为据点，占县东西约四十余里，南北三十余里的地域。像占据在这里的韩边外，作为在同一座山中挖金贼的头目，在这里数韩氏最著名。其扶植势力，最终占据这一地方，作为自己的领地，不仅深受当地居民的尊重，而且民众将生命财产委其于一人，无不唯命是从，甚至吉林将军以下的官吏，也都对其敬而远之。在叙述以下情况前，先述一下沿革及统治领域的政治、产业，最后略述一下对外关系以及俄国对长白山的经营。

沿革

韩边外是指距今七十余年以前，在长白山中割据的挖金贼首领韩效忠。名效忠，号瑞臣，原籍山东登州府，后迁盛京省复州。年三十岁时，来到地窨子，进了大地主侯家从事杂役。十年后，年至四十余岁时，因赌博失败而逃离侯家，后来到夹皮沟，成了这里的挖金矿工。一二年内，和异姓五十家结拜为兄弟，渐渐扩大了势力。当时，附近马贼屡屡进犯金场，效忠与当地猎夫李炮头（也与异姓五十余户结拜为兄弟，并是附近挖金者的头领）密谋，讨平了马贼百余人，占领了夹皮沟一带挖金地。为了选择新头目，韩李二人相让不决，最后以抽签定夺。结果效忠作了头目，李炮头成了副头目。从而，韩家占领了长六七里，宽四五里的夹皮沟一带和上千名挖金者，奠定了今天韩边外的基础。以前，这里的挖金者专干私人盗采，屡次遭到官兵查捕。副头目李炮头很有才干，遇有官兵袭扰，常常施以贿赂，使其领地太平无事。二十年后，李副头目七十岁。临死前，因与韩头目不合，多次去吉林，后来其领地完全归韩效忠一人独占。光绪七、八年间，吉林分巡道吴大澂来此查寻，查访了韩头目，见其貌似庄稼老头儿，便为其改名为韩效忠。而且，在看到韩家大门上挂有一方韩氏在光绪一二年间自题的"威镇江东"的横匾时，便为其亲书"安分务农"四字加以更正。随后，又伴效忠赴吉林府，拜见了将军、副都统，约定年年向吉林将军纳租，又派人分检了韩家的领地，效忠不仅是当时的地主豪族，而且势力宏大。在吴大澂巧妙地操纵之下，效忠又无学问，又怎能不为吴所笼络？

从此以后，效忠练就三百兵勇，防备自家领地。在附近的古洞河一带，设立会房，会房的头目称为会首，专门讨伐马贼。光绪二十三年八月十三日，效忠卒，时年八十四岁。终时面貌魁伟，体格肥大，身长六尺有余，面颜朱赤，白髯垂胸。特殊的是其两眼窝深斜向双鬓，并喜杀戮，但也善重侠义，常以杀富济贫为宗旨，德望施于民间，随即名声亦大。至于称之为"韩边外"的绰号起源，是因他在争执赌博时，常自称韩边外，旁人也便呼之，久而久之成了通称，直到今日也成了韩家所领属地的称号。

效忠之子受文，生性羸弱，久病缠身，且庸愚无智，不能继其家业。孙登举，字子升。祖死继承家业时,年方二十六岁。其体矮小肥大,且生猪颈,才力过人,但也缺乏学问,名望也仅系地方人心。以前,在日清战争之际,曾奉吉林将军的命令,在吉林府长山屯地方募兵五百余人,隶贵统领的幕下,改名敌忾军。赴海城一战即败,全军溃散,归后上谕为尽先守备保举。光绪二十五年,又奉命招募兵丁五百,驻扎奉天府。二十六年八月,与俄兵战于马烟山,先胜后败。二十七年,再次上谕,被补为都司保举、顶戴兰顶花翎,直至今日。

现在,韩氏的家族,登举以下有三个弟弟,登云、登朝、登庸。登举最初娶祖父的恩家侯氏为妻,后因侯家贫寒,又娶孙氏为妾。父受文年五十七岁,夫妻二人共居吉林府。登朝作夹皮沟管事,辅助兄登举,而登云、登庸放荡,嗜好鸦片,无所作为。

韩登举的本营在地窖子及桦树林子,地窖子的本营规模宏大,去年又加以修筑。光绪二十五年三月时,建立了弹药库。一天,误在库外点火,火烧至库内,引起弹药爆炸,炸死男女二十余人,以后又行重筑。光绪二十六年再次被俄兵所烧。光绪三十一年,在修筑民房的同时,又建了两个弹药库。目前登举家的佣人多过百人,马百余匹,牛三百余头,家产不详,至少可达数百万元以上。年收入额达二三十万元,支出稍有过之。此外,韩家在桦树林子一带还建有一座烧锅,并禁止他人开办烧锅。

领域

韩边外占据了长白山北麓的广大区域,横跨松花江东岸,随后逐渐向辉发江沿岸发展。因而,就其领域而言,只能概略地了解一下长白山一带的概况,而后期韩边外的各种情况就不太详细了。

原来,长白山被土著居民俗称为老白山。在群山重峦之间,一峰突起,山脉向四方伸长,四面群山环绕,其婉延区域东西约二十余里,南北约二十余里,这里为山的主脉。从这里到娘娘库山麓,仅一条十里长的山径,人马难行。山形东西稍尖脊,南北为平脊。跋涉在山麓之间,古树参天,盘根错节,残枝败叶铺地,山溪湍急,常有山崩出现。旧历八月至次年五月,全山积雪,四周山域,因伐木扶桑,或稠密、或稀松,树木以松、桦、柞树等为主,六丈至十余丈,亭亭玉立,直冲云霄。

山顶东北面有一小湖,取名闳门潭,周围二里有余,石底,水深三四尺,产黑鱼。土民五六人来此渔猎,一夜间皆中毒身亡。由闳门潭向山的东坡流一溪水,水深约三四尺,流向北麓,取名为大江。另外,在山的北坡,一支流于山腰与之汇合,流域潜于上窄下宽的石丛中,山间溪谷斜曲而流,构成松花江的源流二道江。

全山地质以岩石为主,树木在岩石之间,茂盛蓬勃。山麓向四方山脉分岐,山脉之间是较大的平坦地域,现在森林丛生,如能砍伐开拓,定能开成良田,且年久树枝草根,施以自然肥料,使生物繁茂。

气候及风土

领地一带多为辽漠幽穹之境,暖时少,寒季长。多刮北风,雨雪几乎无期。寒暑变化与山东省比较稍有差别,冬季比山东省早一个月。进入九月,始见白霜,十月即是杀草气候。夏季的暑热与山东省无法相比,极热至穿单衣,每年仅至十日。冬季必穿皮裘、棉衣,方能御寒。一般住房以木材为墙,外涂泥土,以草茎树枝围院栏。因居民多为山东人,故其佳节祝日、婚葬祭仪之法与山东省无异。常食玉米面制团子,也食高粱粟等,副食多为蔬菜,只到新年及其他佳节时,方食肉类、面食,饮用水为山间溪流,味甚甘美。

地势及村邑

韩边外一带的地势为长白山的余脉,松花江、牡丹江以及各支流从中流过,除了二道甸子、桦树林子、地窖子等少数地区外,几乎没有平原。领地内的居民,多数靠近江河流域,下面就着重摘记一下各地附近的地势。

花砬子:由长白山顶到其北麓约十余里,有一个小溪谷,向东西伸延,在溪间有住户三四十户。两山不很高,由此地向西北行过山岭至大沙河界,有一条小道,顺行小道东北约六里,即出古洞河。由花砬子向西北约一百里至吉林省城,沿路山丘重叠,山径可走行人。另外,由该地向东二十余里至娘娘库河岸,沿路皆系溪谷,道旁树林茂密,阻碍人马通行。

古洞河:古洞河其源于英额岭,由东北流向西南,河床约十米,河底为沙石,水深三四尺,向北流入大甸子,又入富尔河。水域约六里之间,河床出产丰富的沙金。河两岸山丘相夹,有松、柞、桦树密林,仅有河滩平地约六百米,住户约二三十户。

孙家窝棚:在娘娘库西北约八里余,沿路山林茂密,仅有一条小路通向北方。此地居民四五户,孙姓居多,故此得名。

小沙河:在大沙河西边的路上,在山谷中有居民三十余户,皆从事农耕,沿途看到韩民十余家,清民二家。

砍木窝棚:由大沙河至寒窑(韩姚)沟的二道江岸边,周围森林密布,由此向西北九里,有伐木窝棚一处,附近一带称为张三沟。

黄沟子:黄沟子在距大沙河西北约七里的路上,此间多沙石,山岭树木茂盛，村子四面被树林环抱，住民三十余户。由此向西北行至夹皮沟，道路上有住户数家，皆从事农耕及采金业。

寒窑沟：在大沙河西，二道江岸，山岭嵯峨，只容人马，车辆不通，树木颇多，住民甚少。

赵家店：在夹皮沟西北道路上，二道江岸边，有一户姓赵的山东人经营旅店。

浪沙河：在张三沟东北二里余，该河横贯道路，沟边林中有一窝棚，从事狩猎。

石阴沟：石阴沟位于距张三沟西北约二里多的富尔河正西约三里，有住民四五户，由此向北行六七里即达黄泥河子。

上戏台：东南约一里，有居民十余户，杂货店四五户，果子铺三户，磨坊一户。

金银壁：金银壁位于石阴沟西面约三里的金银壁河畔，由大沙河过二道江，至金银壁河口，约二十四里余，有渡船三四只。河宽约三百米，深二米余，有居民四五户，经营旅店，近年来，由此处至夹皮沟始通车马。

柳阴子：在上戏台西约千米余，有居民一户。

地窖子：在猴岭东北二里余的山中，是韩登举的居住地，故境内都知这一地名。

下戏台：该地有居民五六户，小旅店二户，横贯东西的山沟里有金厂。

头道沟：在夹皮沟的东南二里，有住户十余，有一杂货店，系孙姓所开，取号财记，另有一铁匠铺，头道岔为横贯东西的一山谷，有淘金厂一处。

夹皮沟：其位于苇沙河上游的山谷内。此处田园据传至今五十年前已经开垦，产各种谷菜，四周被山岭环绕，东山南有金厂一处，住民三十余户，另有散小村屯多处。以淘金业为主，副业为农业，总人口千余，中小杂货店四五家，小旅店三家，其余皆是淘金者。

二道柳河：在金银壁西南约十里，有居民十余户，以采金及农耕为业。

头道柳河：在夹皮沟东南约十三里，向北道路树木荫森，山高岭大，车辆不通。据传身穿柳条蓑衣可渡，故此得名。河床各处分布采金者，此地横贯南北约三十里有一溪谷，东西宽六千米，河两岸平坦，两侧为山脉，山腹散居住民。该处有一团练会房，常驻会勇七八名。此地居民十余户，皆山东移民，流民七十余户。

两江口：三道江由东而来，头道江由南而来，在此相会为松江河主流，故为该地名由来。另外，其一有二道江界；其二有头道江口等名。附近多沼泽，人马不通，人烟稀少，三四里间无人烟，该地有住民数户，从事采金业。

头道江：当地人称之为头道江村。在两江口西南，在同江西岸地域总称为汤河口。有小路通过，山也显得赭秃，车马不通，居民稀少。头道江渡口水宽约一千二百米，有渡船摆渡行人。该地有山东登州府蓬莱移民四五户，当地居民十余户，皆从事农业。

棒槌沟：棒槌沟在汤河口北约十余里，一路森林茂密，林中的小路只能行人马，由北向东至娘娘库，要走五十里山间小路，沿途每四五里即有一二处猎场。有住民四五户，棒槌沟是著名的人参产地，其位置在头道江北岸，江宽三百米，水深不详，有渡船。

那尔轰：由两江口过头道江四里，有那尔轰河口，所谓那尔轰即曲流河口向西约十里、南北约三四里的溪谷的总称。有房屋合计四五百户，从事人参栽培及农耕。

北二道沟：在夹皮沟西南三里余，有一刘姓窝棚，在二道沟河口，有一户小油坊。

崴（苇）沙河子：在老岭西面的山谷内，点缀着居民的窝棚，此地有住民六七十家，有旅店，河宽不妨碍涉渡，东南二里有一支流达夹皮沟。由此地向北至索落河约二里余，山路不平，有一屯取名板庙子，该河水宽三四丈，有木桥供行人渡河。

板庙子：西北距夹皮沟约五里，有居民十余户，皆从事淘金业，有小旅店三家。

木旗河：在板庙子西北约十三里，由该地至板庙子间隔猴岭，有上下约三里的大山，四面树木茂密，一路人烟稀少，路面撒满碎石，行马较难。此地居民十余户，都从事农业及采金业。

大鹰沟：此地为松花江的渡口，水深约三米，江宽二千米，常设渡船二只。

放屁河子岭：距上戏台子东北三千五百米。

南黄泥河子：在放屁河子岭东北三里余，有居民十五六家。

富尔岭：距南黄泥河子东北约一千二百米，有居民一户。

大马架：由富尔岭向东北行四里余，有一旅店。

富尔河界：距大马架东北约四里，有居民二三十户，从事农业。

柳树河子：位于富尔河界正东约二里，居民十余户，有旅店一家。

牡丹岭：由柳树河子向北，再折向东北七里，有山一座，称为牡丹岭。大概是靠近牡丹江的水源。路在山顶，向东是帽儿山，越过牡丹岭向东北行七里许，山里人烟稠密，有居民二百余户，土称棒槌营子，都从事种参及农耕。

〔日〕守田利远：《满洲地志》下册，第 429—444 页。

宁波译，郝国琨校。

（日）《北满金矿资源》中

夹皮沟金矿的历史

夹皮沟采金史自然也是苇沙河采金史。此地采金始于道光初年（1821 年）。据说，有去头道沟的樵夫，也有的说是挖参的人，在会全栈附近发现沙金粒而后便开始采集。一时采金者聚集于放牛沟到马达沟间。道光十年（1830 年），头道沟采金业衰微，于是便又开始采取老金厂的沙金。此后，由下游逐渐向上游展开。老金厂原名老营盘，从此地到下游二道沟口、上流头道岔口间沙金出产最盛。此外三道沟之王八脖子以及热闹沟都是产金最丰富的地方。这是老金厂名字能存于今天的原因。当时在老金厂有三十多处店铺和宏大的店房，每个店房能容纳一百多人。此外，二道岔、三道岔、四道岔、五道岔、老西沟的采金作业仍在继续。

老金厂采金业趋向衰落为道光二十五年（1845 年），此时有个叫马文良的人，在夹皮沟的北山，即大房子北沟的官井子矿区内的铺山盖发现山金露头大矿脉，因此便试行采掘洗炼，矿石含金率颇高，矿脉厚达四十—五十公尺，收金颇多。当时正值苇沙河金矿衰败之际，数千采金人争相云集于此，争夺采金矿脉。这些人，数人或数十人组成一伙，互相争斗，无有宁日。此时有个叫梁才的豪匪（大匪）率领匪徒在夹皮沟任意横行，对采金人进行诈骗。正当此际，马文良手下的采金夫韩宪宗利用计谋讨伐梁才，而梁才无备，只得率残匪逃遁。

韩宪宗，人物卓异，后改名宪琮，又改为效忠，即老韩家之始祖。韩是道光二十六年来老金厂的一名普通采金夫，于道光二十八年又来到夹皮沟。

韩宪宗容貌怪异。为人豪爽，胆大，有机谋。他联合几百个组，结成一个大团体，势不可侮。当时此地乃是清朝发祥之灵地，已在封禁之列，清廷称这些采金人为金匪，屡次派兵讨伐。而韩宪宗为采金人的自卫团长，常以勇猛果敢之计击溃讨伐军，致使清朝当局断了讨伐金匪的念头。于是采金人推戴韩宪宗为统领，服从其命令，时为咸丰四年（1854 年）。

韩氏富有才略，定规约，严赏罚，众皆归服，夹皮沟则完全为韩所独霸。咸丰六年（1856 年）逐步开始有系统地开掘，成绩愈为显著。同治初年新发现开采地有，北山民子井矿区的立山线、西驼腰子南山民井矿区的大猪圈和东驼腰子民井矿区。同治中叶为产金最盛时代，日产一万五千余两，采金人

28

数达四万。当时一提到夹皮沟便会使人们立即联想到黄金。而现在的上戏台、宝戏台、下戏台，即是当时采金人娱乐之地点。远自奉天、吉林的戏班都来此演出。此三个地点是演出戏台所在地，故此得名。

同治初年韩宪宗的同乡多羡慕其荣华，从山东陆续来此，被派往附近地带探矿，他们在桦甸县、濛江县、安图县等各河汉都发现山金与河金，而后便进行开采。随着各矿的发展，扩大了韩家的势力范围，其地区也渐为韩宪宗所占有。

韩宪宗于道光二十六年来此。当时的年龄为四十一岁。在夹皮沟当统领时是咸丰四年，时四十九岁。殁于光绪十一年，年八十岁。当时其子韩受纹继承家业，其人身体虚弱，生活无节度。至光绪二十年（1894年），日清战争之际，其家业传给三世韩登举。受纹死于宣统三年（1911年），时年六十六岁。韩登举为人酷似始祖韩宪宗，富谋略，想使采金业再起，而兴办各种实业，以继承先人遗业。韩登举于光绪二十年日清战争和二十六年北清事变中，曾效力于清廷。殁于民国八年，时年五十岁。

夹皮沟之采金业，以韩宪宗时代为最盛。同治光绪之交因产量渐减，韩宪宗又新开了北山官井子矿区，包括四方井、八人班；北山民井子矿区，包括立山线和西驼腰子等许多矿坑。成果虽不大，但也获得相当利益。韩受纹时代因其不热心采金业，事业无甚发展。光绪二十二年韩登举时代，小线坑内出水，死亡五人。翌年，因坑内失火伤亡数人。当时其他流域产金有望，遂投资其他金厂者日多。到北清事变前，光绪二十四至二十五年间产金业有衰落之势。但夹皮沟是采金业的枢纽要地，因而仍不失其支配地位，而保持着繁荣状态。

北清事变之际，俄国军队占领了夹皮沟。光绪二十八年（1902年），俄国矿山技师阿塞耳特、门什葛夫等一行数人来到夹皮沟，向韩氏提议订立合同经营采掘，为韩氏拒绝。后数日，当时的吉林将军召见韩氏。责怪韩氏不应拒绝俄人的建议。据查此事与光绪二十二年中俄密约和光绪二十八年正月二十五日吉林将军长顺与俄国驻吉林、黑龙江交涉官留巴特夫缔结的第二次俄清合办新旧矿务章程有关。因此，韩氏始与俄国人订立协定，俄国人开始插足于该地。同年，俄国人在夹皮沟东卡子门外大鼻子（大鼻子，东北人对俄人的俗称）营设事务所，并修瓦房四栋居住，在数月之后，开大鼻子井。掘进不久，光绪三十年（1904年）二月爆发了日俄战争。俄国人开矿之事为我方（日本人，译者注）花田少佐、萱野长知率领的满洲义军所探知。俄人逃走，俄人建筑全部烧毁，俄人采金的目的没有实现。因而韩登举占了便宜，使接近停业的小线口、八人班的采金业得以继续下去。宣统三年，小线口坑口因出火一度停工，民国元年（1912 年）冬季，掘山进至腹部时，出水渐多，加之连遇矿脉贫乏而亏损，遂停止掘进。其后便回过头来采选旧矿土洗炼，可见山金矿质之优。

民国四年（1915 年），日本政府根据日中条约第四条，获得夹皮沟金矿试掘、开掘合办权，民国政府虽承认但未履行。民国六年，韩登举将夹皮沟金矿租与日本人谷村正友，准备开采，报请省公署但未获批准。民国六年（1917 年）十一月，蒋嘉琛与日本人林正次报请省公署建矿区二处：一处为三百亩；一处为五百二十亩。但由于与韩氏未达成协议，未得批准。

古来韩边外地区流通的货币称"金砂"，用双抄纸（白纳）折叠成长一寸宽五分左右的包，上注明几分几厘而流通。在流通过程中相互绝对地遵守信用，无有从中盗窃者。至民国八年大约韩登举逝世同时，吉林省的货币才开始流入其地。这应该说是韩家采金业衰败的征兆。再者，夹皮沟原是禁止娼妓入内的，在民国八年韩登举死后，娼妓亦开始流入，此事也反映韩家威令之衰退。

〔日〕门仓三能：《北满金矿资源》第 274—279 页。

张伟民译，肖振勇校。

《濛江县志略》有关资料

光绪十年时，清朝的吴大澂来吉林，为让韩边外归顺，授予一个效忠的名字（通称草王）。为了表示诚恳委任以一切实权，于是在光绪年间解除禁令时期，他像游民酋长握有实权那样，统治着地方的行政权。

《濛江县志略》第 5 章，第 77 页。

韩边外祖孙三世占据吉林夹皮沟六十年记略

夹皮沟一名加级沟，地处吉林省桦甸县东郊，以夹皮沟为中心，在松花江上游左右及辉发河、木旗河沿岸一带地区，因在吉林之南，又名南山。自清咸丰末年到民国初年，有韩边外祖孙冒清廷之例禁，率众淘金开荒，拥武力，擅生杀，行徭役，课租税，一切不受政府管辖，维持封建占据，俨然成了一时的统治者，前后六十余年，是当时关内外一个有名的人物，有很多人描写他的起家史，并流传过一些神话。我们为了搜集关于他的资料，曾于 1964 年到二道甸子、桦树林子等处调查，在当地公社协助下访问了十二位老人，其中包括过去韩家的外柜两名、账房先生一名、牌头一名、把头一名、斗倌一名、伙计一名、丫环一名、兵一名、同族一名、老乡两名，最高年龄八十岁，最低年龄六十岁。在访问中，我们听到了一些对韩边外、韩统领的种种反映及其韩家的所谓"德政"。但从整个访问过程中，使我们认识到，韩边外虽出身贫寒，但当他做了金场总头目以后逐渐变了质，成为一个拥有二十余处金场和万顷良田、千余户佃户的地地道道的大地主、大剥削者、大统治者了。不过韩边外并不以此为满足，他还企图占据更大的范围，统治更多的人，并且代代相传永远延续下去。正因为有此长远企图，他使用了恩威并施的种种隐蔽手法，表面上处处表现大方，笼络人心，以致给群众造成种种错觉，应该澄清。本文为了原原本本反映史实，仅将访问所得综合整理，未加分析，误谬遗漏，知不能免，尚希知者，补充订正。

一、韩边外的由来

（1）逃荒边外

韩边外原名韩显琮,山东省登州府文登县人,生于嘉庆二十四年(1819年)，殁于光绪二十三年（1897年），在世七十九年。幼年家境贫寒，兼遭灾荒，全家逃难到复州（辽宁复县）。后又听说边外地方好过，随父来到木石河（九台区东五十华里），父子为农。木石河地方赌风很盛，韩显琮因输钱被逼，跑出家门，来到永吉县管区木钦河侯姓地主家扛活，时年不满三十岁，正值年青力壮，但劳动终年还是赤身露体，一无所得，于是离开侯家到夹皮沟谋生。

（2）结拜沙金（"沙"作沙汰解）争夺金场

韩显琮来到夹皮沟金场，入伙沙金。与李成、李茂林、都克沐、包志兴、杨宝等多人结拜为弟兄，李成为"大爷"，韩显琮是"老疙瘩"。当时金场头目梁才及其一伙，横行沟中，鱼肉金工。韩显琮结义弟兄们纠合众金工，将梁才逐出金场。梁才被逐并不甘心，招兵买马，不久又卷土重来。韩显琮等用火绳之计，即于夜间点燃几百捆火绳，挂在各处树丫上（当时使用火枪，一个火头显示出有一颗枪），满山遍野，人声呐喊，梁才不知虚实，惊慌逃遁，韩显琮等乘胜追击，梁才一伙全被消灭，李成就成了金场总头目。其后不久，李成年迈甘愿让位，众弟兄推举韩显琮为"当家的"，从此韩显琮当了金场总头目，时年四十二岁。

（3）退避官剿

韩显琮当上金场总头目以后，表现义气公正，一时很得人心。因此，金工日聚，产量日丰，官方颇有所闻。吉林是清廷所谓发祥之地，又为乌拉打牲围猎之区，明令封禁，对私开金矿者名之为"金匪"，尤为忌讳。因此，清兵曾三次逼剿夹皮沟，众弟兄主张开枪抵抗，而韩显琮认为官兵抵抗不得，抵抗了官兵即是土匪，坚决主张"官来我走，官走我来"，于是把金场主要工具和房屋全部烧毁，退避山中，官兵每次撤后，他回来窝聚如故，官方亦无可奈何。

（4）助官剿匪，借机扩大势力

同治四年（1865年）胡匪"乌痣李"（又称李半疯）由辽宁窜到吉林，骚扰百姓，威胁官府。吉林将军德英阿奉旨建旗，召募乡勇，同时招韩显琮出兵助官剿匪。韩这时派兵二三百人助剿。关于此节，在韩显琮修建的桦树林子善林寺碑记中有详细记载。（碑文见《桦甸县志》，故删去此段——编者）将军原意是想借韩显琮之力剿匪，坐收以毒攻毒两败俱伤之利，而实际上韩显琮却借机扩充了他的势力。他一面安插佃户垦荒耕种，一面仍继续采金。至铭安为吉林将军时，清廷对采金事又有所闻，派崇琦、冯誉骥来吉查办，但因铭安将军也曾借重显琮兵力剿匪，有意袒护，将显琮更名效忠，蒙混朝廷。韩显琮虽然助官剿匪，也接受军功的奖赏，但对官方仍保持戒备，在他势力范围内，仍不许官兵进驻，也不受官府干涉。

（5）招民垦荒

南山是山林地，当时垦荒的人很少，自从富将军把桦树林子、木旗河一带闲荒拨给韩显琮以后，韩显琮安置金工和佃户开垦，每人分给荒地五垧，但当时金工对垦佃无兴趣，实际上开垦者不足十分之一二。鉴于这种情况，韩显琮极力设法招人，在沿江两岸挂有"与民同居"的牌子，对于到这个地区来的人，不论是关里人还是关外人，也不管单身还是携眷，一律收容，没粮吃借给粮，帮助安家，或垦荒或当金工，予以适当安置，开荒三年不纳租。

另外，过路人或不想久住的，都可以在韩家吃住，愿意来就来，愿意走就走，来不撵，走不留，像这样暂住的人经常不下百余人。如果有年老体弱，疾病残废，无人供养、无家可归的人，韩家专设有"麻房子"收容，与兵同食，冬发棉衣，夏发单衣，稍有劳动能力者，还可以剥麻，按剥的多寡给付工钱，死了给棺材埋葬。至今有些上年纪的人还常说，"麻房子是韩家的一项最大德处"。

（6）贿赂钦差

清廷久已有心肃清吉林"金匪"，光绪七年（1881年）派三品卿吴大澂来吉查办。吴到吉以后，微服简从，入山查访。韩边外已有所闻，把吴钦差迎至家中，殷勤款待，并以馃匣装黄金，酒篓装白银，贿赂钦差。吴钦差看到韩边外的声势浩大，且比较安分，没有根本动摇朝廷之意，又受到重贿，因而采取安抚的办法，不但不追究私开金场的责任，还给了韩显琮五品先锋官的称号。当时，金沙河南及辉发河入江左近各地，开垦的土地已连阡接陌。吴钦差奏请朝廷解除封禁，发放了一些地照。为了叫韩边外不再采金，安心务农，吴钦差送给韩显琮亲笔篆书"安分务农"匾额，对联一副："知命乐天安其田里，服畴食德宜尔子孙"。韩显琮将匾和对联挂在吉林市西关住宅大门上，并复制匾额一块悬在地窖子住宅（此匾现保存在桦树林子善林寺内）。

（7）独霸一方

韩显琮自得到金场以后，一方面扩大武装力量，在二十余处金场都设会驻兵，并极力设法增加金工，提高产量；一方面广收佃户，督励耕种，提倡交易，远近商人都来自由买卖。因此，夹皮沟金场一带繁盛起来，饭馆、赌局、说书、唱戏无所不有。据说，清咸丰皇帝晏驾，全国停止演戏时，北京的有名的戏班子都曾来夹皮沟演戏。戏唱对台，上下两个戏台相隔五里，行人拥挤，热闹非常。显琮这时已经拥有金场二十余处，日进斗金；土地一万余垧，每年收租一万多石；有三处住宅，四五百名兵丁。他不但是金场总头目和大地主，还是这个"小独立王国"的最高统治者。他的势力所及，东至敦化县富尔河，西至官街（今桦甸县城），南至抚松县，北至半拉窝集，接近蛟河县，即今桦甸县的桦树林子、二道甸子、红石、夹皮沟、白山等五个乡镇管辖区域，约占桦甸县东部大半个县。桦甸地处"柳条边"外，韩显琮称霸一方，形成割据，时人称之为"韩边外"。这个地区出产金子，丰产粮食，生活富裕，没有清朝的贪官污吏，没有胡匪窃盗，几乎是路不拾遗，夜不闭户。于是"韩边外"这个名字在关内外传开了。远近商民都称之为"小韩国"，当时有的民间艺人还把他编成故事说唱。

二、韩登举继承祖业

（1）弱冠执事

韩边外长子韩受文，一生坐享其成，无所事事。他是"家有千顷靠山河，父作高官子登科"。在韩显琮责备他无能的时候，他说："你父不如我父，你子不如我子，父能创，子能守。"其子就是韩登举，是韩边外的长孙，字子升，生于同治九年（1870年），殁于民国八年（1919年），在世五十年。从小习武，十几岁就跟着韩显琮学习管理家务，二十来岁就开始执掌家业，颇精明能干，是韩边外的理想的继承人。

（2）投效抗日

光绪二十年（1894年），甲午中日战起，吉林人满族荣和以御前侍卫特派为总统，来吉林招募新军。韩登举年仅二十四岁，自报以南山猎户千人投效，所有饷械甘愿自备，荣和以韩登举为管带，把韩在南山招募的一千五百人编入"敌忾新军"，曾在辽南与日寇交战数次，表现勇敢顽强。至腐朽无能的清廷投降议和后，奉天将军依克唐阿提拔韩登举作三营统领，留任奉天，后因荣和被劾解职,韩登举也回吉林,任吉字军三营统领。

（3）抗击帝俄

光绪二十六年（1900年）庚子之役,与八国联军侵入北京的同时,沙俄军队侵入吉林。吉林将军不准抵抗,而韩登举等在吉林欢喜岭居然违令,和入侵的俄军展开战斗。战败,率残部逃回南山,召集很多壮丁和韩家全部兵马,在蚂蚁河大岭埋伏,与俄军交战数日,给俄军以沉痛打击。后俄军调来重炮增援,韩不支,逃入夹皮沟山区。俄军烧毁了韩家两处宅院,回军吉林。经吉林长顺将军从中说和,韩登举只身到省城三江会馆与俄军议和,返还缴获的俄军枪械,俄军赔偿烧毁宅院损失吉钱一万吊,俄军并给韩登举"乡勇"腰牌印模一个（一面是中文"乡勇"两字,一面是俄文）,从此韩家兵都戴有一个腰牌（三寸宽四寸长木牌,写黑字涂黄油）,韩登举自此住在南山,大修宅院,重整家政。

三、韩家是怎样维持统治的

在百余年前的清朝专制统治下,这块封禁之地,为什么能够存在这样一个封建割据的统治者?他是用什么办法来维持了好几十年呢?（下略——编者）概括地说来有两条:一条是"杀",一条是"安"。

（1）拥有武装

兵是韩家维持统治的主要依靠力量。韩家的兵（也称炮手或乡勇）多是炮手出身,枪法很好,以勇敢善战闻名。经常不下四五百人,分别驻在韩家的三处住宅、金场、棒槌营和各地窝堡。韩家就是依靠这支武装,抵制官府,镇压盗匪和统治人民的。韩边外和韩统领,甚至连没有执掌家政的韩受文,都是杀人不眨眼的。家中设有拘留所、看守和刑具。当时百姓有的称韩统领为"五殿阎君",可以想象他们的残暴。韩家的家属和爪牙,也多行不义,鱼肉乡里。他们曾经杀了一些盗匪和骚扰居民的坏人,但他们更用严厉的手段对付金工和佃户。韩边外从火并梁才开始,在金工中凡有不服管束或有反对他的统治的,是杀无赦的。对于他的兵丁和佣人管束也很严,设有黑红军棍,如有当兵的在外做了坏事或不忠于他、不听调遣的他就杀。

韩边外在夹皮沟执事时,有人告状说某兵在外干了坏事,不管是正在吃饭、剃头或睡觉,立刻砍头。有个外柜到佃户家催租,看佃户女人貌美,起了歹心,正在他逼租打骂中,被韩统领遇见,当众将外柜处死。还有在抵抗俄军的时候,统领曾调他的左营增援,左营驻在横道河子,庆营官没有听调,并且在统领兵败入山以后,左营的兵变成了胡匪,奸淫抢掠,干了一些坏事。至统领与俄军议和后，在家杀猪宰羊庆功，这时左营中的一个姓黄的官和一些兵大约三五十人也回来了，在酒席宴前，统领命令中营官宋平西把他们拿下，都绑出去砍了。还有一个叫徐斌的过去是韩家的一个管家，以后当了胡匪，并且在韩家管内捐轨鞔，被统领的一个亲信白德胜用铡刀把徐斌一家男子和随从亲信十几口人全都铡死。统领的堂叔在外设赌抽头，把输钱的姜永贵全部财产查封了，姜的母亲去跪〔着向〕统领哀求，统领把堂叔找来，堂叔知道不好，一进门就给统领跪下认错，统领告诉把钱如数返还，并用军棍重责了堂叔。因为韩统领用严刑来巩固其统治，秩序较好，在当地人民中取得了相当的威信。韩家的兵，每十人编为一棚，设一名"棚头"，总的头目叫"管带"，在兵房子负责的叫"盛旗"。派兵遣将由蓝旗负责。兵的服装冬夏都是黑便服，夏扎黑头巾，冬是皮帽子，皮轨鞔，扎腿绷。出门带有红色三角形联络小旗，也有号兵，腰挂乡勇腰牌，下身扎有獾子皮垫（这是大房子兵的外貌特点），带有"火枪"、铅弹子的"别列单"和"铁板开斯"。平常不出操，每天的任务：巡逻、查道、站岗、放哨、写金会、写山份、催地租、押运租粮、看大烟盆子、打胡子等。兵都不发饷，吃穿由韩家供给，过年给一吊压岁钱，五、八月节分小柜局抽的红钱，看来不挣钱，待遇不怎样好，可是来当兵的要托人情，还要找几家保，不干可以随便走。老乡们说得好，"纱帽底下无穷汉"，虽然不发饷，但他们可以公开或半公开地放小柜子局，二八抽红。另外到大烟市时看烟盆子，也是一笔收入。还有百姓打架斗殴，跑荒火都是兵勒索的机会。这些兵因为驻在地区不同，管理的人要求不同，形成了三种情况，当时老百姓对桦树林子兵称"棒子队"，兵拿着棒子，见年轻人不下地干活就打，见男人穿花兜兜、花裤腰带的就打，这是韩统领的规矩。对夹皮沟的兵称"秧子队"，夹皮沟比较富裕，所以兵身穿串绸大衫，头顶响圈，双手戴满金镏子，手拿九股扇子，像少爷一样，后来有的还买匣子枪带着。对地窨子兵称"花子队"，地窨子是老边外常住的地方，兵也比较朴素。

（2）结交官府

韩边外得到金场以后，曾三次退避官剿，以消极方式抵抗了官兵。当官府施用以毒攻毒之计，召韩显琼助官剿匪的时候，韩显琼出了兵，消灭胡匪得了六品军功，接受过吴钦差给的先锋官五品顶戴。韩显琼也曾以馃匣子装金子，酒篓装白银送给钦差、将军，并在将军衙门里贿赂过堂官李占鳌，给他密通消息，官兵进剿和钦差查访，据说都有人密报给韩边外。韩登举在抗击日寇后做了清朝的统领。由此可见，韩家和清朝官府的关系是采取若即若离的手法。但他从没有停止私采金矿，没有交出一切权力，也没有请官方到他的势力范围里来，始终维持韩家独立统治的地位。官兵通过他的区域，还要派人到韩家挂号。宣统元年桦甸设县，起初准备设在桦树林子，第一任万县官看到在韩的势力范围下不好办事，许多百姓还照旧到韩家大房子去打官司告状，不到县衙去，把县衙迁到官街。韩统领对设县也曾表示同意，但设县后也只在形式上增加了一个"乡约"、一个"地方"而已，直到统领死后，官方势力才进到他的辖区。官府也认为韩家可以利用，互相依赖。

（3）除匪窝匪

韩家为了保护他的财产不受侵犯和地区居民的安宁，除了武装镇压外，并在家里设问官拘留所，对于胡匪无论大小股，对于窃盗无论偷的多少，如有在他的势力范围内作案，捕获后立即杀掉，甚至百姓中有通盗嫌疑的（他们管这种人叫腥味的）也是宁杀勿赦的。百姓都说："韩家杀人不走文书,坐地开销。"有个江西沿过来偷牛的，因为是初犯，把耳朵给割去，还有个偷了三次大牛的被绑上石头沉到江里处死。还有个居民叫关玉书，会画假官帖，叫韩的管家徐斌砍头扔到冰窟窿里了。有个赵喜廷，过去在韩家当过兵，以后当了胡匪，做了坏事，被统领抓住枪毙了。据说，统领上夹皮沟两次，开了两次屠户，杀了一二百人，因为韩边外和韩统领杀人不留情，匪盗都很畏惧他俩。

所谓"路不拾遗，夜不闭户"，就是在这种情况下出现的。可是有些胡匪和韩家还有些联系，对于在韩家势力范围内不抢不夺，规规矩矩的胡匪，韩家可以不去追究，甚至有的胡匪冬天在他管内"趴风"，夏天再到别处作案，胡匪也可以通过他的地带，但必须事先通知韩家借道。如果胡匪洗手改过，携械投诚，他还可以收他们当兵。

（4）安民落户

在韩边外到夹皮沟时，吉林南山一带，山林茂密，人烟稀少，土质肥沃，垦佃乏人。韩显琮深明此点，急需人垦荒。如前所述，韩边外在沿江两岸挂了不少木牌，上写"与民同居"四个字，有来者不管是单身，还是携眷，都帮助他们安家，分给荒地，头三年不收租，过三年如有困难仍可减免或拖欠。如逢荒年欠收，不但租粮可免，没有口粮还可借给，还不要利息。百姓都说："韩家租子轻，还不按葫芦扣籽，种几垧地自己报，种五垧地好说拿两垧地租。"韩家两处宅院对来往行人早尖晚店，来不撵，走不留，来去随意。韩边外和韩登举对于佃户也比较和蔼，不那么刻薄，佃户有什么困难找到边外或统领都能帮助解决。在韩家统治这六十多年期间，这一地区开垦得比较快。据桦甸县志载，光绪七年（1881年）吴大澂来时，"金沙河南及辉发河入口左近开垦之田，业已连阡接陌……"。现在还可以看到这个地区各处山顶上还残留着当年耕种过的痕迹，说明当年这个地区人来得不少，荒地也开垦了不少。

（5）横征聚敛

维持一个地方的统治，没有可靠的经济基础是不行的。韩家在这方面善于经营和控制。他不但有工、农、商业的生产和各种经济上收入，还以他的商店名义发帖子，出条子当货币通用于区内，还掌握区内物价，韩家订出行单在全区域内统一执行。

①"日进斗金"

金场是韩家一项主要经济来源。自从韩显琮当了金场总头目以后，场子数有所增加，在阿（那）尔轰、栗子沟、罗圈沟、固（古）东（洞）河、大甸子、娘娘库等地共有二十余处，金苗旺盛，工人日增，产量日丰，据说"六筐矿沙能出一二钱金子"，当时有个规矩，谁若采到金疙瘩，就要放鞭炮，当时常常听到鞭炮声，说明当时产量确是不小。韩家除自己采金外，还以养兵名义，每月写一次金会，每个金工要交一厘金子。韩家金子收入，虽不一定日进斗金，但据李庆说，他的叔叔在韩家管事处亲眼看见，韩家一天收了一大碗金子，足有一升。韩边外死后第二年（1898年），金场因地震出水，以后金子产量少了，夹皮沟一带开始种植大烟，这笔收入也很可观。人们都说："去了黄货，来了黑货，夹皮沟照样繁华兴盛。"

②工、农、商业的经营

在工、商业的经营上，除了金矿以外，在红石有义太盛烧锅，荒沟有公盛和烧锅，小红石砬子有公盛涌烧锅，在桦树林有义泰昌油酒杂货铺，在两处住宅院内有木匠、铁匠、磨房及石匠等各种小作坊。这些院内作坊也对外营业，百姓可以拿粮去换油、酒、米、面、铁、木家具等。另外，在外地还有些买卖，哈尔滨有久大油房，吉林德胜门外有公升当，吉林车站有义泰和粮栈。每年的租粮大豆运往吉林转运大连，高粱在当地做酒，苞米作为食用。

农业方面，在三道荒沟、帽儿山、二道甸子都有窝堡，韩家自己雇劳金〔力〕种一部分大田。在荒沟口有个十五里地长的棒槌营，年产人参几千斤。在桦树林子东门外和大青沟养有四五百只梅花鹿，参茸都是土产高贵药材，收入很大。民国初年在黑龙江省桦川县领荒地一千五百方（四十五垧为一方），也开垦了若干垧。

③地租

在统领活着的时候，每年地租平均实收一万一千石。韩家地租规定山地八斗，平地一石，开荒头三年不收租。每年秋收时，韩家在地窖子、帽儿山、半拉窝集、嘎河、荒沟等地设收租站，一个点有一至二名管账先生，掌握佃户地数和租额，一至二名斗官，四名兵，打更的、小杠、杂工数人（这些多半是临时工，秋天来，次年三四月离去），还备有牛马爬犁。这班收租人马到后，由地方的牌头、什长负责通知佃户送粮。一般交三色粮，但也可交其他物资或钱来代替。交物资按韩家规定的物价行单折价。韩家为了多收地租，并且不让管内居民与官方发生关系，把钦差吴大澂发给居民的地照，以代封钱粮为名骗到手里以后，不让他们封钱粮，而让他们交地租（地租比钱粮要多拿钱）。这些居民敢怒不敢言，其中只有姓高的和韩家打过官司，把地照要回去了。韩家收租使用的斗比一般的斗大，一般的斗四十斤，韩家的斗则为四十六斤，按一万一千石计算就多剥削佃户粮食六十六万斤。

④泼派

韩家管区内也有类似保甲制度，十五六户设一个"什长"（也叫十家长），十五六个"什长"设一个"牌头"，一共有十八个牌头。每年在黄烟上架的时候，韩家召集牌头宴会，请牌头下大牌，名义是给兵换衣服。牌头会上研究每户平均拿多少钱，每牌的任务数大致定下来。会后再由牌头召集什长开会，然后开始摊派。分一、二、三等户，这由种地多少来定，一等户有的种一百来垧黄烟，能产烟几万斤，像这样的拿三十吊左右；三等户平均十五吊左右。在这个泼派同时收"烟份"，就是对种黄烟的课税。每架黄烟抽五至十吊，每个种烟青份（合伙种烟的农民）抽五至十吊。当时南山是烟麻的盛产地，这笔收入实不在少数。

⑤设赌

赌局有明局和半明局之分。明局是韩统领叫设的局，这是为了给兵开小柜钱放的，所以称为小柜局。这个小柜局是兵出去放，二八抽红。在这个局上，不准输光家底，有专人看着，谁输的太多了，就不让再赌了。这些红钱大部分都是给兵分。半明局是背着统领由他的老爷太太们或者兵丁们设立的。他们在秋收后，用名片请来种地的人，还要求带看青份，杀猪宰羊，大吃大喝大赌，赌后有的家产全部输光，而这些放局的也毫不客气地把家底拿去。统领死后，这样的坏事就越来越多了。

⑥其他

还有很多收钱的名堂，如写山份，即对山上出产所课的税，有砍木头、打桦子、蘑菇园、采山参、砍鹿茸、烧炭窑等，凡属于山上的生产都写山份。还有写干湿磨眼，即油、酒磨税。还有对渔民和耕少量地的户，不收地租收地皮钱。桦树林子、夹皮沟放街基地号（每号七丈宽、十五丈长）收地号钱每年二十元吉大洋。

四、韩家的生活和它的衰败

（1）三处宅院

韩边外最初在地窨子修了一处宅院，以后在桦树林子又修了一处。在吉林市西关（即统领胡同）还修了一处。地窨子和桦树林子两处被俄军烧毁后，又重新修建起来，较前更加体面、气派。地窨子住宅占地一万七千平方米，周围用石条砌成九尺高的大石墙，转角处筑成炮楼子，房子都是砖瓦到顶，磨砖对缝。大院内东西、前后四个四合套房子，上有宿舍、客厅、学馆、厨房、兵营，下有麻房、油房、木匠铺等。桦树林子住宅四层院子一百一十四间房子，除了韩家家属的住宅外，有客厅、兵房、柜房、烧锅、木匠铺、油房、碾磨房、仓库和拘留所等。四周大墙有八尺高，石底砖脊，角上也有炮台。这些宅院都是由远处请来的精工巧匠，足足修了三年。

（2）管家佣人

在韩家的统治机构中除武装以外，还有一套人数不少的管家和佣人。在各个宅院和窝堡中有"管家"，是总经理人，他们管生产和柜上的交易，也管院内一切家务。管家的权力很大，虽然管家都是外姓的人，可是为韩家信任，可以代替韩家决定一些事，也能掌握生杀。在管家下面，柜上有"掌柜的""账房先生""伙计"和"年轻的"。在院内有"院头"（是管院的），有"打头的"和种地的"伙计"。在铁木作坊里另有负责人，柜上有两个账房先生，一人专掌收租账。另外还有几名"外柜"，专门催租讨账，常年跑外。由于交际上的需要，在统领时代还设一个办文案的"总理"和参谋军事的"军师"。另外还有教书的学馆先生，侍候人的厨师、佣人、丫环等，这些人都是长期的。还有季节性的临时工，如收租的斗倌、扛力、杂工、打更的等。

韩家的管家佣人，也有不少仗势欺人，为非作歹者。地窨子韩宅的大管家徐福升，外号叫"大阎王"，就是韩家统治人民的爪牙。特别是在韩登举死后，他们不但借办事机会捞韩家一把，而且对当地百姓的剥削就更加凶恶了。桦树林子姜渭清（继昌）在统领在世时给韩家经营商业，颇得信任，在统领死后，他把很多韩家的财产变为己有，自己成为一个大地户（主）兼资本家，残酷地剥削和压迫人民，因此，人民非常仇恨他，在解放时被镇压了。

（3）生活方式

韩边外和韩统领都过着腐朽寄生的剥削生活，有妻妾，有丫环，有用人。据说韩边外和韩统领本人不抽大烟，不穿好衣服，每天早晨起得早。他的家属很多都是抽大烟、吃好的、穿好的、不干活，晚上十二点以后睡觉，白天十二点以后才起床，有丫环佣人侍候着，出门坐小车子，冬天坐带暖箱子的爬犁。这些老爷太太们，为了自己攒"小份子"，还在外边放赌局或与人合伙种大烟。在统领死后，他们就更肆无忌惮地干起坏事来。据王永山说："有一年我收获了好几千斤黄烟，韩家五老爷（韩登举的叔伯弟兄韩登荣）看我有钱，打发兵拿五老爷的名片，请我去赌钱，我赌了三天三宿输了八千多吊。第二天一早五老爷就套爬犁来要钱，我早就躲出去没在家。要拉我的牛，我妈不让拉，最后把我的两大捆黄烟一千多斤拉去了，值五千多吊，我算白忙了一年。"韩家也仗势抢男霸女，登举的父亲，人称中大老爷，他在棒槌营住时，糟蹋了不少妇女，谁家出了事，只要妇女去哀求中大老爷，并听他玩弄，就可以了事。在统领死后，韩登荣五十多岁，还强娶田家老姑娘（二十来岁）做了小老婆。

（4）没落衰败

韩登举在民国八年（1919 年）因病死在吉林，其子绣堂继承家业。绣堂是奉天讲武堂毕业，又是当时吉林督军鲍贵卿的侄女婿。他想延续他家的势力，在鲍的庇护之下把韩家的兵按陆军的形式改编为山林游击队，共三个营，自任队长。不受县政府节制，直隶督军署，这时候表面上似乎是力量加强了，但因时事已非，统领去世已经失掉声威，大股胡匪猖獗，游击队无能为力，居民不得安宁，官方遂将山林游击队取消，改编为自卫团，归地方管辖。至此韩家的武装力量完全交出，管辖地方的权力已经消失。韩家的逐渐衰落还不限于失掉武装，在经济上的崩溃更是主要的原因。在韩统领去世前后，正是姜渭清给韩家管家，经他手和满铁订立了买卖铁路枕木的合同，一年交了二十万根后，满铁不要了。据说还欠满铁一百四十万元。在这时，姜渭清投机倒把，把哈尔滨久大油房赔进去了，还欠了很多债。为了挽回这种局面，由姜渭清和统领三姨太太经手，向鲍贵卿借了二十万元债，去了还债没剩下多少。鲍督军看韩家没有还债力量，也看到韩绣堂没有执掌家业的能力，就亲自派人去代替韩家收租，一直到"九一八"事变为止，每年地租都归鲍贵卿收，租粮拉回吉林，韩家没有了收入。"九一八"事变后，满铁逼债，韩家把所有金场、山林、土地全部卖给日本人经营的大同殖产株式会社，卖价三百万元，除还满铁外，还剩一百六十万元，全家按股分辩，最后把乡下的两处住宅拆了卖掉，城里住宅也卖了，家族也各奔他乡了。

《吉林市文史资料》第一辑，第 88—105 页。

二 韩边外与清政府、革命党人及军阀的关系

（一）韩边外前期清政府对它的政策

同治五年富明阿任吉林将军

（同治）四年，因腿伤未痊，请开缺，予假赴京医治，许坐肩舆，至京，仍命管理神机营。伤病久不愈，诏允回旗。五年，起授吉林将军，督剿马贼。力疾进搜山险，遣将分捕，数月肃清。招抚金匪。开辟闲田至数万顷。不及十年，遂开建郡县焉。在任四年，复以伤病陈请乞罢，允之，仍在家食全俸。光绪八年，卒，优恤，谥威勤。吉林、扬州请建祠。

《清史稿·列传》第 12101 页。

同治五年六月上谕

同治五年六月上谕：

军机大臣等，富明阿奏搜剿山内余匪，并收缴私藏军械各折片，吉林山场余匪，经乌里布等带兵在辉法河一带搜剿，先后毙匪一百余名，烧毁贼巢二十余处，西南一带渐次肃清，惟南北山内，地方辽阔，难保无奸匪潜藏，富明阿仍当饬令高福、乌里布等，分投搜剿，务绝根株，以期一劳永逸。至山内垦地浮民及挖金流民，人数甚多，若遽绝其生计，恐致流而为匪。富明阿既拟先收器械，勒限遣散，即当另筹安插之所，俾得各安生业，固不可畏难苟安。致贻后患，亦不可冒昧从事，激成事端，总宜统筹全局，谋定后动，期于悉臻妥善。另片奏，拟收缴民间私藏军器等件，所见亦是，著照所议办理，惟不得任令差役，藉端滋扰，累及闾阎，奉界香炉枕子等处，见在有无贼匪伏匿，并著都兴阿严饬官军，会合吉林之兵实力搜缉，毋任窜逸。

《吉林通志》卷 4，第 20—21 页。

同治五年九月吉林将军富明阿奏

同治五年九月癸未，吉林将军富明阿奏，派官兵往查老金场安插私垦游民挖金流民。

上谕曰：挖金流民，究应如何安插，必须熟筹办法，该将军历次陈奏，

但云勒限遣散，而于安插之地并未筹及，实属颟顸，仍著悉心筹画，或即准令在金场附近开垦，或另择空闲地方耕种度日，必得各安生业，仍设法弹压稽查，以为一劳永逸之计，倘或冒昧从事，致将来别滋事端，必唯该将军是问。

《吉林通志》卷4，第21页。

同治五年十月上谕

同治五年十月辛丑上谕：

军机大臣等，富明阿等奏遵旨安插挖金流民并私垦浮民情愿认领输租办理善后章程各折片，金场流民经富明阿等饬令那斯洪阿等前往开导，该头目业已来省，先行缴械，俟河水冻结，依限全数移出，改业归农，即著富明阿等督饬委员会同该总目韩现琮等，届限剀切开导，移出金场，妥为安插。富明阿以此项金夫无业可归，拟将葳沙河毗连色勒河以下穆奇（木旗）河、漂河、桦皮甸子等处，沿边未开荒地，酌给该金夫等认领。免交押荒地价，令其明春自行开垦，至第三年每熟地一垧仍交大小租市钱六百六十文，均著照所筹办理。其查出桦皮甸子、半拉窝集地方垦成熟地八百余垧，该民人情愿认领交租，即著照富明阿等所请，准给佃户认领，不追押荒。每熟地一垧，连本年共收三年地租市钱一吊九百八十文，以示体恤，富明阿等于金场流民，务当加意镇抚，妥筹永久之法，不得有名无实，致滋事端。仍详细绘具图说呈览。

《吉林通志》卷4，第21页。

同治七年二月吉林将军富明阿奏

同治七年二月二十五日，将军富明阿奏为酌拟葳沙河等处金场（厂）明定派员分季轮查章程，永奠边疆而肃山场事。

窃照葳沙河等处金场屡经奏奉谕旨，派员安插，遣散金夫，不致流而为匪。当经派协领那斯洪阿、富尔丹带兵前往，安插遣散，查办完竣，复经前署任副都统富尔荪亲往覆查，委无偷挖情弊，所有金夫，除遣散驱逐外，其余概归桦皮甸子等处务农安业。伏查葳沙河金场，南与辉发河毗连，而辉发一带向为奉天盗贼之薮，傥查察稍松，难免奸民滥入，复起偷挖肇衅之渐。是以上年冬月间，遴派原办花翎协领富尔丹等带兵百名，前往葳沙河一带巡查，尚无潜入偷挖人犯，获得马匪四名，焚烧偷搭窝棚数处。现乘春初河冰未化之先，仍派该协领富尔丹等带兵往复周历严查，旋据禀报，葳沙河一带老金场委无奸民滥入偷挖等语前来。臣等覆核，虽属无异，然虑老金场一带地方辽阔，山路既多崎岖，林麓更属稠密，加以崇岩陡涧，夏秋之际，人马不能深入，难免不无偷挖情事。查此偷山人犯，口粮必须冬令乘江水凝结挽运，若严定稽查章程，阻其偷越，谅不待驱而自息矣。臣等拟定每年以春冬为率，即派原办安插金场之协领那斯洪阿、花翎协领富尔丹二员，轮流带兵巡查一次，有匪必获，有棚必焚，并严禁米面，以杜偷运之弊，以专责成而奠疆域。统俟一二年后，山场经久肃清，再行奏明停往。再宁古塔副都统乌勒兴阿，今正因公进省，臣面询宁古塔属驱逐各金场事宜，据该副都统声称，现已派员带兵将一概金夫驱逐净尽，不致复聚等语。臣即拟责令该副都统仿照省会明定巡查金场章程，分春夏两季遴派妥员带兵实力搜查，禁止贩运米面，以归画一而肃山场。奉旨，葳沙河一带金场，仍著该将军等饬令派出各员严密搜查，毋任奸民滥入偷挖，钦此。

《吉林通志》卷41，第2—3页。

光绪二年五月上谕

光绪二年五月十八日上谕：

前据穆图善等奏，已革云骑尉德升，押解归案中途逃逸，曾经降旨严拿，旋据都察院奏，该犯官复以协领全福酿贼冒功等词来京呈诉，当交崇实等研讯定拟，兹据该署将军等讯明定拟具奏。此案已革云骑尉德升，虽讯无贿纵金匪情事，惟不静候吉林将军审办，私自潜逃，迨奉省解回归案，复又脱逃来京呈控，殊属不知法纪，德升著照所拟发往黑龙江当差，协领全福派往查拿金匪，并不认真剿除，实属缉捕不力，著即革职，以示惩儆，余著照所拟办理，该部知道，钦此。

《吉林通志》卷5，第5页。

光绪三年三月上谕

光绪三年三月二十七日上谕：

前因神机营奏，营员护军参领双喜在吉林访闻金匪韩边外有招摇挖金及勾匪抢劫情事，经该参领拿获匪党侯毓麒等五名，与署吉林将军古尼音布咨文所称，侯毓麒等前往省城买货，被双喜将账簿等物搜去，情节互异，当经谕令铭安讯明具奏。兹据奏称，韩现琼即韩边外，原系金厂头目，前经将军富明阿饬令安插流民及带勇守城，保奖六品顶带，此后并无为匪确据，侯毓麒等均非金匪，审明拟结等语。此案侯毓麒等应得罪名，著刑部议奏，在逃之张礼、李得贵，著直隶总督饬属严缉，务获究办，韩边外能否安分，著吉林将军随时留心访察，严加管束，并著该将军即派妥干弁兵将挖金匪犯认真搜捕，毋稍疏懈，护军参领双喜所禀各情，事出有因，其误拿侯毓麒等送究，亦为因公起见，著从宽免其置议，余著照所议办理，钦此。

《吉林通志》卷5，第7页。

光绪四年八月上谕

光绪四年八月十九日上谕：

前据铭安、玉亮奏，吉林偏脸子屯齐傅氏家黉夜被抢财物砍伤事主一案，承缉之佐领三庆缚拿傅甸奎等，起获赃物均多不实，并不将栽赃诬陷之齐广贞踩缉到案，当经降旨，将三庆暂行革职，并令铭安等传获齐广贞，严切根究。兹据齐傅氏之子侍卫倭兴额遣抱赴都察院呈诉，此案获赃拿犯情形多有不符，齐广贞亦并非该侍卫家藏匿，不令到案，吉省原有股匪窜扰，该将军并不剿办，该处揽讼之程思敬展转蒙蔽，将军致派委之人有接济金匪等情。案关事主冤诬边匪猖肆，虚实均应根究，著派崇绮、冯誉骥驰驿前往吉林，秉公查办，据实具奏，随带司员著一并驰驿，侍卫倭兴额著即前赴吉林听候质讯，钦此。

《吉林通志》卷 5，第 12 页。

光绪四年十一月上谕

光绪四年十一月十八日上谕：

前据都察院奏，侍卫倭兴额呈诉，贼抢伊家财物，获犯释放，被诬栽赃，并吉林匪徒肆扰等情，当派崇绮、冯誉骥前往查办。嗣因冯誉骥前往黑龙江查办事件，谕令崇绮查明覆奏。兹据该侍郎奏称，查讯此案，赃物不甚符合，不能指现获各犯为正盗，至齐广贞挟嫌栽赃一节，该犯供词闪烁，提讯要证，供复游移，亦难凭傅郑氏一面之词，徒事刑求逼认，拟将傅贞，齐广贞监禁一年，缉拿正贼，务获质明赃证，再行分别办理，倭兴额令回京当差各等语。该侍郎于此案既未查讯明确，自应细心推求，期于水落石出，乃遽以先后待质，即行奏结此案，竟至悬宕，不足以成信谳，办理殊属草率，仍著该侍郎一面将现审犯证详细推鞫，一面严饬承缉各官，迅将正贼拿获，查起真赃，严讯明确，按律定拟具奏，倭兴额著仍在吉林听候质讯，不准先令回京。另片奏，吉林马贼结伙扰害军民之案，实所常有，经铭安督饬将弁随时巡缉，叠经拿获正法，现虽伏莽尚多。并无大股窜踞，韩效忠系金厂头目，铭安捕贼需人，准令投效，赏给功牌及衣物等件。韩效忠阳奉阴违，仍于挖金处所勾引求利，经铭安访知，派员查拿，遣散挖金人众，韩效忠先期外出，未经拿获，程思敬讯无蒙蔽情事，惟屡次运货赴金厂售卖，虽无与韩效忠勾结为匪确据，实属交通往来，且平日干预地方公事，人皆侧目，副将哈广和赍送韩效忠赏项及禀领军火等件，均有铭安札批可凭，并非私行接济，惟与韩效忠踪迹较密以致啧有烦言等语。程思敬著照所拟，革去顶翎，杖一百，徒三年。该犯尚有被控各案，俟审明后，如无别犯不法重情，即照该侍郎所议办理，哈广和著饬令仍回奉天听候差遣，并著崇绮督饬将弁，将韩效忠严拿务获，讯明惩办，以儆梗顽，该部知道，钦此。

《吉林通志》卷5，第12—14页。

光绪五年三月上谕

光绪五年三月十五日上谕：

前据都察院奏，侍卫倭兴额呈控，署吉林将军铭安于奉旨派崇绮等查办事件后，即暗遣哈广和与金匪韩效忠送信，令其暂避等情，当谕令崇绮、冯誉骥查明具奏。兹据奏称，详细查讯，上年九月间，并无铭安家丁自京赴吉，副将哈广和被倭兴额控告，经铭安饬调回省，在营听候，并未远离。该署将军派降调协领永海赴金厂密查，及派协领金福等出省缉捕，核计日期，其时尚未得有被控信息。该侍郎所派司员尹寿衡，会同协领富凌阿，前往夹皮沟内上戏台一带查勘，该处窝棚实已烧毁净尽，并无金匪偷挖形迹，游击周衍勋亦无娶傅姓女为妾情事，该侍卫所控各节均属子虚等语。倭兴额呈控铭安各节，毫无确据，实属任意妄控，著先行交部议处，钦此。

《吉林通志》卷5，第15—16页。

光绪五年二月理事同知与副都统给吉林将军的禀文

候补理事同知通判毓绥副都统衔花翎协领富凌阿禀将军大人阁下：

敬禀者，窃职遵奉宪札，内开案准，钦差部堂以现复奉旨，查办倭兴额，续控呈内，上戏台一带有金匪千余人，仍复在彼偷挖等情，咨行派员会查等谕，当即会同钦差派出刑部司员尹，并由司随带委笔帖式等，于初八日束装启程，由江道前往桦树林子，带领驻扎马队委营总胜奎，步队委营总全林二员，马步队共百余名，星夜驰往。十四日，行抵榆树林子住宿，询悉苇沙河口距夹皮沟上戏台九十余里，并无旅店。是夜子刻，由苇沙河口取路东进，山径崎岖，于十五日辰刻，始抵上戏台地方。在该处沟内会同遍历周查，积雪满地，四无踪迹，所有各处窝棚业经概行焚毁无存，现在实无金匪聚集偷挖情事。职等查明后，于是日戌刻回抵榆树林子住宿，嗣至桦树林子，将苇沙河口至上戏台一带形势绘成地图、缮禀，一并赍发，随即旋省，所有职等查明情形，除由司员尹禀明钦差鉴核外，理宜先行禀复，为此，禀请宪鉴俯核施行，职等谨禀。

光绪五年二月
〔原东北档案馆存件〕

（二）韩边外中期清政府对韩采取改剿为抚的怀柔政策

吴大澂微服私访韩宪宗

（光绪）六年，诏给三品卿衔，随吉林将军铭安办理西（东）北边防。大澂周历要隘，始知珲春黑顶子地久为俄人侵占。因请颁旧界图，将定期与俄官抗议，未得旨。时有韩效忠者，登州人，佣于复州侯氏。负博进，遁往吉林夹皮沟。地产金，在宁古塔、三姓东，万山环绕，广袤七八百里。流冗啸聚其中，亡虑四五万，咸受效忠约束。效忠严而不扰，众服其公允，屡抗大军不出。大澂单骑抵其巢，留宿三日，劝效忠出，效忠犹豫，意难之。大澂曰："我不疑若，若乃疑我耶？"对曰："非敢疑公。某负罪久，万一主兵者执前事为罪，某死不恨，奈公意奈何？"大澂挺以自任，遂与效忠出，奏给五品顶戴，子七品，孙登举有平寇功，授参将。

《清史稿·列传》第 12551—12552 页。

吴大澂抄录筹办金厂并招抚韩效忠一折事咨三姓副都统

光绪六年十一月初七日，钦命帮办吉林边务事宜二品顶戴三品卿衔吴，为咨明事。

窃照，本帮办于光绪六年十一月初六日由驿拜发筹办金厂事宜并招抚韩效忠一折，除俟奉到谕旨恭录咨行外，相应抄录原折咨送。为此，合咨贵副都统请烦查照施行，须至咨者。右咨三姓副都统长。

计抄折一纸：

奏，为遵旨筹办金厂事宜并招抚韩效忠吁恳天恩准予自新以安良善而靖地方恭折驰陈仰祈圣鉴事。窃臣于七月二十一日在松花江舟次奉到谕旨：前据铭安奏，宁古塔、三姓东山一带金匪，自擒斩孙百万等及查拿韩效忠后，近无著名头目。其聚伙偷挖金者，率系无业流民，抚之未必得力，逐之恐为利诱，拟设法安置等语。兹据张之洞奏，既无剿禁绝无（之）方，不如化私为官，抚而用之，亦可藉以御侮。与该将军前奏大略相同，并著铭安、吴大澂妥筹经理以弭隐患等因，钦此。当因臣赴三姓督练防军，与将军铭往复函商，妥密筹办、三姓之太平沟桦皮沟一带，经臣密派妥人前往确查，并无游匪窝藏，其沟内金砂虽有挖动痕迹，或系无业流民往来偷挖藉图微利，亦无头目结党成群等事。桦皮沟现有官兵驻扎地方亦属相安。至韩效忠早年偷挖金矿，屡经查禁，遁迹深山不入城市者十五六年。前经铭派兵至夹皮沟金厂搜捕游匪，烧毁窝棚，传效忠虽未到案，实无聚众滋事抗拒官兵情弊，被控事情，亦查无实据。自臣到吉以来，明查暗访，民间舆论皆谓效忠悔过自新，专事耕作。附近村屯久无游匪往来，亦各相安无事。臣再四筹维，非设法招抚不能化莠为良。臣于十月二十一日改装易服，单骑入山，令勇目弁振帮为前导，二十四日由桦树林子直抵木旗河。韩效忠知臣未带一兵，不复躲避。臣亦开诚布公，晓以大义，宣播朝廷德意，不追既往之咎。韩效忠感激涕零，惟顾力图报效以赎前愆。臣于是日止宿其家，示以坦白无诈无虞，即于十月二十六日随臣出山，二十九日进城，道旁观者或鳏鳏过虑，乞臣奏恳天恩代其死罪。臣窃念韩效忠已六十二矣，折冲御侮非其所长，平日本无谋略，一以宽厚待人，人多乐为之用。南山民户素称其公直，从前籍匪出没之时，西至长山屯子，东至漂河，百数十里皆赖韩效忠为之保护。招致猎夫，帮助官兵追剿匪犯，先后拿获悍贼数十名，历任将军衙门有案可稽。此次臣一路访查，留心查看，桦树林子有韩效忠旧开烧锅铺一所，前后数十间，久已歇业，毫无存货。木旗河住宅一院，二十余间，尚属完好。旁屋约有数十间，多未修理，系雇工所住。臣周历巡查，并无枪炮刀矛违禁物件，仅有耕马四五十匹，耕牛一百余条，所存粮食亦寥寥无几。农夫牧子纳稼涤场，各勤其业，确系田家风景。所有男妇大小人等，经臣亲自点验一百二十余人，亲族佣工均在其内。各山沟民户闻有五六百家，就臣所见，各窝棚所有眷属实系安分良民，并非偷挖金砂之游匪。现拟派员进山，率同乡约、地保清查户口，编立保甲册籍，严饬韩效忠传谕各乡，不准收留外来匪党。臣拟檄令韩效忠为南山练总，酌募壮丁数十名，举行团练，保卫闾阎。无事则各自归耕，有事则守望相助，似于地方不无裨益。前经将军铭安给韩效忠五品功牌，业经追缴。可否，仰恳天恩准予自新，仍给韩效忠五品顶戴。伊子韩寿文，侄韩寿德、韩寿春等，近获贼匪捆解来城，拟请各给七品功牌，裨知感奋勉为善良。臣亦当仰体圣明宽大之恩，剀切晓谕，严加约束。如韩效忠再有聚伙挖金等事，必当查明惩办，格外从严，亦不敢稍存回护之心。凡有一切招抚事宜，臣当与将军铭，妥商筹办。惟因韩效忠前有查办案件，应由铭另行具折上闻。是以未便会衔，合并陈明。是否有当，伏乞皇太后、皇上圣鉴训示遵行。谨奏，请旨。

《三姓副都统衙门档》卷378，第406—408页。

吴大澂为访查金苗不旺请求照章封禁事咨三姓副都统

光绪六年十一月初七日钦命帮办吉林边务事宜二品顶戴三品卿衔吴，为咨明事。

窃照，本帮办于光绪六年十一月初六日附奏，访查金苗不旺，仍请照章封禁一片，除俟奉到谕旨恭铭咨行外。相应抄录片送咨。为此合咨贵副都统，请烦查照施行。须至咨者，右咨三姓副都统长。

计抄片一纸：

再，查金厂地方自三四月开冻以后，至七八月间，时有无业流民三五结伴，伏处深山密林之中，沿沟来往，偷挖金砂，在所不免。亦有刨挖数日一无所得转而他去各自谋生。此等贫民虽有挖金之名，并无为匪之实，与劫抢人财之马贼绝不相同。人情有利则聚，无利则散，人少则易于驰逐，人多则难于稽察。近年省南之夹皮沟、三姓之太平、桦皮沟，并无大股聚挖之人，固由驻扎官兵梭巡较密，亦由金苗不旺获利较微，臣与将军铭，妥筹办法，开禁招商既无把握，未必有裨国课，不如照章封禁随时遴派妥员实力清查，不任聚伙支棚再图偷挖。臣既访查明确，知今昔情形不同，自应因时制宜，不敢拘泥成见。韩效忠既经招抚，贫（民）亦各归农。以后查禁不到，有名无实。所有访查金苗不旺，仍拟照章封禁缘由，臣不敢一字粉饰，理合附片据实陈明。是否有当，伏乞圣鉴。

《三姓副都统衙门档》卷370，第409—410页。

吴大澂为奉上谕招抚韩效忠并封禁金矿事咨三姓副都统

光绪六年十二月初四日钦命帮办吉林边务事宜二品顶戴二品卿衔吴，为恭录咨行事。

计恭铭上谕一道：

军机大臣字寄吉林将军铭：传谕三品卿衔帮办吉林事宜吴，光绪六年十一月十三日奉上谕：铭安、吴大澂奉招致在逃勇目韩效忠请旨办理各一折，勇目韩效忠系因案查办之人，经吴大澂单骑前往木旗河设法招致到省，本应将该勇目从严查办，惟据吴大澂奏称该勇目现在务农安分，尚无为匪不法情事，自应予以自新。韩效忠着赏给五品顶戴，伊子韩寿文等均着赏给七品功牌，责令力图自效。铭安、吴大澂务当剀切晓谕，严加约束。如再有聚伙挖金等事，立即从严惩办，决不宽贷。至各窝棚既系安分良民，即着派员进山清查户口，编立保甲，认真办理。吴大澂另片奏：夹皮沟等处金厂并无大股聚挖之人，金苗既亦不旺，请仍明章封禁等语。该处金厂开禁招商既无裨于国课，著即明章封禁。仍当随时实力稽查，毋任再行聚伙偷挖。

《三姓副都统衙门档》卷378，第440页。

光绪七年三月吉林将军铭安等晓谕夹皮沟一带游民限月内即行出沟的告示

为晓谕事。

照得夹皮沟一带本为产金之薮，无业游民慕利争趋，愈聚愈多。虽叠经派队查拿，难得不散而复聚。殊不知偷挖金沙一经被获到官，即应问发云、贵、两广极边烟瘴充军。如聚伙众多，另有为匪情事，则罪应立斩。例禁煌煌，岂容稍有干犯？况现在吉省敖东城南冈地方闲荒甚多，委员在彼设局招户承领。该游民等正可前往认垦，各谋生路，何苦潜匿深山，作此犯法违条之事！除谕饬桦树林子五品顶戴勇目韩效忠给限驱逐外，诚恐各游民执迷不悟，重犯科条。本将军，副都统，帮办于心有所不忍，合行出示晓谕。为此示仰夹皮沟一带游民人等知悉：尔等虽系无业游民来此觅食，亦各具有天良，务当恪遵禁令。于一月限内即行搬移出沟，分赴各处领地谋生，毋再聚众偷挖金沙，致干重典。如敢抗违，即系无知顽民，尔时大兵到彼搜山，定行一并剿除，决不稍从宽贷。其各凛遵毋违。特示。

光绪七年三月十九日

吉林省档案局编：《清代吉林档案史料选编》

第408—409页。

光绪七年三月晓谕夹皮沟一带游民一月内出沟

为晓谕事。

照得夹皮沟一带本为产金之薮，无业游民慕利争趋，愈聚愈众，虽叠经派队查拿，难保不散而复聚。殊不知偷挖金沙一经被获到官，即应问发云、贵、两广极边烟瘴充军。如聚伙众多，另有为匪情事，则罪应立斩。例禁煌煌，岂容稍有干犯？况现在吉省敖东城南冈地方闲荒甚多，委员在彼设局招户承领，该游民等正可前往认垦，各谋出路，何苦潜匿深山作此犯法违条之事。除谕饬桦树林子五品顶戴勇目韩效忠给限驱逐外，诚恐各游民执迷不悟重犯科条。本将军、副都统、帮办于心有所不忍，合行出示晓谕。为此示仰夹皮沟一带人民等知悉：尔等虽系无业游民，来此觅食，亦各具有天良，务当恪遵禁令。于一月限内即行搬移出沟，分赴各地谋生，毋再聚众偷挖金沙，致干重典。如敢抗违，即系无知顽民，尔时大兵到彼搜山，定行一并剿除，决不稍纵宽贷。其各凛遵毋违。特示。

光绪七年三月

〔原东北档案馆藏件〕

光绪七年谕勇目韩效忠将夹皮沟一带挖金人夫一月内全行驱遣出山领地谋生

谕五品顶戴勇目韩效忠知悉。

照得夹皮沟一带本为产金之区，前经叠次驱逐，总未绝根株，该勇目且有派人在彼管事情。以故通饬严拿，现在奏蒙天恩准予自新，赏给顶戴，在该勇目力图自效，断无虑复蹈故辙，特恐利之所在，为众争趋，难保无零星金匪潜入偷挖，自应勒限驱除，以免复滋事端。谕到后，仰该勇目于一月内即将夹皮沟一带挖金人夫全行驱遣出山。日下敖东城南冈等处出放荒地，即令该人夫往彼领地谋生，何苦犯法违条，甘罹重辟，务须剀切劝谕，毋任在内潜匿。该勇目，如敢阳奉阴违，营私牟利，定当谕旨严拿重惩，决不宽贷，懔之切切。特该左谕，五品顶戴勇目韩效忠遵此。

光绪七年
〔原东北档案馆藏件〕

光绪十一年十一月为札令全营翼长等转调韩效忠来省谕令将会匪等设法解散

为札饬事。

本年十一月十一日，据署伊通州知州委用知州王端启禀称："窃卑州南山新放荒地，原议三年升科。卑职到任之后，检查此项新荒地有若干垧，户有若干家，已垦者几何，未垦者若干。州署因无文字可查，当经详奉宪台将此项照根饬发下州。内中指明有光绪七、八、九、十等年，应即升科，漏未征收，迨至遵奉照根，惟时已届升科之际，不遑彻底清查，只遵示开征，当经督饬书吏，漏夜编造征册，甫于十月初旬竣事。一面晓谕开征，一面派吏持册稽核花户。旋据该吏禀称，遍查南荒各户，约计未经开者十分之三，有地无人者十分之二。追究未垦各户，大都领照之初存心渔利，希图转卖。是以仅止领荒，并未开垦。迨至售卖无主，便都弃置他处等语。惟当此库储空虚，固不能因其未经开垦即置之于不问。但迫之太急，又恐变生不测。至有地无人，只可查明，另行招佃。惟有一种会匪，霸种别人地亩，不与纳租，私立章程不服官传。若非痛加惩创，贻患实非浅鲜。即如前据民人李方彩呈控王方琴等复种地亩一案，当经饬据原役协同乡约张九成禀称，遵传王方琴等据称，伊等界内经韩边外即韩效忠禀明宪台，事无巨细皆行管理与官无涉。并据声明该匪聚有二百余人，占居村屯七处，将原书议单一并开单呈递核夺前来，卑职查该匪议单内，有本沟之人不务正业，挟仇假公，图财害命，或被查出，或被告发拿获。会上按例治法等语，后有正兴图记，查公正兴系韩效忠铺名，又单开之二道河子等屯，共计荒地四千余垧。卑职遂将该乡约传至署中面加询问。据称，此股会匪系王方琴为首，本年夏初写议单多张，令伊各处张贴，伊留得一纸业经呈案。现在开征，伊实不敢往催。并称府界呼兰河尚有一股，系王财为首。聚集匪徒亦不下二三百名等语。卑职查王财一股匪，抢掠焚烧房屋，打伤多人，业经被人指控有案。现在拿获伴匪

50

栾成名一犯，王财尚拥众自卫，未经拿获。卑职诚恐该约所称各节或不实，复经饬改装密查，去后据复与该约禀诉各节无异。伏思南山荒地自放之后，既无督垦之员，又无弹压之兵，兼之领荒之人势豪，商贾无一不备，届时征租已难期有把握。加以会匪从中居占，其病民祸国之害贻匪轻，但拿办会匪，卑州勇数无多，辑捕解犯犹尚不敷，分遣应否由前请捕盗之队拿办之处。抑或谕饬韩效忠解散之处，伏侯宪裁。至南荒租赋，事属创始，应由卑职体察情形。但能如额完纳，自毋庸上续宪职。万一有顽梗之民抗不完纳，或领须厘剔清查需员囊佐，再由卑职禀明办理。所有新届升科，荒地征收情形，及会匪滋扰缘示只遵"等情。到本爵将军。据禀已悉。候饬全营翼长札调韩效忠来省，谕令设法解散，俾免滋事。仰吉林道转饬该州，务当体察情形，妥慎筹办，不可操之过急，致生事端，是为至要。切切。缴清摺存。除批示挂发外，合亟札饬，札到该翼长，即便遵照将韩效忠札调来省，谕令设法赶紧解散，毋任该会匪等占居荒地。倘该会匪等抗违不遵，即行剿办，切速。特札。

全营翼长　穆隆阿　吉隆阿　光绪十一年十一月

〔原东北档案馆藏件〕

光绪十六年三月吉林将军长顺奏

为查明三姓地方产金，拟请派员试行开采，以浚利源事。

窃维五金矿产为天地自然之利，果能采取如法，经理得宜，裕国足民悉基于此。吉林金矿，如省南木旗河、夹皮沟及宁古塔所属之万鹿沟等处。从前聚集数千人偷挖，自封禁后，往往潜赴三姓山内搭盖窝棚，采取木耳，名为菜营，实则乘间盗挖金矿。拿获，尽法惩办。并派队逐散棚民。而颟愚无知，趋利如鹜，驱去复来。

《吉林通志》卷41，第4页。

光绪二十年正月练长韩登举在界内各山严行搜捕盗贼情

为呈报事。

于正月初十日，据木旗河练长韩登举呈称："窃练长于年前遣派练勇徐景升等，在于汛界各山里严行搜捕盗贼，于十二月十八日，有练勇徐景升等在金沙河北三秃子地方，拿获盗匪张金一犯，起获洋炮一杆。又在蛟河大场围地方拿获盗匪刘占芳，绰号帽缨子一犯，起获洋炮一杆。又在柳树河子拿获盗匪张旬一名，起获洋炮一杆。又访闻音木泊子有著名盗匪吴广德，自称吴二祖宗，及到去捕拿吴广德未获，将其工人纪永发拿获。追问吴广德，先已晋省，伊言能作眼，领拿吴广德等语。练长当即押回，会按名斟讯。据张金、刘占芳、张旬三犯均各供认强抢不讳。随即录取该犯等草供三纸。惟纪永发果否能以作眼拿贼，或与逃犯吴广德同伴抢劫，练长难以深求，应即并犯呈究办。是以录取草供一纸，连起获洋炮三杆，一并派勇押解送省，呈请法办"等情。呈前仅将洋炮留营留查，送到人犯张金、刘占芳、张旬并纪永发等四名草供纸，另文移送发审局收讯处理。合附具文呈报为，此呈。

光绪二十年正月十二日

〔原东北档案馆藏件〕

光绪二十三年韩登举随官兵剿捕大草顶子哥老会事

钦命帮办吉林边务事宜镇守珲春地方副都统军功花翎英，于光绪二十三年十二月初四日未刻，奉到电饬：据伊通州恒牧禀称，该州方近大草顶子，现有会匪陈彪子等，聚众四五百名，将荒务局员、书役人等抢劫等情前来。英即派队前往镇压。十二月初五日，保成和文福督带马步各队，由省城启程，分路前进。保成于月之初八日到达官街。职文福于初七日至桦树林子，八日到达官街，与保成会合，随后向那尔轰进发。在十二月初五日，署理统领靖边亲军马步全军协理边防营事宜军机处存记世袭三等子爵文福，向钦命署理吉林等处地方将军延（茂）呈报：职于本月初四日奉派随同保翼长成带队往剿大草顶子哥老会匪，当经饬队联日分拨驰进在案，惟查大草顶子一带沟险林深，路途崎嵯，非藉助附近会勇不足以敷堵截，查南山夹皮沟等处练长韩登举，练勇甚众，尚堪调遣，惟所需军火购觅颇难，必须由营接济，方资得力，除饬该练长分布会勇，分防要隘，以助声势，并发给洋药帽丸，藉供急需，一俟事竣，有无动用军火，再行分别据实销缴。

〔原东北档案馆存件〕

光绪二十九年十月营务处为据守备韩登举呈报与贼接仗情形并需用子药各数目一并呈报鉴核事

光绪二十九年十月初五日为呈报事。

窃据守备韩登举呈称："于九月初十日，据那尔轰会目邸广财呈，于八月二十一日，突有盗首任把头，带领股匪三十余名，到张家参营抢绑当票七人，二十二日到蛟河四岔方将人票放回。当闻贼警即着炮头拣带会勇三十名，星夜奔赴濛江一带地方，踩踪追缉毋任幸脱。二十五日追至奉界榆树岔，与任匪见仗约有一时之久，贼众入林逃窜，尾追恐遭谋陷。遂于二十七日派人走捷径，至濛江小北山堵击，以免窜扰。复与任匪残众接仗，互相攻击二时之久，枪毙该匪一名，贼势不支，遂又入林逃生奉省，碍难越界穷追。并获洋炮一杆暨零布数段。当时分给出力会勇作为靰鞡绕子。据询说，该地居民认称毙匪系项老疙瘩尸身，遂将左耳割取以备呈送。计是役共需子母弹三百十四颗、大药四斤十两，理合一并具文呈请转详等情。据此职复查属实，除仍饬该会搜缉逃匪，勿任窜扰外，合将仗毙项匪耳级一颗并洋炮一杆一并付文呈送鉴核"等情。据此，除将耳级验明抛弃，洋炮留营库存储外，理合具文呈报。

〔原东北档案馆藏件〕

光绪三十三年十一月东三省总督吉林巡抚电

光绪三十三年十一月十八日收东三省督、吉抚电称：

窃查吉林南山一带夹皮沟处练总韩登举，于本年八月初三日奉上谕，赏给参将衔，钦此。钦遵饬知该员，并札委统带练勇剿办南山一带胡匪。该员闻命之下，感奋图报，抽调会勇二百名，分赴南山各处搜剿，叠于九、十月间擒斩贼首四海等七名，救出被绑者四名，夺获军械、贼银无数。由营务处禀报在案。查南山一带山深林密，向多伏莽，剿捕非易。该员久居是地，情形熟悉，此次独能自备粮饷，团结民勇，入山穷搜，实属异常奋勇。况传闻关东都督府意存觊觎，常令日人往彼窥探，并以利诱该员订立合同，办矿产等事，用意至为深险。该员不为所动，于边务大有裨益，似应优予奖励，以资激动，庶始终皆为我用。查该员系都司用候补守备，蒙恩特赏参将衔，合应仰恳天恩擢授参将实官，使益奋勉立功之处，出自逾格恩施，谨请据情代奏。世昌家宝印。筱印。

《矿务档》第 6672 页。

光绪三十三年十一月东三省总督吉林巡抚电

光绪三十三年十一月十九日发东三省督、吉抚电称：奉旨，徐世昌朱家宝电奏悉，韩登举剿匪奋勇，尚明大义，著以参将尽先补用，钦此。枢诰。

《矿务档》第 6673 页。

（日）《满洲发达史》有关金匪的记载

私掘人参者与掘金贼：与满洲开发以显著之功效者，从事农业之流民，自当首屈一指。而协助之者，则惟商人。次则为盘踞长白山东西地方私行采金之挖金贼。挖金贼，又名金匪。彼等盖深知满洲金矿之所在地也，但挖金又必与采参相并行，以其皆为荒山大林之工作也，人参之产地，尤以长白山脉，摩天岭东北为多。迨至明末清初之时，采取人参者日众，此间野生人参之数，有不敷应求之势，则不得不转向东北地区长白山东南地方搜求。但人参之利，自清朝勃兴以后，为宗室王公所独占。故长白山一带，清廷指令其地方采人参，有不许平民一人踏入之势。但因土地广漠，又与朝鲜邻接，防备实难周密。依吾人之窥察，当时之山东人以鸭绿江为通路，往来私采者，岁时不绝。盖山东人实深知采参与掘金其利至大，而敢犯禁令者也。

韩边外究为何等人物乎：距今八十年前，有盘踞长白山中金匪首领韩现琮者，因其称雄于边墙以外之故、共赠以浑名为韩边外云。边外原籍山东登州府。初至辽东之复州，逮三十余岁时，佣于复州之侯姓，经十年之久。后以性嗜赌博，负债逃避，隐匿长白山中，在夹皮沟地方，为采金之工作。经过一二年之久，彼竟连合五十余人，结为异姓兄弟，以扶植势力。夹皮沟者，今桦甸县境，在辉发江与松花江合流地点之东宽街北方。韩现琮固为夹皮沟采金场开山之祖。但同时彼之采金场附近又有山东人李把头，亦从事采金之业，与韩之金场屡屡被马贼扰害。韩现琮疾之，遂与李同盟，合力抵御。二人率领所部，奋勇一击，百余名之马贼，斩杀殆尽，遂乘势占领夹皮沟一带之地，此时夹皮沟金场，完全合并为一。选举头目人物，韩李互相推让，不得已，乃用抽签法决定。结果，韩现琮终于当选，戴头目之荣冠。于是名声大震，亘长白山之东西，所在金匪，俱为其所压倒。当时韩家基业，跨有夹皮沟一带，长六七里，宽四五里之土地，使役部下金匪千余人，以从事采金，而坐收其批分利益。至光绪七、八年时，乃应吉林分巡道吴大澂之招抚，赏给六品顶戴，效顺纳税，因命之改名效忠，受吉林将军所管束。其实际，则心怀叵测。对于将军之命，并不十分服从。至光绪二十三年效忠身死。其孙登举继承旧业，日清之役，率部下五百名参加海城战争，终遭败刃而止。尔后之夹皮沟仍逐年发展，除采金者外，如采参者、采木耳者、务农者、行商者，无不接踵而至，几成一山中之殷盛都会焉。目下户数达五千之多，人口有二万五千名之众。其原籍地，俱不外山东之登、莱、青三属，即以采金业者计之，亦渐次增加。有清末叶，有玉盛发、公正兴、马架子、兴顺堂等十余家，每家使役工夫各七八十名。

东山之金匪：金匪之在长白山中夹皮沟，已形成一大根据地，但彼等之心，犹未为满足，乃四出以求金苗。同时奉天、吉林及其他处所之封禁山林，为彼等偷采之处甚多，于是彼等之踪迹，遂有日以东渐之趋势。光绪十六年，吉林将军长顺，曾提出三姓地方之采金意见书如下：

吉林金矿，多在省南之木旗河、夹皮沟及宁古塔之万鹿沟等处。从前往往有聚众至数千人偷采者，迨封禁以后，则又潜赴三姓山内；搭盖窝棚，以采集木耳为名，谓之菜营，往往乘间以盗掘金沙。拿获后，虽无不尽法惩治，且并派队拆除其窝棚，无如颟顸之民，趋利如鹜，往往驱去复来……（下略）

由此观之，当时金匪托庇于菜营之名目下，阴向三姓地方伸其得意魔手之情形，可了然也。长顺意见书中有曰："三姓之某某地点，均存有金匪之私采痕迹云云。"更可推知其着手之始，必在同治末年焉。

通阅以上所述，知清末之采掘沙金，不外与前代采取天产物相关连之新现象，所谓天产物，其主要之品，不外人参、木耳。然因其产额日益减少，不得改采沙金，以为替代。惟取人参、木耳，皆巡行林野以事搜求，收获利益简易直捷，不须于附近设固定之住所，故附近地方，不能因彼等而开发。而采掘沙金，必须于附近安置住所，故自然成为开发地方之基础矣。观现在吉林行政上一重要区域之桦甸县，即旧日金匪巢窟之夹皮沟；黑龙江上游之漠河金厂，亦为旧日金匪出没之所，可以知之矣。

〔日〕吉稼叶岩：《满洲发达史》增订本，宁波译，郝国琨校。

（日）《满洲地志》载韩氏与清廷的关系

开始因为韩边外势力宏大，吉林府曾多次派兵前来刺探，或前去查看租用的金场和拜访李炮头。后来吴大澂亲赴该地查访，并说服韩效忠，相伴返抵吉林府拜见将军、副都统等。遂逐渐向吉林将军纳税，其后因二次为清国出兵，得到都司的官职，但并不受将军制约。韩氏在领内可随意发号施令，该地居民也唯韩家令而是从，韩家对吉林将军即清国政府的关系，恰如我国旧藩贡相类似。而且，韩家的纳租一年一次将千余两的钱粮送至吉林知府衙门。另外，每年正月向知府将军送礼物。下面是光绪三十年韩家向吉林将军送的礼物以供参考：

死虎：一头，

死鹿：一头，

活鹤：一对，

金：一箱。

另外，每年还不定期由韩登举率兵十余人赴吉林府，晋见将军，与其他众多官人交往。光绪二十七年，韩登举认为梨子沟姓孙的为土匪凶魁，派部下刘永升将孙氏杀之，孙氏亲戚甚怒，赶赴吉林府诉冤。因此，将军派一小官与韩家交涉多次。

韩边外区域唯一仅有官街作为吉林将军设的一处卡伦，在每年旧历十一月初，到十一月末驻官归府，其来驻之日每年不同。

（日）守田利远：《满洲地志》下册，第 459—461 页。

宁波译，郝国琨校。

（三）韩边外与革命党人及军阀的关系

《宋教仁日记》中对韩边外的注意

一九〇五年，二月六日晴　戌初，至越州馆杨仲达处。仲达言及有人将往东三省施运动手段一事，欲与余商其详法，余不甚赞成之。

一九〇六年，五月五日晴　八时至同文堂，购得《商业界》杂志一册，归而读之，中有《鸭绿江源之独立国》一篇，记满、韩间鸭绿江、土门江、松花江发源之处，有形成之一独立国曰"间岛"，地方与日本之九洲岛等，其王曰韩登举，山东人，十余年间占据此地，清兵时来攻之，不克，遂定约每年纳款二十万金于清盛京官吏。其地富于矿产、林产、人参云。

九月四日晴　阅本日《读卖新闻》……又有（池）〔记〕"间岛""独立国"事，言夹皮沟（"间岛"内之金矿名地）一带之地，东西约三百中里，南北约六百中里，四边皆山，殆已成为"独立国"之势。其统领曰韩登举也，祖为山东人，以开金矿聚众为头目，适当清俄交兵，其祖率其众与俄兵战，败之，清廷厚赏之，彼不受，而请以夹皮沟为己领地，清廷许之，于是此一带地方之行政、租税权皆握之，至登举势益强。当日清战争时，登举兵在海城附近与日军战数次，号曰"正义军"。庚子岁，俄兵入满洲，登举拒之，不敌而败，乃与俄和。刻下有兵六百（余按：此当作六万，彼兵实不止此数）。登举善爱抚人民，厚待四方游人旅客，治内颇有法。人民不纳租税，惟自生产物纳数分而已，以故境内宁静，盗贼绝迹，马贼亦不敢犯其境，四方来归者日益多也。其地产金、银、铁、石炭、人参、大黄、药草、兽皮，而木材为尤富，盖其具有独立国之资格已庶几矣。登举今年仅三十六岁云。

九月十五日晴　阅报，有记满洲马贼事，另录之于别册，其中有叙"间岛"一节云："'间岛'兵其总员有五万，草王韩登举今年四十有三岁，其军队皆操练精勇，有巨炮数门，粮粟山积，其都城在花树林子，约当吉林府南三十里云。"

九月二十四日晴　阅《满洲地志》，涉猎一通，其内容甚详细完备，而尤详于韩登举及"间岛"之事，但以韩与"间岛"分为二，若无甚关系者然，与余前所见诸说异，不知究以何为真也。余遂拟写一书与其作者守田利远，问其究竟何如。

九月二十五日晴　八时乃至黄廑午寓，坐良久，廑午回，谈叙良久，问余以去岁为取缔规则风潮事，余悉言之，并言胡经武之为人。廑午言亦早知之。又谈及渠往南洋事，廑午言往西贡后乃往广南各处，所事稍有头绪，又回香港往南洋，南洋无所〔获〕乃回东京云。余听毕，觉其冒险心、激进心太甚，将来恐有孤注之势，欲稍劝之而不果。余又告以吉林南方韩登举事，谓此处势力甚巩固，若往运动之或有效，其效视运动者之目的如何而可分三理想：最高则握其大权，兴教育、整实业、练陆军、行招徕、讲外交，以图远大，此须有大才而能持久者方可行之；其次则谋占其地之实业权，殖产兴业，以得经济上之富裕（如林、矿、渔猎等），此亦须有实业家才而稍能持久者方可行之；其下则直往游说，运动其多金而来，以资接济，此则不须岁月，只一（辨）〔辩〕士足矣。言毕，廑午亦有动意，并属余作一书纪其事。余言恐发表于世人皆知之，则（矫）狡之徒或乘之而去，则无益也；不然，吾早已有此心，且材料亦备有矣。

九月二十九日晴　下午作致守田利远书，问以"间岛"与韩边外之关系及韩登举之势力，又濛江与东派子之关系，皆其书中所言与余所见有出入，或其书自相（茅）〔矛〕盾者也，约千余言，（糊）〔胡〕乱以日本文书之。

十月十八日晴　接守田利远复书，（折）〔拆〕视之，乃其部下冈野增次郎自旅顺都督府发者，谓"承守田中佐之命代作答书，《满洲地志》之起源，由于守田氏以多数支那人言为经，以己身满洲旅行日记为纬而编述者，与普通新闻杂志等不免有出入处，但皆己所凭信者，始乃执笔起稿，兹应尊问而答申如左：

一、"间岛"与韩边外领域，分别分部区划，但是，因土地毗连，故草泽蒙昧之地区，仅防一方之吞并。

二、韩边外被俄人称为小王子，但一般支那人皆呼之为韩边外，还不为吉林将军代凌驾。

三、韩边外当代之圣人，登举之势力与冯麟阁在伯仲之间。

四、韩登举养兵数及操练情况，通过拙著认识。

五、图表中地名的取舍，根据其目的而有所不同。

阅毕，其所答尚有未尽余质疑书中之意者也。余思欲尽知其详细，惟有自身旅行亲历其境调查之之为妙耳。

十一月一日晴　早餐后，至《民报》社逛最久。午餐后，偕前田氏至《革命评论》社，晤得（宣）〔萱〕野长知、平山周、池亨吉诸氏，与（宣）〔萱〕野谈最久。言及满洲马贼，（宣）〔萱〕野言奉天之马贼现为杨二虎为最，其原名云国栋，因强盛，人皆畏之，故名二虎也。吉林之韩登举，其人不足称，胆力甚小，不过徒有多金而已云云。

十一月五日晴　在《民报》社早餐，乃清检夜具等并昨日行李，雇一车送行新宿宫崎家。余复坐良久，忽张肖峰来（山东潍县人），言将往"满洲"去有所运动，余遂告以韩边外事并其历史、地理、产业、交通、位置等及余之理想运动（大约与前同黄廑午言者相同），终更乞其到彼地后，常以信报告一切情形，彼甚喜之，良久去。

十一月十三日晴　晚餐讫，适大雨至，乃留宿焉。夜，谈及"满洲"事，余即以韩边外事告之，适李星次、何梅生皆至。谈毕，皆称赞此地之可有为云。

十二月二十八日晴　改《孙逸仙传》。下午至《民报》社，晤得张溥泉。溥泉于今秋由爪哇至"满洲"，此次自"满洲"归者也，谈及爪哇及"满洲"事甚悉。是夜遂宿于社。

一九〇七年二月二十四日晴　夜，黄廑午邀末永、古河、张溥泉及余同至凤乐园食晚餐，遂谈商运动马贼事良久，决议古河前去，而吾党一人随之同去，因古河以联络各处而试其活动云云。廑午复向余言，欲余去，余答以且待稍思索再决，九时乃散而回。至孙逸仙寓，逸仙告余明日内田良平接余等至赤坂三河屋开晚餐会云云。十时回。

三月六日晴　与黄廑午商讨"满洲"事。议定余与古河氏同往，余遂拟预备一切，趁月内登程也。

三月十一日晴　余拟不日将起行赴"满洲"，而川资尚未得手，乃欲往银行借款。

三月二十日晴　白楚香来，余与商定往满事，议定楚香同余及古河氏去。时黄廑午亦来，与楚香更议良久，遂约十二时至凤乐园与末永节、古河等再行细商。十一时余偕楚香至船尾馆照相讫，十二时至凤乐园，廑午等亦至，遂食午餐，议定于二十三日起程至马关，由马关坐船至朝鲜釜山，再由釜山乘车经京城往义洲，渡鸭绿江抵安东县而止。至满洲后之策略，则联络各马贼劫取通化县款项，然后大行进取之策云云。

陈旭麓主编：《宋教仁集》下册，

第514—726页。

《辛亥革命回忆录》载宋教仁运动登举事

宋教仁和白逾桓往东三省进行革命活动时，正值赵尔巽任东三省总督，张小甫、陈树藩（均湘人）在该处做官。赵闻知宋、白到，欲捕之。张、陈从督署获悉，密谋救之，乃侦得宋、白住址，封银三百两送宋，嘱远遁。宋与白不愿离去，决定迁居暂避。

逾时，宋思及延吉长白山下，有一姓韩名登举者在该处开矿，有护矿武装数千人，拟往运动其加入革命。先是，清政府曾派人往说韩，令其接受管辖，并许成立两镇兵驻守。日本政府亦曾派人往说，欲令其归顺日本。韩均不从。宋往见韩，韩待之颇殷勤。宋于韩处获悉，日本政府因见该地住朝鲜人甚多，欲将该地变为"间岛"，并入日本领土，乃由参谋部组织三个团体，以谋我东三省：一为长白山会，一为黑龙会，一为南满株式会社。其中长白山会专司造假证据以证明延吉为"间岛"者，收罗浪人颇多。宋以此事关系国家领土主权，深以为虑，拟亲往长白山会一探究竟。时有日人片山泉〔潜〕者来延吉，宋与之原在日本相识，得其函介，易名贞村，打入长白山会，该会不加疑焉。宋因而尽悉该会所造将延吉变为"间岛"之假证据，并拍照携归。随又赴汉城图书馆翻阅有关图籍，将证明延吉并非"间岛"之一切资料录出。复往东京帝国大学图书馆查阅图籍，核对自汉城图书馆所获之资料。旋著成一书，名曰《间岛问题》，以确凿之证据，证明延吉为我国领土，对日人之侵略阴谋，为有力之揭露。

《辛亥革命回忆录》第 6 册，第 38—39 页。

吴禄贞"间岛"交涉与韩登举

纪元前五年（清光绪三十三年，西历一九○七年）清廷命徐世昌为东三省总督，世昌呈请着禄贞随从同行。禄贞既不得志于西北，就随世昌前去。到了奉天，被任为军事参议。他趁这个机会，结交了不少有志之士，又秘密联络绿林中的朋友，以为将来之用。不久，延吉边事紧急，禄贞奉命出巡，他所结交的胡匪张作霖、汤玉麟、冯麟阁诸人，听见他要到延边去，就写信给盘踞延吉夹皮沟、光济峪一带的马贼韩登举，为他介绍。禄贞带了这封信，率领周维桢、李恩荣和测绘生十余人起程。到了夹皮沟，投信后，群匪争先招待，宴饭甚盛。可是禄贞问到他们的实际情形，他们却大吹法螺，一无诚意。禄贞心生一计，就骗他们说："我原本是南方盗首，手下有三四万人，枪械齐全，团聚山寨。不像你们散漫，没有纪律，并且大半徒手，不能成就大事。"群匪忍不住禄贞的讽刺，当下就召集了部属三千余人，马约千匹，请禄贞观看，禄贞看到人马的数额都不虚，枪支虽不一律，倒也一人一枪，暗中欢喜，便拿出银钱犒赏他们，并购牛羊赏给他们大吃一顿，群匪从此就感激服从。

吉林省的延吉府，和朝鲜接界，清朝初年，本系南荒围场。纪元前三十一年（清光绪七年，西历一八八一年），弛了垦禁，汉人、朝鲜人没有产业的，就都以此地为他们谋生的场所。此处土地肥厚，森林、野兽、矿产，更是非常的丰富，日人垂涎三尺，很早就想要掠夺这个宝库。后来并吞了朝鲜，更想藉故侵占为他们的所有物。这时，朝鲜统监伊藤博文，就藉口朝鲜十余万人受了马贼和无赖的凌虐，并且说图们江以北延吉厅所管属的临江一带地方为"间岛"，是中国和朝鲜没有划定的地界，就命令中佐斋藤季治郎领兵占取局子街，张贴荒谬文告。禄贞看见这个文告，勃然大怒，就告诉群匪说："我们为匪，必须爱国，现在日本强占我们的土地，为什么不同心协力抵抗他，一定要等国家的保护呢？"群匪说："吴大哥既然不怕日本的军队，我们还怕他吗？但是我们抵抗日本，惹出祸来，将来徐总督要剿灭我们，向日本谢罪，那时怎样呢？"禄贞说："我们大家保卫祖国土地，立功边疆，徐总督也不能这样丧心病狂，我现在虽然为匪，徐总督旧日同我很有交情，大胆地说，敢保你们安然无事！"众匪还不相信，禄贞就把他所带的军服、佩刀、龙旗各样重要的物品，通统拿出来，和随从他的官长，立即着起军装来，竟是威仪凛然。群匪看见，一齐趴在地下，叩头说："我们今天才知道吴大哥不但是南方的豪杰，又是徐总督的老友，一致情愿听从命令。"

禄贞收抚众匪，大家整顿、部置妥善后，通知斋藤，限他即日退出中国地界。斋藤接到通知后，大惊说："这个地方向来没有大清国官署，又哪里来的驻军，必定是欺诈假冒的。"正在疑惑的中间，禄贞的最后通牒又送来了。斋藤就跟送信的人，一同前来会禄贞。这个时候，禄贞站在廊门檐下，屋上龙旗高悬，兵士有数千人之多，排成无数行列。虽然服装不大整齐，精神却是非常雄壮。斋藤看见，心里暗暗地折服，就走到前面，和禄贞握手。禄贞用日本话同他招呼，请到屋内，首先问他："你为什么擅自侵占中国的领土？"斋藤回答说："这个地方，本来属朝鲜管领，现在朝鲜是日本的保护国，所以我们要来保护朝鲜的人民。你为什么来这里滋生事端哩？"禄贞说："我是中国的官，应当保卫中国的土地，并且向来就住在这个地方，你们强占这块地方，岂能说我滋生事端？"吴某性情刚直，不愿意多说废话，"贵军能够赶快退出这个地方很好。不然的话，只有武力解决！"斋藤说："你要求我们退出此地，可以送达文书到朝鲜统监处，如果有了统监的命令，我们就退出去，不然是不可能的！"禄贞说："我不能同贵国谈判外交，只知道保卫国土。若果是谈判外交，那有我国外交部和贵国的外务省。"斋藤知道自己不是他的对手，就退出局子街，但仍插标明"朝鲜国地界"字样。禄贞得报，立命拔去。自己又星夜赶回奉天，向世昌痛陈延吉形势，并报告自己同斋藤交涉的经过。

《湖北革命知见录·吴禄贞传》第31—32页。

《治磐事略》载民国三年呈覆桦甸控案文

为呈覆事。

中华民国三年一月三十一日，奉钧署内字第九号委任。查覆公民呈控桦甸县赵知事桂馨赃私各款一案，并发粘抄原呈一纸等因，知事本应遵即前往，惟是时因奉匪入境窜扰，加以拟筹组织审检所，一切办法未能遽离。迨后，辎重营高营长抵磐，将剿匪一切事宜均已商议布置妥协，知事乃于二月二十五日乘空带同警察事务所侦探二名起程，于二十六日早八点钟驰抵桦甸县街。饭毕即分遣侦探二人变装访探。知事亦亲自赴街，按照所控各节逐一访查。原呈所列公民八人之中，除姜振发、韩万金、王德三名查无其人外，其韩寿泰亦无其人，惟查江东韩登举之叔有名韩守泰者，彼亦不在桦街居住，未知是否即系此人。薛鸿珍系薛宝凤之子。

《治磐事略》下，第15页。

《盛京时报》一九一七年八月十月载韩登举与奉系军阀事

我国三代时有寓兵于农之制，后世废之。自共和成立，曾提征兵之议，因国事蜩螗，迄未举行。兹有韩登举者，原籍岫岩，自乃祖（绰号韩边外）于前清道光年间，偕同伴数十人，在奉吉两省交界之夹皮沟，打猎、采参、淘金，皆获巨资。同伴回籍置产，惟韩留夹皮沟且家焉，迄今相传四世，阅八十年。富殆敌国，沟中腴田沃壤，亩难数计。韩氏仗义疏财，穷无聊赖者投止，无不食宿得所，愿居是沟者，则与以房屋、土地、牲畜、农具，使尽力畎亩山林，由是聚居渐至数万户，夜不闭户，道不拾遗，几成风气。境外胡匪，每思窥伺劫掠，韩令农隙操演武事，皆成劲旅，胡匪相戒不敢入，盖沟中住户皆农亦皆兵也。近顷韩登举闻张雨亭督军有招兵之议，因财政支绌，不克举行，特派人来省（现寓小南门里三江旅馆）面见督军，陈述愿率领田畴间训练成熟之壮丁二万余人（约两师）自备枪械、马匹兼粮饷，报效国家。张督军闻而大悦，当派鲍顾问前往实地调查，俟查覆得实，呈请中央，添设二师，可为我国征兵之开始云。

《盛京时报》一九一七年八月二十九日。

目前吉林韩边外来奉，呈请收编第三十师，张督已允代述中央各情，曾志本报。兹经调（达）〔查〕，韩氏此事之来因及所望之结果，盖韩边外自有乃祖金匪韩显忠霸占之夹皮沟，周围不下三百五十余里，按年无寸不种大烟，每年所得不下数万余两，是以多金。讵此情为吉省孟督所悉，当遣亲信往查属实，即勒令借洋数万元，而韩边外始用武力殴打兵士，继经伊谋士林趾仁出面说和，以烟土二千两，作为陪服，所借之款，俟韩到省，即与督军送上等情了事。乃林趾仁复又画策，遂于前月嘱韩携来人参、虎骨、茸角、豹皮、烟土、金叶厚礼来奉，面谒张督，道其来意，张督因大欢喜，当允代呈请政府，令伊编为第三十师，俟编成后，即为驱孟之作用，并允以黑省鲍督之侄女，许与边外二少爷联姻，拟以三大亲家，把持三省，互相策应稳图割据，韩于本月十三日始回去，仍在省城小住一宿，次日回夹皮沟，收拾一切，闻于中秋节后来奉，共谋大事云云，噫！斯言也，中央政府奈何哉，孟督恩远（字曙村）更彼何哉？现今世界金钱武力，咄咄逼人，自侮人伪，为害胡底，吾愿韩之投诚终日渔幻，则吾侪小民，拜赐多矣，又于利令智昏之孟曙村乎何尤？

《盛京时报》一九一七年十月三日。

三 韩边外区域沿革与夹皮沟矿史

（一）韩边外统辖的区域

《南园丛稿》中韩边外领土志

韩边外之地，跨松花江两岸。东控牡丹江上游，西达辉发江流域。此三江者，皆长白山北麓之涧水也。故欲明其地理，当先知长白山一带之概况。兹特详之。长白山者，满韩间之大障壁也。磅礴郁积，绵亘数千里。至奉吉交界间，乃头角崭然，秀出于重峦叠嶂中，俗称之为老白山。其山平顶缓斜，余脉四散，化为无数小山以环绕之。计其盘崛区域，东西约一百五十里，南北亦如之，皆长白山之主脉所在也。自娘娘库山麓至山顶，凡七十里。有小径一，可通人马。山形南北皆平背，东西稍带尖背。腰腹以下，草树茂密，根叶磐结，平铺地面如外幪然。故纵有暴雨急流，不虞其崩坏也。全山多积雪，皑皑然一如白银，自夏历八月至翌年五月，乃消。山木疏密不一状，而以松、桦、柞为最繁。高者五六丈或至十余丈。亭亭如盖，各有干霄拏云之势。

山顶之东北，有澄水湖一，名曰闼门潭，亦曰天池。清史所谓天女浴身处也。周约十五里，底皆磐石。深可三四尺，中产黑色鱼。往时土民，有取而烹食者。一夜中五六人皆中毒死。潭侧有水口，由山之东坡，淙淙流下，水域三四尺，深仅二尺，流转至麓北，水势稍盛。名曰大江。山之北坡，又有一支流出焉，上狭下宽，曲屈溪涧中，或为丛石所覆，潜流其下而不见。至山下乃与大江相会，此二流皆松花江之上源也。是名头二道江。

全山地质，皆以岩石组织之。所有林木，亦各苗生于石罅中。山之支脉旁出，陂陀四下。而其间则各划为无数小平原，如裙褶然。盖皆森林丛集之所也。然以盘根落叶，腐积既入，而为自然之肥料。故地味饶沃，尤极适于耕稼。

沿革 长白山，古称不咸山。山之阴，唐宋以前，为肃慎、挹娄、渤海、新罗诸国所存居，其建置沿革，书缺有间矣，至辽金崛起。其部落居分，乃有可稽。北盟会编，自咸州东北分界，入山谷。至粟末江，中间所居，隶咸州兵马司。自粟末之北，宁江之东北，处界外者，谓之生女真。金史，金之始祖，名函普。初从高丽，居完颜部仆斡水之涯。此即韩边外之地之始见载籍者也。元属海兰府、水达达等路之斡朵连军民万户府。明初为建州、甫河、哥吉诸卫。盖准其地望，而以今名推之。粟末江，即今松花江。仆斡水，即今头、二道柳河，一曰布尔噶水，华言丛柳。地多金沙。金源之号，殆由此启，西境当辉发河左右。金为回霸路，明为甫河卫及扈伦族之辉发部。南境则为哥吉卫及白山国之讷殷部。东北境即清始祖所居之俄多里。由此而西，循辉发河而上，可达赫图阿拉，即清太祖建都之兴京也。俄人有言长白山者，东方之阿尔柏士也。得为长白山主，即可握东方之霸权。而山北平原与兴安岭之高原，尤为此方英雄角逐之场。若支那本部之镇服，不过此角逐中之余兴而已。以故女真满洲之兴，莫不倚长白为造攻之地。则长白山之形胜关系，于此益可想见也。金大定十二年，封长白山神为兴国灵应王。明昌四年册为开天宏金帝。清康熙十六年，遣大臣武默纳致祭长白山神。二十三年复命佐领勒辄等，周围相山形势，自是遂为封禁地。

位置及人口 韩边外领土之界，东起古洞河，西迤大鹰沟以达宽街，北越牡丹岭，南达花砬，西迤以至那尔轰。东西斜长，南北约四之一。境内居民，确数不可知，征诸土著之言，户数六千余，人口达三万以上，皆汉人也。而山东人占十之八九。间有复州人及他方人，然不过十之一耳。山东人中尤以登、莱、青人为最夥。沂州府属次之，专以采金、掘参、猎兽为业，农耕行商，亦兼及之。

气候及风土 境内辽漠，山林幽窅，故其气候大率寒多暖少。时有北风，雨雪殆无定期。寒暑节候，较山东少异，冬季早于山东一月。九月降霜，十月则杀草。夏季暑热，低于山东。着单衣时，每年不过五日，多至十余日而止。冬季皆用皮裘，棉衣则须数袭，盖必倍于山东矣。民间居屋皆以木板为墙。外墍细土以护之，上覆以草茎木枝，亦坚而耐久也。岁时伏腊，以及婚丧祭礼，皆沿山东旧惯。常食以糕团为主，乃玉蜀黍所制者，高粱、粟等次之，副食惟用蔬菜。非新年佳节，无食兽肉、面粉者。饮水则取诸山间溪流，味皆甘美，清洁宜于卫生。

地势及村邑 韩边外之地势，既为长白山脉所盘纡，加以松花、牡丹二江支流贯注，纵横旁达，故其地之高下崎岖，非山丘即溪谷也。原隰低平。略成片段者，唯二道店、桦树林、金城数处而已。故境内民居，亦皆散落于溪河近旁。今特举其重且要者，至各地形势，亦略述之。

花砬 长白山北麓，一小溪谷也。自顶至麓长七十里。两面山皆不高，故平川旁达，各向东西伸张，居民四五十户。由花砬西北逾山，有小道达大沙河口。东北约四十里，有小道达古洞河，东二十里至娘娘库河岸，皆行于溪谷中。树林虽密，人马犹可通行也。自花砬西北抵吉林省城，凡七百里。一路皆丘山重叠，连绵不绝。

古洞河　其源发于英额岭，由东北流向西南，河底皆砂石，宽约三丈，水深不过三四尺。转西北流至大甸入富尔河。水域约四十里。河床中富于沙金。两岸山岭夹峙，而其上多松、柞、桦树。平地河域约二三里。居民三四十户。

孙家窝棚　在娘娘库西北，约五十里。沿路丛林茂密，尚有蹊径可通。居民仅五六户，而以孙姓为最早，故得此名。

大沙河　在大沙河与二道江合流处。有会房一所，民家小旅店十余户。原系金场，多业淘金、猎兽、伐木者，亦有之。

小沙河　在大沙河之西山谷中。有民家四十余户，皆业农耕，又有朝鲜人十余家，散处道旁。

砍木窝棚　在大沙河至寒窑沟之二道江岸，密树围绕，亏蔽天日。由此西北约六十里有伐木窝棚一所。附近一带称张三沟。

黄沟　在大沙河西北四十里道旁。此一带山多砂石，森林尤密。村之四旁一色浓青，皆古树也。有民居三四十家。由此西北行至夹皮沟，道上亦有居民数户，皆业农耕及采金。

寒窑沟　在大沙河西南二道江岸。山岭嵯峨，道途逼仄；人马虽可行，而不可以通车。林深箐密，居民寥寥无几。

赵家店　亦在二道江岸。西北通夹皮沟。居人仅一家，乃山东赵姓，自设旅店于此。

浪沙河　距张三沟东北十三四里。其地有河沟一道，横断南北。沟崖丛树中，有窝棚一所，以猎兽伐木为业。

石阴沟　距张三沟西北十三四里，富尔河之西约二十里。居民四五户。由此西北行四十里，达黄泥河。

上戏台　在下戏台之东南六七里。居家十余户，杂货店四五户，旅店五六户，茶食店三户，磨坊一户。

金银壁　在金银壁河畔，距石阴沟之西约二十里。由大沙河过二道江，至金银壁河口约一百五十里。其河口有渡船三四艘，河宽约八九丈，水深约三丈余。居民四五户。亦有旅店可住。自此以至夹皮沟。车马皆可通行矣。

柳官荫　距上戏台之西数里。居民一家。

金城　地踞山中，距猴岭东北十三四里。韩氏之居宅在焉，故其名特著。土人亦称地窖子。

下戏台　此金厂也，踞东西横亘之山谷中。居民五六户。有大旅店一，小旅店二。

头道岔　此淘金厂也。山谷横亘，与下戏台相类。距夹皮沟之东南十三四里。居民十余户，有杂货店一，锻冶店一。

王伯脖　土人俗称也。在头道岔之西，中隔一小岭，相去四五里，沟口面西北，斜向东南伸张，内形曲屈，宽一二里不等。业采金者二十余人，分两户住之。

夹皮沟　苇沙河之支流也。四山环绕，中亘一沟，沟长不及三里，宽不及二十丈。清光绪二十年前后，沟中产金甚旺。矿夫至四五万人。故此一隅中，至有戏馆两处，今所谓上下戏台是也。既而沙残沟老，谷间田园乃以次垦辟，诸种蔬菜皆产之。山南有金厂一。民家三四十户，合散处之零户计之，约及一千余口。中有小旅店三户，小杂货店四五户。其他则皆以淘金为主业，耕田为副业。

二道沟　在夹皮沟之西北，约三十余里。沟口面西南，斜向东北伸张，长及八十余里，民业采金者凡八九百人。

蜂蜜沟　二道沟之分支也，距沟口十三四里。斜向西南歧出，长及二十余里，宽三里。东北端有金场，业采金者二百余人，分十余户住之，每户十数人。

东南岔沟　亦二道沟之分支也，距沟二十余里，距蜂蜜沟口约七里。业采金者百余人，分五六户住之。

二道柳河　在金银壁之西南，约七十里。居民十余户，皆业沟金或农耕。

头道柳河　在夹皮沟之东南八十余里。居民十余户，初皆山东之流民也。又有新出稼而未成土著者，凡七十余户，亦皆山东人，散住窝棚。各从事于淘金垦地。

此亦一溪谷也，南北约二里，东西凡里余。河槽曲屈其中，金沙甚旺，两岸平夷，外翼以连山，道路嵚崎，树木阴森，故山虽不大而车辆不通。民皆散处山腹。谷间有团房，常住练勇七八名。

两江口　二道江自东来，头道江自西南来，至此相汇，为松花江之本流。此两江口所由名也，又名二道江界，亦名头道江口。地多草泽，然人马可行。民业淘金仅数户。其外二十余里间，皆荒落无人。

头道江　土人谓之头道江村。在两江口之西南，盖江岸地域之总称也。由此至汤河口，有山径相通。山多赭秃，车马皆便。江之渡口，水宽里余，设有渡船，以济行人。居民由蓬莱县移住者五六家，复有土民十余家，皆业农。

棒槌沟　棒槌者，人参之别称也，以其地盛产人参，因而得名。位于头道江北岸，距汤河口之北七十里。丛林塞道，人马往来，皆穿林而过。由此而东至娘娘库约三百余里，皆山间小径，每二三十里，第见猎场一二处。新来居民五六户。此处江宽半里，亦有渡船。

宽街　居辉发河北岸，且当陆路之要冲，繁盛市街也。有米铺三户，饭馆十五户，杂货店五六十户，居民四五百户。以烟草、木材、兽皮为特产。

那尔轰　由两江口溯头道江而上，二十五里至那尔轰河口。所谓那尔轰者，即由河口而西约七十里，南北约二十五六里，溪谷之总称也。合计民居四五百户，皆以栽培人参及农耕为事。

北二道沟　夹皮沟之西南约二十里。地有刘氏窝棚。其南口有小油坊一家。

苇沙河　在老岭之西山谷中，谷间窝棚连缀。有民居六七十家，亦有旅店。河幅不宽，可徒涉而过。东南二十里，即河之支流夹皮沟也。由此而北，山路崎岖，约十三四里。至板庙，中间渡河，河宽三四丈，上有木桥通焉。

板庙　在夹皮沟之西北，约三十余里。有居民十余户，皆业淘金，又有小旅店三轩。

穆奇河（即木旗河，下同）　在板庙西北八十余里，中隔猴岭，上下近二十里，树色葱茏，密护四山。山间小道，乱石纵横，马行颇为困难。民家十余户，业农淘金。

大鹰沟　此松花江之渡口也。水深约丈余，宽一二里，常置渡船二艘。

五虎石　在嘎河北岸，距大鹰沟之东，约四十余里。居民五十余家。业伐木、打牲，渔业尤盛。

贩皮河岭　在上戏台之东北七八里，居民数户。

南黄泥河　在贩皮河岭东北二十里，居民十五六户。

富尔岭　在南黄泥河东北五六里。居民一户。

大马架　距富尔岭东北约二十七八里。有旅店一家。

富尔河界　距大马架东北约二十七八里。居民三十余户，皆业农。

柳树河　位于富尔河界之东十三四里。居民十余户，旅店一轩。

牡丹岭　由柳树河正北行，折而东北，凡四十余里，有山巍起谓之牡丹岭。即牡丹河之水源逾岭而过，更向东北行，抵帽儿山。

帽儿山　逾牡丹岭而东北又四十余里。人烟辐辏，为山中繁盛之区。居民二百余户，皆业农耕及种参，故土人亦有棒槌营之称。

张相文：《南园丛稿》卷5，第41页。

《吉林地志》载设桦甸县

清同治间，韩氏效忠始启山林。光绪三十四年创设桦甸县，今仍之。

《吉林地志》第 24 页。

《东三省政略》纪桦甸县设治

自有韩边外之名，而夹皮沟上下数百里，居民耳目说者，皆谓知有韩而不知有官。推原其故，国家于长白山一带封禁风严，野无居人，将焉置吏。是以神皋隩区，几同瓯脱。迨局钥既弛，客民流徙，辗转依附，屯聚既多，纷嚣糅杂，登举出而部勒之，使之各得其所。迭遭外衅，复募集练勇以自卫。斯时也，民之所见，几信有韩之指挥号令而已。然则欲减杀韩势，整饬治权，非先于近沟处所，规划区域，增设官吏，不足以正王几疆索之名，而杜外人窥伺之渐。光绪三十三年十一月，奏请距夹皮沟东南桦皮甸子、循头、二道江以及古洞河、大沙河一带，添设知县一员，名曰桦甸县。奉旨允准，旋饬直隶候补知府李庆璋往经。其始初拟在官街为设治地，缘该处凤系山镇，人烟尚属稠密。嗣又派员详细履勘，审度地宜，据称官街地方失之偏西：爰查长白山势，自十九沟以东折而向北，蜿蜒千里，濛江之东为长白山正顶，则桦甸县东南当为长白山东北麓。今既设官分治，自应首论形胜，次求本地利源，他日可臻富庶者，始克定为千百年之基础。若移治于松花江之滨桦树林子，其地扼木旗河之要隘，而为入夹皮沟羊肠歧径之门户。其南松花江、辉发河交流贯注，所有长白山一带森林巨材均可结筏蔽流而下，他日林业之兴，必以该山为巨埠，形胜利源兼而有之。其为设治事宜，迭经两省往复会商，议乃决。该县辖境，大致东以敦化县界之新开道岭为界，南以两江口为界，西以磐石县境之柳树河西岗为界，北以吉林府境之马蜓河岭为界，东南以奉、吉新划之金银别岭为界，西南以濛江州界之那尔轰岭为界，东北以吉林府界之张广才岭东土山子为界，西北以吉林府境之奔楼头岭为界，东西三百二十余里，南北二百二十里。唯南境之地，前以奉吉省界未清，犹悬其址，事关缔造，不得不以审慎出之也。至于保卫治安之策，则又以巡警为入手之办法。前由韩登举召募练勇，分地驻扎，闻有匪警，互相追剿，法非不善。然称为会勇，不归官家节制，非政体也。庆璋往议设巡警，民意初捍格不相入，旋饬开忱谕导，就会勇中选其精悍者，改充巡警，即饬韩登举为教练长。练习警章，分布各区，侦逻备至，昼夜阗间，使匪徒无从潜迹，举境莫安。蚩蚩者氓乃知改弦更张，仍为彼等身家起见，始帖然洽服；并使登举知官家权限，不得有非分干越。而弃瑕用材，亦未尝无鼓舞之方，以纳于正轨，所谓因势利导，其理然也。复经庆璋设有劝学所、简字学堂、师范传习所、两等学堂各一所，均因陋就简，粗具规模，藉资观感。总之该处县治既定，夹皮沟上下游易榛莽为膏腴，不致贻谩藏之海，入游民于版籍，不致有梗化之虞。固圉实边，此其要键。若夫十年生聚，十年教训，循序以图，是又在贤有司之克善其事者。

《东三省政略·边务·夹皮沟篇》第 4 页。

《增订吉林地理纪要》载韩氏势力图

自吉林省城南行百八十里，至大鹰沟，由此而南三十里为桦树林，又二十五里为木旗河，又迤而东南百九十里为夹皮沟。当前清同光间，鲁民韩边外集燕齐流民，于夹皮沟淘采金矿。严约束，远斥堠，生聚日繁。俨于穷边荒漠中别开世界。吴大澂勘界莅东，极赏其才，为更名曰效忠。韩氏蓝缕胼胝以启山林，属彼势力圈者，自大应沟起直至古洞河、大沙河（二河皆发源长白山麓，经今安图县界入松花江），并及松江西之荒沟、那尔轰等。

《增订吉林地理纪要》上，第 10 页。

（日）《北满金矿资源》载韩家势力之消长

韩宪宗晚年为韩家最盛时代。其势力所及，从牡丹岭以西到松花江东源上流一带及辉发河两岸。从东到西数百里分布的大小金矿二十余处，从矿权到土地森林皆为其私有。凡是韩家人连做活的都有武备，维护该领域内的治安，在其威望之下，真有路不拾遗，夜不闭户之良风。其领域几乎包括桦甸县全部、江东之第六区、第八区、第七区、第五区，江西之第四区、第一区、第三区、第二区之一部分。此外还包括奉天省濛江县那尔轰地方，安图县之北部及抚松县的西北部。宪宗之子受文继承其事业无大进展，至三世登举时，才又重振余威，迄今远近相传韩边外的名字。登举时代已受官府之压迫，在韩家领域内设桦甸、濛江、安图、抚松等县，韩家势力逐渐减退，仅剩江东桦甸县七、八两区私兵千余名。登举所经营的各种事业也遭到了失败，最后留下一百万元债务，于民国八年病死。

自韩宪宗咸丰四年在夹皮沟当统领到其孙韩登举民国八年病殁，能使韩王国保持六十五年的实力，实在其祖善创业，其孙善于守业。第四世绣堂年虽弱冠继承其父事业，其声望不如其父，但地方对韩家的敬畏仍未衰退。绣堂民国十年十九岁毕业于东三省陆军讲武堂，立即被任命为保卫团总队长，专管桦甸县七区、八区之警备。后感保卫力量不足而加以补充，有如私养军队。其后政府将韩家私兵改为山林游击队，直接隶属桦甸军署。此时大股土匪同乐辈非常猖狂，省政府以维持治安困难为理由，于民国十四年解散了山林游击队。民国十五年二十四岁的韩绣堂受任第四十七旅参谋长之职去北平就任，此时韩家的武力全部解除，韩边外便归桦甸县统辖。韩王国全盛时代，即便张作霖亦不能居其上，至今仍持有桦甸境内第七区、第八区的土地、森林、矿山之大半；如果说是桦甸县的韩家，不如说是韩家之桦甸。

第四世韩绣堂忧虑其父登举留遗的债务却无能为力，特别是对日本银行所欠债额巨大，不能泰然处之，所以下决心向日本方面资本家求得援助，以便摆脱穷境，而且为了实现大面积开发资源而奔走。民国十二年满铁技师实行对夹皮沟金矿的调查，终于在民国十六年完成了其目的的一部分，得到满铁资本家的援助，返还了银行的债务。韩家正在焦虑如何进一步开发资源的时候，恰恰遇上了满洲事变。绣堂随其岳父前吉林督军鲍家一家逃到华北，家务概由韩锦堂（其叔兄）代理。康德元年，绣堂返回吉林住于西关。此时的韩氏家族，也有如一般大家族所遇到的情形一样，已经不能摆脱日渐衰微的命运陷入家事纠纷的窘境。家庭内政极端复杂，积年弊病日益深重，在这种困境下，唯一能进行的只能是解体前的大清理。

一向迫于眉睫的是财产整理。老韩家的意图是在满洲国政府谅解下，组织日满合作组织，以开发矿山、森林、农田等资源。因此，利用特殊地带建立地方开发之策源地，不单是对矿业，而且对其他事业也是一个极为有利之举。此时对韩家采取因势利导，根据严密的企业调查及计划，对计算可能的事业，予以尽快的援助，确实是必不可少的。

南满洲铁道株式会社，对韩家曾以林场权担保，为取得其领域内资源的开发权，曾贷款九十余万元，本利积累已达到巨额。该贷款的意图是在由政权时代，满铁准备向吉林内地伸张势力，此种做法是根据日本国策，并不是以单纯营利为目的的。在其他方面也有多数借款的韩家，现在已是积弊益重，衰败到了极点。大同二年十二月二十三日，大同殖产株式会社发起人代表立花良介与老韩家家长韩锦堂缔结合办经营之契约书，契约书主要项目如下：

（一）凡是韩家领地内之矿山、土地、林场权，全部转让给大同殖产合办经营；

（二）韩家与南满洲铁道株式会社的借款由大同殖产处理；

（三）大同殖产向韩家交付股票二万元，现金七十五万元；

（四）保全韩家各种利益。

昭和九年六月七日创立大同殖产株式会社，同年九月末满铁与韩家的贷款关系由大同殖产与满铁进行交涉，同年十月上旬办完交代手续，于是在六十名日本警备队员的保护下，大同殖产会社着手进行夹皮沟金矿的再开。

〔日〕门仓三能：《北满金矿资源》第284—286页。

张伟民译，肖振勇校。

（二）夹皮沟矿史

《桦甸县志》载夹皮沟金矿

在县治东南，相距约二百里。其地群山环抱，地质年代甚古，属原始界之片麻岩系。脉岩主成分为板状之乳白色石英及肉红色石英，并含有柘榴石，黑黄白各色云母及绿泥石，且渐有辉石发现。矿脉母岩系眼状结晶片麻岩，而少量黄铜矿、多量黄铁矿与自然金及硫化金并产于脉岩之中。矿山地层皱曲异常，系由东北向西南倾斜，脉矿自西北而倾向东南，由小北沟北山与金银壁岭相联络，其脉势上下左右曲折甚多。

按：本矿之脉来于金银壁岭，至夹皮沟而分：一自沟向东南分出，经金银壁口子、五道溜河、浪柴河至汗窑沟，计一百五十余里；一自沟向西北分出，经老金厂、板庙子、色勒河至穆钦河，计百六十余里，沿此两途皆有沙金发现。

逊清道光初年，有鲁民来此采参，在老金厂汲水，于河遂见金沙，颇有所获。继采者随接踵而集。自老金厂溯流而上，沙金益富，直至夹皮沟东南之金银壁岭，山岩现黄色线，见者以为纯金之矿，及凿取碎之，水淘果得金。于是集工开采，闻者羡之，争趋若鹜。数人或数十人为一组，聚集至数千人。生产颇丰，商贾辐辏，渐成列市。然以无统属保障矿工，陡来豪匪梁才率其丑类恣意横行，择肥鱼肉，矿工患之。有韩效忠者勾结豪强，逐梁才去，遂推韩效忠为首领，听其约束。自是，矿山遂为韩占据已。当时仅以土法开采，而所获甚富。据称，同治间产量最巨，每日可得五百余两，矿工至四万余人。至光绪二十年后，产量渐衰，然尚有利可博。韩氏仍逐年接续开采，直至民国元年冬间，开至山腹，水患渐大。又适遇矿脉贫瘠部分，遂以亏折停工。光绪二十八年，俄人曾集资探采，嗣日俄战启，即为停办。民国六年，韩效忠之孙登举禀请省署，将夹皮沟旧金矿租与日人谷村正友开采，当以违例未准。是年十一月，有蒋嘉琛与日商林正次呈请合办，计领矿区二处，一为三百九十亩，一为五百亩。因未与山主接洽妥协，未行核准给照。后韩氏欲结日人合采，以格例未行，今尚废置。

《桦甸县志》卷6，第52—67页。

《吉林省人文地理学》述夹皮沟的地理位置

松花江，满洲语松阿哩乌拉，译言天河也。魏曰速末水，唐曰粟末水，辽曰鸭子河。明宣德时，始有松花江名之。其上游为头道江、二道江两大支。头道江上游分支之水即紧（锦）江与漫江，二道江上游分支之水即五道白河。

综计以上各水，与长白山顶之天池直接者，唯二道白河一水而已。故以二道白河为松花江之正源，实为至当不易之理，余均不得谓之为正源也。

两源既会，北流于桦甸、濛江二县界上，其右岸为夹皮沟金厂。

《吉林省人文地理学》卷2，第17—18页。

《桦甸县志》载栗子沟金矿

栗子沟金矿，在县治西北七十里，其地两旁之山均极曲皱高耸，矿脉之母岩为眼状片麻岩及微粒酸性花岗岩，脉岩主成分为板状之石英暨正长石，并含有银云母甚多。其地层方向斜度颇为复杂，可见所受变迁甚多，矿质为自然金，微含硫化金，微含少量硫化铜及多量硫化铁内。成分尚优，平均计之，含金沙层约达三尺，面积约一方里。又有沙金，产石门子一带，矿地面积约三方里。

此矿发现确实年代无可考稽。自清光绪二十年，经韩登举开采，苗线甚旺。嗣唐子奇继续经营，亦获厚利。后水患过大，因以停工。

《桦甸县志》卷6，第56页。

《桦甸县志》载夹皮沟金矿地质及沿革与现状

矿床及地质

在县治东南，相距约二百里，其地群山环抱，地质年代甚古，属原始界之片麻岩系。脉岩主成分为板状之乳白色石英及肉红色石英，并含有柘榴石、黑、黄、白各色云母及绿泥石，且渐有辉石发现。矿脉母岩系眼状结晶片麻岩，而少量黄铜矿，多量黄铁矿与自然金及硫化金并产于脉岩之中。矿山地层皱曲异常，系由东北向西南倾斜。矿脉自西北而倾向东南，由小北沟、北山与金银壁岭相联络，其脉势上下左右曲折甚多。

按：本矿之脉来于金银壁岭，至夹皮沟而分，一自沟向东南分出，经金银壁口子、五道溜河、浪柴河至汗窑沟，计一百五十余里。一自沟向西北分出，经老金厂、板庙子、色勒河至穆钦河，计百六十余里。沿此两途，皆有沙金发现。详查此两路之沙金及左近之岩石，与金银壁岭、夹皮沟之脉岩形状一致，足证矿脉系由金银壁而来。其分布之广，产量之富，概可想见，实有经营之价值也。

沿革及现状

逊清道光初年，有鲁民来此采参，在老金场汲水于河，遂见金沙，颇有所获（老金场在夹皮沟西，原名老营盘，自昔在此采金，遂名老金场）。继采者随接踵麇集，自老金场溯流而上，沙金益富，直至夹皮沟东南之金银壁岭，山岩现黄色线，见者以为纯金之矿，乃凿取碎之，水淘果得金（按：系铜铁硫化与金混合，今矿工以此为断定金矿之标准，呼硫黄线）。于是，集工开采，闻者羡之，争趋若鹜。数人或数十人为一组，聚集至数千人，生产颇丰，商贾辐辏，渐成列市。然以无统属保障，矿工日多，有梁才者，恣意横行，择肥鱼肉。矿工患之，推韩效忠为首领，听其约束。自是，矿山遂为韩占据。当时仅以土法开采，而所获甚富。据称同治间产量最巨，每日可得五百余两，矿工至四万余人。至光绪二十年后，产量渐衰，然尚有利可搏，韩氏仍逐年接续开采。直至民国元年冬间，开至山腹，水患渐大，又适遇矿脉贫瘠部分，遂以亏折停工。当光绪二十八年时，俄人曾集资探采。嗣日俄战启，即停办。民国六年，韩效忠之孙登举禀请省署将夹皮沟旧金矿租与日人谷村正平开采，以违例未准。是年十一月，又有蒋嘉琛与日商林正次呈请合办，计领矿区二处，一为三百九十亩，一为五百亩，因未与山主接洽妥协，未行核准给照。后韩氏仍欲结日人合采，终以格例未行，今尚废置。

《桦甸县志》卷6，第54—56页。

《东三省政略》载王崇文自吉林至夹皮沟纪程

自吉林省城西门，循江南行四里，涉温特河，又八里红旗屯，又八里大蓝旗屯，又曲折南行十里，下柜子沟岭，又西南行十五里，至上柜子沟。转向东南，上光皮岭，接登双峰岭，过腰岭二十五里，至小风门，环围重峦叠嶂。过大风门，至四间房二十里，又南行十里至三官庙，又十里至马蹄岭，下坡南行十五里至马蹄河，又十二里狗皮索，又二十里长山屯。该屯扼珲春、敦化西行至奉省之冲。由屯南行十里至平顶山，又二十里至大鹰沟岭，东行三十里至大鹰沟渡口。过江东岸，南行十里，至木旗河口，入沟曲折东行，涉河五次，十五里至地窖子。韩登举即家于是，峰峦曲抱，川原映带，颇占地胜。由韩宅东南行五里至头道沟口，入沟东行十里循长寿岭二十里，又十里至猴儿岭顶，下坡五里至粿馅铺，又东行五里至色勒河。涉河南行十里至石嘴子、高力房身。入沟循苇厦子河右岸东行十里，涉苇厦子河至板庙子屯二十五里。该处为旧淘金场，山隈水潆，沙石堆积，宛如丘陵。该屯住户十余家，后山矿石嵯峨，现已停采。该屯南行，入沟登板庙子岭，下坡又东南登老营沟岭，涉渭沙河至老营厂，共二十五里。该处为夹皮沟之下游水入苇沙河者也。入沟，群山合抱，远望疑无隙地，峰回路转，环曲东行，沙石磷磷，皆旧淘金场也。循沟右岸，盘旋而东，历头、二、三、四、五道岔，至大猪圈、下戏台、上戏台，抵夹皮沟街，共三十五里。至会房，在山峡之中层级而登，五里至金银鳌岭。迤东即金银鳌河，西南流七十里，入二道江者也。由省至夹皮沟计程共约四百三十里。复由水道回吉省，自桦树林乘舟顺流西北，折而东流，十里至大鹰沟渡口，下猪嘴滩，东北过五虎石十里，又五里小嘐河，又曲折十五里大嘐河，又二十里至漂河口，又西北二十里半拉窝集，又十五里邓太通，又东北十里拉法河口，又五里车背沟，又三里姜家船，又北行下牛尾哨三十里，过马蜓河口，又十里下歪脖哨，又四十里至歪脖砬，又十里小额赫，又五里挂勾，又十五里张家湾，又十里杨木沟口，又二十里翼领嘐河通，又二十里大海浪，又北行十里杨砬石，又十里唐家崴子，又五里舍里，又五里大风门，又五里小风门，又十里五家哨，又五里阿哈达，又十里常屯，又五里红屯，又五里温特河，又五里到省，共计水路三百四十八里。

《东三省政略·边务·夹皮沟篇》，第8页。

《东三省政略》夹皮沟篇

吉林省以长白山为障，松花江为池，金汤之胜甲三省。然外人骎骎逼处者，固注目于形胜之险要，而亦垂涎于矿藏之宏富。夹皮沟为吉省金矿孕毓之区，虽以王基发祥支脉例应封禁，而区域幽邃，诘察难周，致任小民私采，由来久矣。光绪三十三年八月，饬候选道王崇文前往调查，月余竣事，归呈其报告各禀牍。其循途所经，由吉省循松花江行一百八十里至大鹰沟地方，沿途山峦起伏，绝少平旷，再进而为韩登举所营业地。由此至夹皮沟，计程二百四十里。更南则至长白山、大沙河、古洞河等处，直与高丽毗连。惟由大鹰沟行四十八里至木旗河，再进皆羊肠鸟道，仅能容骑，林深箐密，非由登举为导，则鲜或识途。登举者，固假练总之职，而雄于一方者也。东省向苦地广人稀。凡农工商各业，每招山东登、莱、青人任其劳。其来也，必有所谓把头者或受雇主之委托，或输出己资，以招集流亡分执其役，彼乃坐收羡余以为利。韩氏亦山东人之充把头者，盘踞既久，声气自广，积渐至今，韩边外之名几洋溢于外人耳目，说者辄以为养痈之可虑，虽然亦视官家操纵何如耳。夫西人内治政策，首重殖民。然其始也，亦听夫一二小民之有识略者，胼手胝足，自求隙地，谋自殖计。迨基础已立，趋赴渐众，国家乃从而卵翼之，捍卫之，推施其宗教、禁令以部勒之，遂蔚然成一大都会。是以国无不治之地，地无不殖之民。此固西史之班班可考者。今韩登举以把头起家，能拥千万人之众，箝制束缚，使之或就垦，或就矿，或樵采，无事则各安其业，有事则守望相助，殆亦具西人殖民之识略欤？夫东省疆宇辽阔，赤地千里，谈政治者，金主移民之说，而官家力不能给，若能如登举之所为，夹皮沟如是，而类乎夹皮沟者无不如是，东省不唯无不可殖之地，且无不可移之民矣。夫私采矿产，诚足为登举罪，然于外人垂涎欲得之物，登举出而力争先著，使之利不外溢，是登举不唯能殖民也、移民也，并有保全土地之功矣。国家亦何不可利用之哉！虽然自日俄交哄以后，俄人失败，暂作退处之势，而日人逼处高丽，隐煽其民从头、二道江一带越境垦荒，负耒者踵接于道，是其包藏祸心，以为得尺得寸之计，夫固了如指掌矣。且两国之眈眈窥伺者，既不惮缒幽凿险，随地侦察，又不惜珍物厚币，隐与登举相馈遗，潜为勾结登举。能否坚其心志，为我国家所利用，且不可必。则为今日计，欲固边防，必先保全夹皮沟；欲卫矿产，必先拊循韩登举。盖夹皮沟一带，地轴纵横，约二十余万方里，蓄富有之资，扼冲要之险，外人既垂涎于其矿，即不得不垂涎于其地。今宜亟就沟之上下游，清理地面，区分经纬，设州县治，以相维系。韩氏之田原、财产、室家，宜簿籍之，而任保护之责。至于该境之户口、裁判、练勇各项，事有关于治安者，均宜设官以分治之。一切苛细律令悉为捐除，俾得相安于无事。既有恒产，自有恒心，若是则地利不致旁失，豪猾免为虎伥。是篇所载，或以为筹边者问津之助。

《东三省政略·边务·夹皮沟篇》第1—2页。

（日）《北满金矿资源》载夹皮沟金矿游记

夹皮沟金矿位于松花江流域的苇沙河之源，距旧桦甸县城一百五十华里，距新县城官街一百五十华里。从吉林省城到夹皮沟间的交通水陆两通。陆路约四百华里，中间崇山峻岭，险阻异常。其中最险处是猴子岭，上下约二十华里，路径狭窄、车马难行。春夏秋三季，泥深数尺，旅行困难。水路由松花江至苇沙河间通舟楫。民国以来，中国人有更名的习惯，此习惯也波及到这里。现在夹皮沟已更名为加级沟，这已为当地邮局、官衙所采用。而金厂在中日条约上称夹皮沟，在日本一些地图和书籍上亦写作夹皮沟，因此考虑在这里没有改名的必要。

夹皮沟是苇沙河上游水源地之溪流，如果观看过去素称"大房子"的北沟图片便可了然。古来称沟即有水源之义，而今称夹皮沟则有部落之感，迄今当地人仍称该部落为沟里者不在少数。如遇当地人问："上哪儿去？""上沟里去！"这是经常听到的回答。

据昭和九年九月一日统计，夹皮沟户数一百四十七户，人口计六百七十二名。沿着稍宽的溪谷形成街市，从上流而下，可分为上戏台、宝戏台、下戏台三个地区，其东端为东卡子门，后二者的境域为西卡子门。近年来中国人日益增加，连接西卡子门、宝戏台各部分亦称为下戏台。宝戏台的名称，在《中国矿产志略》之附图上虽然也有记载，但也有误书为鲍西台的。

在上戏台的十字街，设有邮政局。每隔五天经红石向桦甸县城递送邮物一次。但途中邮差，绝对不受匪害，据说是由于邮差与盗匪相交通之故。这里还设有电话线路，经红石向桦甸县宽街以至吉林省城、磐石通电话。

可以代表过去韩家的气派与威势的大房子与韩家西大院，都坐落在上戏台。大房子是在北沟西岸，拥有数栋房子之大院，为我调查班警备队本部之所在地。西大院在上戏台西端的高台上，参与普查的日本矿山班、照相班就住在这里。

在这里担当警备的是桦甸县第七区第一甲壮丁三十名，驻扎在邻接西卡子门的宝戏台。

苇沙河，其本流大约发源地为金银壁岭的夹皮沟，其中大房子北沟为干流，大房子北沟与南沟、穷棒子沟、宝戏台北沟、下戏台南沟汇合后经过夹皮沟的上戏台、宝戏台、下戏台三段西流。顺次汇合为五道岔、四道岔、三道岔、二道岔、头道岔等平行的岔沟。至老金厂，与三道沟水合拢向西南流去，至老营沟又同来自东南的二道沟合流。来自北方的老营沟，小冰壶沟注入后，水流变大西向，及至经过大登厂、高登厂再与南来之头道沟合流后，水流愈大，从西岸注入松花江。在头道沟之中流处，距沟口二十华里处有一个小镇，一百余户、人三百余口，人称会全栈，该地有驻屯团丁三十名。设有邮政代办所和电话局，还有饭店、理发店等，比较繁华。昭和九年六月中旬受匪贼袭击，同年九月户数减少为三十户，人口减少为一百余人。

〔日〕门仓三能：《北满金矿资源》第262—274页。

张伟民译，肖振勇校。

夹皮沟矿史资料

一、夹皮沟金矿的发现与开采

夹皮沟的采金业始于19世纪20年代初期。关于金砂和金矿的发现有两种说法：其一是说当时在头道沟砍柴或挖参的农民，在会全栈附近发现金沙；其二是说有山东逃荒过来的农民，进山挖参，在老金厂汲水时"遽见金沙"。时间大概在道光初年，即1820年之后。

至此，大量贫苦农民便向这里集中，他们从苇沙河下游淘取金沙，逐步向上游发展，道光十年（1830年）开始，采金工人便聚集于老金厂、二道沟口、头道岔沟口以及三道沟、王八脖子、热闹沟等处，又渐次由头道岔发展到二道岔、三道岔、四道岔、五道岔。1840 年前后，仅老金厂一处，采金工人便达到数千人，有三十余户店铺和宏大的店房，每座店房可容纳一百人之多。

1845 年（道光二十五年），采金工人马文良在夹皮沟北山发现了山金露头大矿脉，试行了采掘、洗炼，含金率极高。其矿脉厚四十至五十公尺。于是，数千计的采金工人争相云集，很快开掘了十三合、下十合、小线等矿脉，其后又开掘了立山线和西驼腰子、大猪圈、东驼腰子等矿脉。

二、韩家的金厂与采矿方式

在 19 世纪五六十年代，韩氏家族已经成为吉林南山夹皮沟一带最大的矿主。后来韩家所拥有的金厂多达数十处：夹皮沟金厂、二道沟八家子金厂、三道沟东沟金厂、苇沙河聚宝山金厂、苇沙河五道岔金厂、苇沙河四道岔金厂、苇沙河大线金厂、苇沙河头道岔金厂、三道沟热闹沟金厂、三道沟王八脖子金厂、头道沟流域金厂、松花江小夹皮沟金厂、色勒河流域金厂（包括板庙子金厂，板庙子河岸平地金厂、吴金厂金厂、苇沙河子沟口子金厂、鹿角沟和大桥沟金厂）、头道柳河、二道柳河、三道溜河等诸道溜河金厂、金银壁河流域金厂、金银壁口子至大小沙河口子之间诸流域金厂（包括小河金厂、海沟金厂、石人沟金厂、韩姚沟金厂、大浪柴河金厂、沙儿沟金厂、小营子沟金厂）、大沙河流域金厂，古洞河流域金厂、木旗河金厂、木旗河八道河子金厂、桦甸县柳树河子金厂、桦甸县沙河子金厂、桦甸县韩家沟金厂，桦甸县嘎河金厂、濛江县（抚松）那尔轰金厂、濛江县暖木条子沟金厂、濛江县新开河金厂。

韩家的采金生产分"官井子矿区"和"民井子矿区"两种。"官井子矿区"是由韩家派人直接管理的一部分坑口，如十三合、下十合、四方井、八人班、小线等，这些坑口的采金工是由韩家雇佣的，每月由韩家支付工资。"民井子矿区"是韩家租给别人的一部分坑口，如东驼腰子的三十八个坑口，北山东区立山线的三十三个坑口，北山西驼腰子的四十二个坑口，南山大猪圈的六个坑口。租主每年向韩家定期交纳租金。

三、矿工的采金作业与避讳

就韩家经营的"官井子矿区"为例，采金工人分为大班和小班，大班约一千人左右，小班约二十到五十人，每班工人在坑内劳动十二小时以上。从凿岩、运搬、排水、粉碎到洗炼，完全靠笨重的手工劳动。凿岩采矿是用原始的"火烧法"，即先把木桦子放在矿脉上，引火燃烧，直到将矿石烧得松软之后，再进行手工凿岩。矿工们用长三至四尺，宽六分的铁钎子和重八至十磅的铁锤，把矿石打下来，经过粗略的手选之后，再用人力将矿石背出。这种"火烧法"一直延续到20世纪初期，才改用火药。但是打眼仍然是手工操作，每人每班可打两尺深的炮眼八到十个。矿工搬运矿石是极其辛苦的劳动。坑道规格高1.2米、宽1.4米，时人称之为"韩家狗洞子"。矿工们将手选的矿石装在麻袋或背筐之中，每次背六七十斤。竖井的矿石搬运更为艰难，矿工们要沿着湿漉漉的绳制软梯向上爬。井下照明完全用豆油灯和松树明子。矿井里的排水也是用人力，排水工人都是二十至四十岁的青壮年强劳力。在坑道出口至底层旁侧分段安置若干盛水木槽，每个木槽由一名工人负责，逐层将水倒出坑外。如果坑道深三十米，每班就需要十五名排水工，竖井中使用辘轳情况稍好些。矿石的粉碎和洗炼也十分原始。矿石用人力粉碎，洗选后在炕上烘干，在碾子上磨碎，粉碎的矿石叫"面子"，再上"鎏房"过"鎏子"，最后用簸箕淘洗沙出金粒，送入"伙房"锅炉中冶炼，铸成金条或金元宝（统称为"金沙"）。

在坑道里，韩家为了避讳，不准采金者说"坑"字，因"坑"字的含义与坟墓相连，必须换成"井"字或"洞"字。此外，"石"字音又和"尸"字音接近，所以一律不准说"石头"，"落石"要说成"落毛"，"白石头"要称之为"白盖子"等等。

四、矿工的工资与采金量以及税收

采金工人的工资叫作"金沙"，在"官井子区"从事各项工作的矿工工资不等，每月工资分为二分、三分和三分五厘，排水工人工作最为繁重，因此月工资为三分五厘。而小班的把头月工资可达四两、大班的把头工资甚至多达一百二十两之多。夹皮沟金矿产金量是很高的，"官井子矿区"的采金工平均每月采金二两四分，一个小班每月产金七八十两，因此，韩家"年进万金"并不是一句空话。

韩家的税收即所谓"会经"。实质上是人头税，在韩家管区之内所有的人丁（包括妇女、老人、儿童）每人每年交纳金沙两分，分四月和八月两次交清。（民国年间增加一分。）

五、韩家采金业的衰落

韩家经营的金矿从光绪二十年(1894年)起开始衰落。光绪二十二年(1896年)小线坑出水，一次就淹死工人二十五名。翌年，坑内"出火"（瓦斯爆炸），伤亡矿工近百人。宣统三年（1911年），小线坑第三次"出火"伤亡多人。因矿山大量出水，许多矿坑被韩家废弃。

1900年沙俄进入东北，据《中俄密约》第七条，俄军进入吉林南山强行开矿。为韩家以武力所止。1902年3月2日，吉林将军长顺与沙俄吉黑两省交涉官留巴缔结了《吉林开办金矿条约》和《续订吉林开办金矿条约》。沙俄矿山技师阿塞尔特、门什葛夫在俄军的保护下于1902年夏进驻夹皮沟。在夹皮沟东卡子门外设立"营事所"，修建瓦房四栋。调查数月后，在夹皮沟北沟官井子矿区东侧开掘了"大鼻子井"。沙俄侵略者对该矿区进行野蛮开采，无论遇水遇火，昼夜不停，从1902年冬起至1904年2月止，掠夺夹皮沟矿出产的黄金二十万两之多。

宣统三年（1911年）安图县划归奉天省，韩家古洞河热闹街和大沙河热闹街两处"会房"被迫关闭；韩姚沟金厂也借故独立。光绪二十五年（1899年），吉林军械厂总办宋渤声通过吉林省实业厅取得了苇沙河聚宝山金厂的开采权。民国元年（1912年），吉林宪政讲演养成所毕业的张荣生，通过省公署取得了桦甸县沙河子金厂的开采权等等，韩家的金厂和矿山处于被瓜分的境地。

根据《夹皮沟金矿史》（一九七八年油印本）整理。

四　韩边外的矿政与产业

（一）光绪末年清廷有关夹皮沟金矿的档案

光绪三十年八月张祖荣调查夹皮沟一带矿务禀文

大帅大人钧座：

敬禀者，窃卑职于七月初三日奉宪台札委，调查夹皮沟一带矿务，随同王道崇文（王崇文为花翎候选道，故称王道崇文）前往履勘，据实禀复等因。奉此，遵即初八日束装就道，由省城东南行一百八十里至大鹰沟。沿途山峦起伏，驰行峡道之中，宽约半里许，平旷不多，然土地肥沃，皆能种植，土人云此即练总韩登举所管地面。再进三十里至桦树林子，又二十五里至木旗河，皆有韩氏住宅，极宏敞。过此则山路崎岖，均系羊肠鸟道，舍车而骑。其中如侯爷岭、板庙子岭、老营厂北岭，森林丛密，山势险恶，非有该练长同行，则戒心所不免。其板庙子岭南有金厂二处，因水淹而辍。下此则老营厂沟，该处为旧淘金厂，山隈水滋，砂石堆积，宛如丘陵，纵横三十余里，延至夹皮沟。由桦树林至此，计程二百二十里。伏查韩登举所辖地段由大鹰沟直至古铜沟、大沙河及江西之荒沟那尔轰等处，长约八百余里，共设练会六处，练勇三百二十余人。中有人口一百五十牌，计有一千八百余户，男妇大小七千余人。伊祖父韩效忠本系山东编氓，流入吉省，初至夹皮沟一带领荒开垦，渐至召集流民开采金矿。光绪二十年前后，产量最旺，做金者多至四五万人。该沟长不及三里，宽不及二十丈，金旺时曾有上下戏台二处，终日演唱，迩时其丰富情形更可想见。近日金沙渐以销竭，获利日见微薄，人口亦日减少，商业亦因此萧条。韩效忠身故，其子庸懦不能继其业。登举乃其孙也，承若祖之名望，仍充该处练总。凡夹皮沟一带居民，采矿者、营业者、诉讼者，皆受该处之练总之裁度。该处练勇类皆以居民之强壮者充之，执干戈以卫田里，故胡匪不敢扰之。其实所有流民聚处山中，仍系亡命，受其招纳而来。以山中物产足资其生，故群相结合，以御外侮侵淫。至今遂有入韩登举之境者，（闻有）道不拾遗之说，不知山路艰难，行人裹足，伊等自相守御，故无所用其剽掠非其施行有方略也。无如东省数百年来政治日以废弛，山中之民累年不见一官，省中偶或派员前往查勘，半途即止，并未闻有实行入山也。驯至山中不知日月，但见练总积威所至，如同狱吏之理民事，敛会资，官不加察，积渐至此。然以平情论之，大府按问不及，兵力不加，然无此天然物产以养民生，亦不过东南各路留作盗薮耳。该处与珲春、延吉、敦化、磐石均系毗连交界，并非瓯脱一隅之地，亦非孤悬之岛。其实循韩边头、二道江以及古铜河、大沙河一带，依附长白山脉与高丽接壤。而高丽殖民头、二道江者有千人之多，皆系越界垦种。近闻日人有保护韩民之说，其依据即在乎此。历年日俄两国探险者络绎于道，且尝与该练总馈问不绝，巧施笼络，其视为我国漫不注意之地。情势虽然，所有日人历次履勘，人名图片均详列王道手折中。此调查夹皮沟一带金厂及日人履勘并地面户口之实在情形也。伏查夹皮沟金矿，系三十八年有俄国武员蔼一来那，率领俄工人四十余名，在南沟建筑楼房八大间。带有汲水机一具，于南沟开硐眼（硐眼，采金人控的金坑或浅井，井口称硐眼）两处，东沟二处，北山一处，均西向旧金厂，开挖年余，赔羌贴（羌贴，沙俄卢布纸币）八万元之谱。三十年冬，弃之而去。至韩登举与土人所开之旧井，深约二里许，共有股十股半，韩居其二，内容矿工四百余人，碾盘五十一具，每碾用牲口三，司碾及上溜者亦有三百余人，核其每日得金数目亦在十两上下。然股份得金不一，每日亦有得六七钱者，亦有得两余者。其得金之多寡，则视做法之高低。该处缴税章程则分春秋两季，其名谓为"收会"，每股每季缴纳会金六两。考其办法，水以人戽，灯以豆油，碾以牲力，运以人工，费用大而程功甚拙，其盈绌数目殆难凭信。若改用西法开采，费省功倍。即以现在金额计之，亦可获利。何况从前较优者乎。查线金，以红黄两种石质为最良证之。刻间所采概系白质，似其精华已竭，必须另开硐眼。沿沟一带山岭储藏佳质，固极宏富。办理得法，收效何难？此调查夹皮沟金矿及俄人开停之实在情形也。以卑职愚见，该处既接近边防，地居扼要，而且慢藏海盗，日益堪虞。刻间整顿办法，大致首在清理地面，安抚居民。一面将所有矿产详细调查，归管设局督办，分别先后次第开采。已开者官抽税，未开者官提倡。杜觊觎、收矿利、固边防、消隐患，莫善于是。否则以讹传讹，日人蓄意已非一日，及早经营易于为力。所有卑职调查矿务详细情形也。经逐次禀商王道，另具图折呈请大帅鉴核训示。只遵应请，邀免详赘，理合声明肃禀。敬请钧安，伏乞垂鉴。卑职祖荣谨禀。

光绪三十年八月初三日

〔原东北档案馆存件〕

光绪三十三年为发给测勘委员王崇文川资银两具稿

为立案事。奉宪台批交。据花翎选道王崇文具领呈请，发给赴夹皮沟测勘随带员司人等川资五百元，着由粮饷处照给等谕。奉此遵由正饷银款项下提出：……计大元五百元，发交该员承领讫，理合具稿呈。

光绪三十三年七月五日

〔原东北档案馆藏件〕

王崇文赴夹皮沟一带查勘矿务饬张祖荣随同前往并饬韩登举妥为保护札

为札委事。照得夹皮沟一带矿务已由钦差大臣徐札委王道崇文查勘，自应择熟悉矿产者，以资臂助。查有候补通判张祖荣，堪以派往合行。札委为此札，仰该员即束装随同王道前往查勘，据实禀复。切切。此札，札委员候补通判张祖荣遵此。

为札委事。

照得王道崇文现赴夹皮沟一带查勘矿务，沿途需员照料。查有练总韩登举堪以派委，合行札委为此札。仰该员即遵照，无论王道前往何处，自应妥为护送，毋稍疏懈。此札。札委练总韩登举遵此。

〔原东北档案馆藏件〕

韩登举呈报保护王崇文查矿往返日期文

……于初九日由省启程，十一日抵桦树林子，十二日至木旗河，十三日至加级沟，十四日即行下硝验勘查并山形一切事宜竣，十七日由沟起身，十九日至桦树林子会所，二十日乘坐木排沿江下，二十四日申刻抵省。沿途往返并无殊失，理合将奉派保护王道查勘矿务往返各日期备文呈报伏乞。抚制台鉴核施行。须至呈者。

吉林南山加级沟、木旗河等处练总，特赏花翎

升用都司尽先守备韩登举

光绪三十三年七月二十五日

〔原东北档案馆藏件〕

光绪三十三年十一月东三省总督吉林巡抚为准许民间开采矿产的告示

照得吉林全省，矿产素号丰饶，民间不事开采，大利遂致虚抛。现今注意实业，部中特定规条，矿界、矿租、矿税，区别不爽丝毫。如拟指段勘采，先将照费呈交，并令股本呈验，毫无纠葛纷涌，一经核明准办，自当独任其劳。倘或意图蒙混，巧为勾串阻挠，定将矿洞封禁，惩罚难以幸逃。各宜凛遵办理，不得影射招摇。

吉林省档案馆编：《清代吉林档案史料选编》

工业（上），第431页。

（二）韩边外的产业

《南园丛稿》中韩边外产业志

韩边外之地所有产业，以采金为首屈，伐木、猎兽、栽参次之，农业仅限于山坳林隙间。少有耕地。若牧业、工业尤微末不足言。盖其经济状况，固犹在幼稚时代也。惟长白山丰草长林郁为树海，凡良材品药、奇兽珍禽，皆茂育其中。松花江流域，则金矿蕴藏，随处发见，尤为天然之宝库。民专其利，固有取不尽而用不竭者。此其生聚之所以日繁也，兹特就其物产之重者汇而录之。至商市交通亦以类附焉。

矿产　南起长白山顶，北至帽儿山，东自古洞河，西至大鹰沟。沙金之产，随处有之。而就中尤以夹皮沟、头道沟、二道沟、东南岔沟、蜂蜜沟、王伯脖、金银壁、石阴沟、大沙河、古洞河、黄泥河为著名金穴。他如那尔轰、荒沟、梨子沟、头道柳河诸处，亦不胜枚举。凡有居民之所，几无不以采金为业者。据韩家所调查，每年所产约达六万两，此特就其征额推之也。而收多报少冀以减轻征额者，固常有之。盖其实产之数，犹两倍之而不止也。世谓亚洲东北地皆金底，观此盖可见矣。

所得金沙，多售之吉垣，而矿夫以山东人为最多。有时亦囊负而归，售之芝罘。以故吉林、芝罘诸钱铺，及杂货铺中，收买荒金之招牌，连缀如珠，每届正月之前，买卖颇占巨额云。

林产　长白山一带，以树木为最富。就中如松、柞、椴、桦、楸、榆、曲柳木各种，大皆合抱，高至丈余，或至十余丈。其产地如娘娘库、那尔轰、头道柳河、二道沟、头道沟、穆奇河、五虎石等处，居民多以伐木为专业。每届春季，乘松花江水涨，自长山屯以抵吉林城，时见木排如云，顺流而下，他如居民随时采伐，以供自用者。其多尤不可胜计也。

猎产　山林中兽畜驯扰，游牝成群。自娘娘库、汤河口一带，上亘长白山顶。凡所称为窝棚者，皆猎兽场也。窝棚之制，植木为墙，上横树枝，更上则以草干木叶覆之。前启一门，门内空地，穿坑长宽约丈余，即猎夫所居处也。猎品如虎豹熊狼狐鹿麝灰鼠獾狍等皆有之。

人参　山林中人参富有，居民皆采取之。就中如娘娘库、花砬、张家窝棚、砍木窝棚、三道白河、二道江、孙家窝棚、西岗上、棒槌沟、头道江、两江口、头道柳河、二道柳河、富尔河、那尔轰等处。其民皆以采参为专业者也，又有从事于人参栽培者，则以那尔轰、棒槌沟为最盛。

农业　农作物以玉蜀黍、高粱、豆、粟四谷为最多，荞麦、大小麦次之。

一年一获，每岁春季，清明节后播种，九月中秋节后收获。平均一年所产，仅足敷居民一年之食。每遇凶歉，皆仰给于吉林，为其耕地仅有此数也。烟草靛青，亦多产之。二者皆贩运吉林，亦占巨额。烟草多产于金银壁以北、以西各地，谓之南山烟。

渔产　松花江上流，不产大鱼，然鲤鲫草根鱼细鳞鱼等，游泳蕃息，为沿江居民所常食。若五虎石，宽街附近，有以捕鱼为专业者。

商业　商事不振，通乎全域，以经商为专业者，不过数家。居民往往以所获物品，自以舟车运售于吉林。复自购棉、棉布、棉丝、烧酒、砂糖、石油、磷寸（磷寸，日语，即火柴）而归，以备日用之需，至小杂货类亦时仰给于肩挑之行商。然以地处僻远，故其物价颇昂，若烟酒诸赘泽品为金夫所需要者，其价尤数倍于外间。盖其人之操业既属投机，又时而群聚赌博，不惜挥金如土故也。

通用货币　以吉林银元、吉林钱帖铜元制钱为主，日本银元虽颇流通，而居民授受，不甚信用。俄国纸币，初亦畅行，日俄战时，乃渐低下，而韩家又曾禁止收兑，一时遂绝，而日本纸币，自是日益风行矣。

交通　韩边外之地，僻处山林，俨若别一天地，而与他方互相隔离。惟松花江汇流而下，至金银壁河口，水势益盛，下流通吉林。计程凡四百余里，夏秋用舟楫，冬春用爬犁，此其唯一之交通系也。自春冰结时，以金银壁为中心，北达敦化县，东通局子街，南走娘娘库，皆用大车，而以健牛三四头曳之交通之具。如是而已，盖其地本属荒山野岭，人踪罕至，自清咸同间，始有金匪马贼，盘踞其中，交通设施，固非若辈所企及也。今以长白山主峰为起点，就其天然之径路考之。自长白山顶北行八十余里至花砬，自长白山顶东行六十余里至东派，自长白山顶西行七十里至西派，此上三道皆窝集连天，哈汤碍路。北道可通人马，东西两道仅便人行，一线斜通，如羊肠，如蚁孔，非有向导，未有不迷于所往者。山南有栈道，通朝鲜之胞怡山，地质土石相半，树木亦渐稀疏。而春夏之交，绿苔凝滑，亦令人叹行路之难也。访之故老，自朝鲜茂山，越松花江上流，以出吉林，昔时本为通衢要道，今乃崩坏颓落，荆榛塞之。致可慨也，今幸而马贼平靖，山中草昧渐开，村邑往来，日以频繁。故其局部间之道路，亦已荡荡平平，人马无碍，唯其各重要地点，尚无干路以连属之，是则不能不有望于将来者矣。

张相文：《南园丛稿》卷5，第16—19页。

《东三省政略》载韩边外矿区、森林以及植物出产表

附矿产区域表

区域	矿质	面积	发现	已、未开采
上、下戏台	金	十余方里	旧	已开
五道岔	金、银	十余方里	旧	已开
头道沟	金	十余方里	旧	已开
二道沟	金	十余方里	旧	已开
三道沟	金	十余方里	旧	已开
苇厦子	金	十余方里	旧	已开

附森林处所表

地别	距沟里数	种别
长寿岭	八十里	榆树
侯爷岭	七十里	杂树
豹子岭	四十五里	榆树
老鹰岭	三十里	杂树

植物出产表 小麦、高粱、木耳、稻、榆菌、麻、土豆、鸦片、薯芋、玉蜀黍、黄烟①。

①注：此项为行销外路一大宗，每年值银十余万两。

《东三省政略·边务·夹皮沟篇》第9页。

（日）《满洲地志》载韩边外的产业

韩边外一带的产业，屈指数一的是其采金业，其次是伐木业及狩猎业及人参采掘业。作为农业，仅能在村屯附近的山洼谷沟之地，方能见到少数耕地，而畜牧业和工业更是微乎其微，其经济情况属于极其幼稚的创始时代。但是，在长白山丰富的森林中，有上等木材、珍贵的药材以及兽禽类等天然物产；在松花江流域蕴藏着丰富的金矿，到处充满着宝藏，等待着人们去采掘，由于住民数量不多，人们收取这些物产，过着优裕的生活。下面就简述一下这里的贵重物产，最后在第五章专门论述一下这里的物产运送市场的交通线。

一、矿业

沙金在领地内到处可见，非常著名的有夹皮沟、头道岔、二道沟、东南岔沟、蜂蜜沟子、王八脖子、金银壁、石阴沟、大沙河、古洞河、黄泥河子等，其他还有那尔轰、荒沟、梨子沟、头道柳河等，几乎举不胜举。有住民地皆从

事采金。根据韩家的调查，领地内年产达六万两，实际上已经少算了采金者的获得额。他们为了希望减轻对韩家的负担，而少报了采取额，其实际额应是其一倍半及至二倍。

这些被采取的沙金，大多被卖到吉林府，由于山东人占了从业者的多数，因而，有不少人将沙金藏于包袱内，带回山东省，在芝罘销售。所以在吉林及芝罘的钱铺及其杂货铺中，到处挂着收卖沙金的招牌，每年旧历正月前，其成交已达巨额。

二、林 业

在长白山一带的山中有丰富的森林资源，其中的松、柞、柳、桦、楸、榆、曲柳木居多，都是环围六七尺乃至一丈二三尺，高十余丈。因此，在那尔轰、头道柳河、二道沟、头道沟、木旗河、五虎石等地，有很多人专门从事伐木，每年春季由长山屯附近，至吉林府，松花江被由上流冲下的木材所堵塞。另外，如果举在其他居民地附近的采伐木材供自家利用的话，其采伐额将达到相当之巨。

三、猎产

在前面记叙的山林中，兽畜群栖，在娘娘库汤河口一带到长白山顶，人们居住在所谓的窝棚中，大多从事猎产业。窝棚是砍伐下的树木制作的木墙，在前间开一门。门内空地斜向下挖一坑，长宽约一丈余，上盖由树枝编织而成，其上铺盖带枝的树叶作为居住的场所。主要猎物有：虎、熊、狍子、獾子、狐、狼、豹、灰鼠、鹿、麝等。

四、人参采取

山林中生有众多的人参，住民皆采取之。在娘娘库、花砬子、张家窝棚、砍木窝棚、三道白河、二道江、孙家窝棚西岗上、棒槌沟、头道江、两江口、头道柳河、二道柳河、富尔河子、那尔轰等地都有采参者。另外也有不少从事栽种人参的，尤其是在那尔轰棒槌沟附近比较盛行。

五、农产

附近一带的农作物主要是玉米、豆、高粱及粟四种，其次是荞麦、大麦、小麦，每年一作，春季四月清明节前后播种，九月中秋节前后收获，平年其产粮仅够供住民一年的食用，如果到了灾年，粮食缺乏，只好求助于远道的吉林府给予供应。因而，粮食断绝时，只有以草芽、树果充饥。但是，烟草却到处可见，每年向吉林府输出，获得巨利，所谓的南山烟，大多出产于此地。

韩边外

其中栽培最为繁盛的地方是金银壁以北及以西地区。

六、渔产

松花江流域还盛产大鱼，多栖鲤、鲫、草根、细鳞等鱼。沿江住民皆捕之，以为食用，在五虎石、宽街附近有专营此业者。

七、商业

虽然这不能算是一种生产行业，专业者也不占多数。住民将自己的各种产品、获得物通过河流或车子运往吉林府，回来时带回棉布、棉花、烧酒、砂糖、灯油、火柴等日用品。有些人将日用小杂货类，担在肩上来往于各地，向山民提供供给。一般来说，由于地处僻远，故物价并不低廉，尤其是挖金者需要的酒、烟及其他用品，价格更高。

通货以吉林银元、吉林官帖、铜制钱为主，也见有少量日本圆银洋、银元等流通。但山银货极少，住民喜欢收授。再有俄国纸币及银，虽然在战前见有流用，战后则日见下落，同时韩家向领地发出禁用之令，一时间踪影全无。其之所以在此流通，是因俄人曾一度侵入该地。

八、交通

从韩边外领域至娘娘库还较近，其他居民点则分散在远离他乡的长白山中，仅其松花江的上游支流与之相通。由金银壁河口顺流而下，到吉林府约六十一里余距离。仅有一条通路。夏秋可通舟筏，冬季冰面上可行爬犁，以该地为中心，北可到敦化县，南至娘娘库，东达局子街，西夹皮沟，可以通行三四匹马的大车。在这里，山川、森林荒无人烟，原野相连，虽然有一部分开采的沙金厂，也仅是属于五六十年前始创的，这些属于当时土匪和盗金者的交通设施。据调查，长白山主峰附近有一天然通道，由长白山顶的北坡向北，到花碱子约四十余里，这里森林密布，有一条山道只能行人马，车辆难行。另外，下到山的东斜约十余里，至东涯子森林甚密，其中窝棚散在，住户均为狩猎者，东涯子又称东娘娘库。山南树木很稠密，地质土石各半，春夏长满绿苔，滑而难行，有一条栈路通向韩国炮台山，由山顶至西涯约十余里，林木茂密，有一条向西的小道，只能行人。如此所述的山麓、花碱子及西娘娘库归吉林省敦化县管辖，其据中，与四外相通，道路几乎难见，但据传，过去这里的交通曾繁盛一时。由韩国茂山出松花江上游可通吉林，此条山路今日也全然废颓，只留下残墟只能单人骑马通行。近年来山中太平无事已久，居民皆感到沟通各住地之间的交通的必要，局部的道路已经修缮可以人马往来，但还没连成该地的重要交通干线通道。

〔日〕守田利远：《满洲地志》下册第 453—459 页。

宁波译，郝国琨校。

（日）《北满金矿资源》中义泰昌的衰败

光绪二十九年，第三世韩登举时姜继昌创设了义泰昌，这是韩氏家族合资的商业机构，从其建立到民国七年这段时间内，义泰昌营业取得了发展，共设置了哈尔滨、大连、九台、长春等几个分号。由于金融业的变动，粮价的暴落暴涨，加上民国八年登举的病殁，所设各分号很快相继倒闭。因此，只得将以上分号并为一处，由姜继昌一人负责维持营业。尽管姜继昌为韩家争回了采矿权、林权，但姜无疑也是造成韩家负债状况的人物。

〔日〕门仓三能：《北满金矿资源》第 325—326 页。

张伟民译，肖振勇校。

（日）《桦甸县志》载兴吉公司

该公司作为桦甸县韩家的事业，从事伐木工作，负债调整时，于民国十二年十一月，与满铁数次谈判，接受了八十万元的借款，林业部作为兴吉公司而独立。满铁计划在该公司桦树林子一带的林场，探伐枕木，作为贷金的偿还。后来，经营不景气，回收困难。经营区域在桦甸县方面，面积为十九万町步（约合一千八百八十四万千公亩），立树蓄存约为一万三千立方尺。

大同林业事务所：对于应该如何遵守国有林探伐规定，作为条件，在前述的地区内，许可探伐红松角材及大圆木一百万立方尺以内，探伐期限到康德二年三月三十一日止。运出期限到康德二年五月三十一日止，探伐运出材全部由敦化、黄泥河站上渡场。大同林业公司每十五天验收一次木材。大同林业吉林事务所受在敦化额穆县公署的委任，对指挥人支付其木材货款。

〔日〕《桦甸县志》宁波译，郝国琨校。

（三）韩登举申请林权

民国七年十二月韩登举上吉林省长郭呈文

附：私有林地位置、亩数及森林种类表

具呈人韩登举

年四十九岁

原籍吉林桦甸县

现住省城西关前新街

督军署高等顾问官

为依法呈报私有森林位置、亩数及其种类，恳予转咨备案，以杜纠葛，而免混淆事。窃登举祖遗管业在吉林桦甸县江东第七区及第八区界址，其地四至，东至金银壁岭，东向北毗连朝阳沟、鸡匡子沟，东北至土顶子，北至漂河北岭，西至松花江，西北至打鹰沟岭、半拉窝集，南至头、二、三、四、五道溜河口子。金银壁、朝阳沟、鸡匡子沟、土顶子均有森林，界内还有小地名，亦有山林数处。其苇沙河二、三、四、五道沟，色勒（洛）河板庙子沟、东沟、鸭鹿沟、木旗河、坯河、瓮圈等处，田地山林均系登举之先祖于同治五年十月间价领，此荒封租在案。所有各该地方，山场林木，历经登举之先祖及登举陆续栽培，蓄禁有年，确系登举之业主，当然应归登举私有之森林，与现在新领森林部照，希图影射谋利者之情形大不相同。兹查森林法第二条所载，确无业主之森林，依法律应归国有者，编为国有林；又查森林法施行细则第二条载，私有森林应将该林之位置、亩数及森林之种类报由地方行政长官咨陈农商部备案等因，登举自应依法呈报。现值林务局开办在即，诚恐该局将来经理国有林时，勘测混淆，发生纠葛，理合依法将登举私有林地位置、亩数及森林种类表册备文呈报，钧署鉴核，并恳予转咨农商部备案施行。除分呈外，谨呈吉林省长郭。附呈私有森林表册一件。

民国七年十二月二十九日

附：私有林地位置、亩数及森林之种类表

地名	位置	亩数
苇沙河	东金银壁 南老岭分水 西松花江 北老岗分水	一万五千亩
色勒河	东富尔岭 南老岗分水 西松花江 北猴岭	一万亩
木旗河	东老岗分水 南猴岭 西松花江 北漂河	六千亩
漂　河	东老岗分水 南至漂河 西蛇龙沟 北额穆县	五千亩
溜　河	东金银壁口子 南至二道江 西松花江 北苇沙河分水岭	一万亩

地名	位置	亩数
金银壁岭	东二道江 南二道江 西至金银壁岭 北至老岗分水	五千亩
朝阳沟	东至分水岭 南至朝阳沟口 西至分水岭 北至分水岭	五千亩
鸡匡沟子	东至敦化县界 南至仁义河子 西猴岭 北至漂河	二万亩
板庙子东沟	东至分水岭 南至分水岭 西至板庙子 北至分水岭	一万亩
鸭鹿沟	东至分水岭 南至分水岭 西至松花江 北至分水岭	五千亩

地名	位置	亩数
二三四五道沟	东至分水岭 南至分水岭 西至老金场 北至分水岭	五千亩
坯　　　河	东至分水岭 南坯河口子 西至分水岭 北至分水岭	三千亩
瓮　　　圈	东至分水岭 南至瓮圈口子 西至分水岭 北至老岗	三千亩

种类：针叶、阔叶、混淆择代后林。

〔原东北档案馆存件〕

民国八年韩登举弟妇吕雅芳给省长的信

省长六哥大人升鉴：

敬恳者，兹因妹夫兄韩登举及子韩锦堂并义泰昌执事姜继昌等，于去年冬呈请实业厅报领漂河自有森林三处，当蒙批准在案，唯今已逾半载，尚未派员勘测；再有民国七年以韩登举名义先后在实业厅森林局报领有置荒内夹级沟金矿并森林两处，曾经批准派员勘测，遵章缴纳注册照费，转呈农商部发给大照等因各在案，唯迄今已逾二年之久，该两项部照尚未发下。权利攸关，未便久延，是以恳乞六哥大人，致函转托实业厅森林局，代为呈催农商部，将金矿与森林两项部照速为发下，以凭收管，并将年前报领漂河之三处森林，迅为派员勘测，以便照章进行。务望关垂至戚，万勿袖手，锁渎分神，感谢莫名。

表妹　吕雅芳　裣衽
民国八年八月二十七日
〔原东北档案馆存件〕

（日）《北满金矿资源》载韩家林权的获得

获得林权比较获得矿权需要更复杂的手续，在第三世韩登举死后的民国年间，金银壁岭林场为夏维川占领，诸道溜河林场为瞿国尹所占有，木旗河林场归邹连占有，万两河林场经韩硕而后由鹏首占有。以上四个林场均由他人首先获得林权，姜继昌为了争得林权，派人到处游说，百般运动。结果，幸而这些人应允转让，姜继昌便把林权买了回来，使这几处林权归韩绣堂、韩富堂（字润卿）名下。为了获得更多的林权，韩家又继续努力，经呈报获准得到了九处林场，即姜继昌出资的三段林场，义泰昌出资的六段林场，这总计为十三处林场的获得，使韩家耗费了巨大的钱财，而且民国十六年韩家又创办兴吉林业公司，于是便更加负债累累了。

〔日〕门仓三能：《北满金矿资源》第 325 页。
张伟民译，肖振勇校。

（四）民国五年至十六年有关夹皮沟的矿政

民国五年十二月韩登举禀呈出租金矿合同及草约：

谨将草创之合同及拟具草约数条分晰缮清，恭呈鉴阅，核示遵行。

立出纳挖金山分合同人谷村正友，今在加级沟韩登举旧金厂之地点淘挖金苗，情愿按年出纳山分，已经中人说允，准在该处采挖，现不论金苗能否畅旺，言明每年出纳地皮及山分钱金票一万五千元，五年内不准增租涨价，后五年增长租价须得另立合同。一租十年为期，期满另行再议。由立合同之日，务须先交满一年之山分，计金票壹万五千圆，至机器开工之日起算，其按年之租价均须按年上付一次，丝毫不得拖欠；自立合同之后，凡系金厂之地点，任凭采挖，并无阻拦之人，倘有干涉者，有原地主一面承管。其金厂地点，四至界限，验明后即立界牌为界。此系两愿，各无返悔，恐后无凭，立此合同为据。所有各情，合同内未及叙明，以故拟具条约列后，计开：

第一条　所租加级沟金厂，虽系两造议论，略有方针，但原地主不能擅专自主，须得中政府认可，准其原地主将加级沟金厂出租与日人方为有效。

第二条　中政府能否认可，须得日人函达请问，倘邀允准，请中政府行文吉林省长转饬原地主知之，然后再立正式合同，签押盖章，中政府如不认可，即作无效。

第三条　由立合同之日起，开工之日期不得过一年之限，如逾限期，不但出纳一年之空山分，且此合同亦得作废，至所订之年限，如若期满，另行再议。

第四条　现已经中人说允，租妥加级沟采金之区，以备采挖金苗，惟不论该区金苗能否畅旺，情愿按年出纳地皮山分钱金票壹万五千圆，五年内不准增租涨价，后五年如若增租，另议两造议妥承认后，须得另立合同。

第五条　一租十年为期，期满之日如若愿租，还须邀集原中人另行再议。

第六条　金厂四至以内，凡系金厂之地点，准其租主任意采挖，倘有阻拦之人，原地主一面承管，不于租主干涉。

第七条　金厂之地点四至之界线，务须两造集齐眼，同中人查清界址，插埋界牌为界，不准过界限之外，以免日后争论，地皮房间不在其内，仍归原地主经理食租。

第八条　金厂开办之日，倘若用兵保护，须由中国招募华兵在厂驻防保护，不准日人调用日兵，藉此常川往来，以免滋事致酿交涉，其所招之华兵，务须由日人按月优给饷谓，俾该兵等实力保护。

第九条　原地主仅租与矿务挖金之地点，其旧有之房间及所有盖房之地皮，仍系原地主自行经理管业，惟此两项不在出租之地以内，亦并不于日人干涉，至于盖房之地皮，日人倘若来此经营，修盖房间，须得另行价租地皮，给原地主出纳地皮钱，所租若干丈，每丈地皮钱若干，临时酌议，还须批立租地皮合同，其原地主旧有之房间，日人如若居住，亦得按年出纳房租，所租若干间，每间租价若干，亦唯临时酌议。

第十条　两造业同中人将所议条件拟具条约，并拟具罚金，以为各守约之意，一切之事，唯须遵照办理，倘违背条约之处，即按所拟罚金票五十万元，将罚金交纳之后，仍须遵照条约办理。

中华民国五年阴历十二月十二日

〔原东北档案馆存件〕

民国七年一月韩登举为矿权事禀

省长钧前：

敬禀者，窃绅世居桦邑，向有自置加级沟之产业，开采金苗，迄今已五六十年之久，前后需用资本金贰余万圆，嗣因资本微薄，无力购置机器，以致凿孔开坑无从深入，金苗出产不旺，因之亏折甚巨。又以弃之可惜，于今年阴历九月间，始与王奉庭妥商续行办法，并由王奉庭先交地皮金壹万伍千圆，复经会勘区域，绘图贴说，手续逐渐进行，业于阴历十一月十七日，双方订立合同。正在遵章呈请间，忽闻有蒋嘉琛者于国民六年十一月十九号，将敝处加级沟金矿在财政厅实业科呈报于案。闻蒋某系与日人合资，所报实属非是。去岁日人一再向绅恳商，拟欲价租该矿。绅恐其违法，曾具情禀请，已蒙省长驳饬，有案可查。今蒋某与日人合资，虽矿例第四条有准许本国人

94

与外国人合股开采，然亦不能置地主于不问。其蒋某呈报开采，绅实难承认。加级沟金矿之区，绅系地主，蒋某私自呈报开采，并未先行通知绅之合意，核与矿例第五十五条之规定不符。该矿自绅开采以来，历经有年，费款甚巨。蒋某亦并未向绅商明给予相当之赔偿金，核与矿例第五十六条之规定不相符。且该矿之区，系五方杂处，良莠不齐。蒋某与外人合资，倘生有意外之变，不但绅身命财产攸关，且恐酿成国家交涉，后患何堪设想。查矿产虽国有，倘若国家收回开采，亦尚有赔偿损失金之请。况蒋某与外人合资，系私人与私人，又未向绅先商明，私自呈报开采，绅决不认可，且于矿例种种不符。惟思矿区系中国土地，中国利权与其共之，岂可勾引外人？以故，绅与本国人王奉庭双方同意订立合同，是以据实声明，以备存查。并恳饬令实业科作速查明，蒋某有无呈报加级沟金矿之案，是否与日人合资。果有其事，恳请饬科务将蒋某呈报之案即行注销，俾绅与王奉庭以便进行，庶免利权外溢，曷胜待命之至。所请是否有当，理合肃禀，敬候批示遵行。虔请钧安，伏乞垂鉴。

绅韩登举谨禀

中华民国七年一月二十一日

〔原东北档案馆存件〕

民国七年三月王嘉泽等为调查韩登举与蒋嘉琛矿务交涉之事呈

呈为呈覆事。

案奉钧属训令第三百四十五号内开：案据韩绅登举禀称，世居桦邑，向有自置加级沟之产业，开采金苗，迄今已五六十年之久，前后需有资本金二百余万元。嗣因资本微薄，无力购置机器，以致凿孔开坑无从深入，金苗出产不旺，因之亏折甚巨；又以弃之可惜，于今年阳历九月间始与王奉庭妥商续行办法，并由王奉庭先交地皮金壹万五千元。复经会勘区域，绘图贴说，手续逐渐进行，且于阳历十一月十七日双方订立合同。正在遵章呈请间，忽闻有蒋嘉琛者，于民国六年十一月十九号将敝处加级沟金矿在财政厅实业科呈报于案。闻蒋某系与日人合资所报，实属非是。去岁，日人一再向绅恳商，拟与价租该矿。绅恐其违法，曾具情禀请，已蒙省长驳饬，有案可查。今蒋某与日人合资，虽矿例第四条有准许本国人与外国人合股开采，然亦不能置地主于不问。其蒋某呈报开采，绅实难承认。加级沟金矿之区，绅系地主，蒋某私自呈报开采，并未先行通知绅之合意，核与矿例第五十五条不符。该矿自绅开采以来，历经有年，费款甚巨。蒋某亦未向绅商明给与相当之赔偿金，核与矿例第五十六条之规定又不相符。且该矿之区系五方杂处，良莠不齐，蒋某与外人合资，倘生有意外之变，不但绅身命财产攸关，且恐酿成国家交涉，后患何堪设想。查矿产虽国有，倘若国家收回开采，亦尚有赔价损失金之请。况蒋某与外人合资，系私人与私人，又未向绅先行商明，私自呈报开采，绅决不认可，且于矿例种种不符。惟思矿区系中国土地，中国利权与其共之，岂可勾引外人？以故，绅与本国人王奉庭双方同意订立合同，是以据实声明，以备存查。并恳饬令实业科作速查明，蒋某有无呈报加级沟金矿之案，是否与日人合资。果有其事，恳请饬科务将蒋某呈报之案即行注销，俾绅与王奉庭以便进行，免权利外溢，曷胜待命之至。所请是否有当。理合肃禀，敬候批遵行等情。据此除批示禀悉，查夹皮沟金矿，前经该绅拟出租日人谷林正友开采等情，禀经本公署令行财政厅议复，核与矿业条例不符，未便照准等情，令行在案，查矿务向归财政厅兼管，现已移交实业厅。且此矿有中日新约关系，据禀前情，姑候令行交涉署实业厅会同查明核议复夺，此批挂发并分行外，合亟令仰会同核议复夺，勿违，切切，此令，等因。奉此，查矿产取国有主义，不得由人民私自相受授。该处地亩固属该绅产业，唯对于金矿，该绅向未遵章请领执照，其矿业权始终并未成立，该绅视矿为私产，实属根本舛误。上年该绅拟将该矿租与日人，呈请钧署核示，当经钧署令行财政厅核议，以中外国民合办矿业，应遵照矿业条例备具各种手续，呈请颁发部照，方准开采，自不便任绅民与外人私订租约，致滋纠葛等语，令行该绅知照在案。可见当时核驳理由纯在私自出租矿产，此次该绅复以该矿出租与王奉庭，年定租金壹万五千元之多，彼此订立合同，事前并未呈报，仍系私相授受行为，核与矿法不合。呈文内引用条例亦多牵混，查矿业条例第五十五条，第五十六条均系指矿业权者使用他人之土地时，对于地主等应尽之义务而言，并非呈请办矿之人，必须于未呈请之先，应得地面业主之许可。且此矿已经中日新约指定，应中日合办，事关交涉，尤宜审慎。蒋商嘉琛于上年十一月二十八日具呈实业厅，请与日人林正次试探该处金矿。其呈请手续悉遵矿业条例，职厅当即按照条例并中外合办矿案成例，将全案呈请农商部核示办理，并遵部令将原呈合同草案令饬修改在案。此矿即有新约关系，若无故注销其原案，势必酿成交涉。该绅所请注销蒋嘉琛原案之处，似未便照准。此案拟恳钧长令传该绅到省，切实开导，务令遵矿法约章，免酿意外交涉。至蒋商嘉琛，亦应先与韩绅妥为接洽，于事实上方能前往该处探矿。除实业厅令行该商与韩绅接洽外，所有会核韩绅禀请注销蒋嘉琛呈报原案缘由，理合具文呈请鉴核施行。再，此案系实业厅主稿，合并声明。谨呈吉林省长郭。

外交部特派吉林交涉员王嘉泽

吉林实业厅厅长陶昌善

第一科科长陈树基

中华民国七年三月十三日

〔原东北档案馆存件〕

民国九年十一月韩绣堂呈请矿照禀

呈为沥陈报领矿业困难情形，仰乞俯念商艰，咨部速发采照事。

窃绅有祖遗夹皮沟山地一段，坐落在桦甸县东南，产有金矿。绅曾祖于前清同、光年间集资二十余万开采。念余载初办时，获金尚多，勉敷工本。嗣因石坚水大，亏赔停办。当时凿有井窿，并筑有房屋、水道，所费甚巨。绅父登举以欲继承祖业，早拟呈请开采。徒以前清矿章限制严苛，部、省管理矿政权限亦未划清。矿照或由部领，或自省领，莫获适从，因之迄未呈报。民国矿例颁布，绅父正欲遵例呈请，而该矿又于民国四年列入中日条约，应由中日商人依法合办。绅父当于民国五年冬，呈请与日人谷村正友合办，未奉此准。迨绅父续请，而实业厅以业据蒋嘉琛与日人林正次呈请试探，令绅父与蒋嘉琛协商办理。当与蒋商迭次接洽，拟议合办，而蒋商及合办人林正次均以该矿交通梗阻，经营维艰，愿将报领该矿之优先权让与绅父承受。继续呈领，一再会商，均无异议，彼此订有合同存执。当于客冬会同蒋商将协议情形，呈报实业厅备案，并注绅父将续领该矿之注册费及矿图保结等件一并呈递实业厅转呈农商部各在案。延至本年六月，仍未奉令给照。绅复具呈催询，奉实业厅批开：查此案前据该商呈请，以蒋商情愿退让，彼此订有合同。惟蒋商之合办人日商林正次对于该矿不愿投资，势难再与合办等情，曾注本厅，呈奉部令：以蒋商之原合办人对于该矿不愿投资，前此蒋商呈内，亦称有取得合办人同意，有无相当证明未据声明，碍难处予核准等因。当即赐令蒋商取具合办人相当证明，呈厅核转在案。迄今未据蒋商呈送前来。兹据该商呈请发照等情，查该商既与蒋商接洽妥协，应将蒋商原合办人林正次不愿投资之证明书件呈送来厅，再行合办等因。当即函请蒋商速向林正次取具证明文件呈送来厅。去后，兹接蒋商复称：林正次去岁离华，不知何往。询诸原为该商出具证书之领事，亦弗悉其去向。前协商退让办法，合办人极端赞同，日后如有纠葛，愿负完全责任，绝对不致发生交涉等语，绅业经据情呈报实业厅。此绅报领该矿五载以来经过之困难情形也。

查绅父报采该矿实在蒋商请探之先，有案可稽，曷敢饰说，其优先权本应属诸绅父。彼时绅父以曲体官厅意旨，勉与蒋商作让步之接洽。去岁即与蒋商协商妥洽，让与绅父继续报领。而厅中复令取具原合办人之相当证明文件呈送续核。无如该合办人业经离华，多方探询，均不知其去向。此项证明文件一时实无从取具。若该合办人自此不复来华，即永不准他商继办该矿，似非提倡矿业之道。绅亦知官厅核办矿案，审慎周详，系为预防纠葛起见。惟蒋商退让时，确已取得合办人同意。设该合办人对于该矿仍欲经营，何致延逾数载，从未过问，其为无意投资已可证明。且蒋商原请系属探矿，绅父系请采矿。按诸矿例，领探照期满后，若不依限换领采照，尚应另准他商请采，所以促矿业之进行，免遏藏而诲盗。蒋商请探该矿，并未核准。数载以来亦未遵例续请。揆诸定例，似亦不能任其久占矿权，勒而不准他商再领。就事实言，林正次断不致发生异议；按法理言，亦不容其再滋异议。伏查绅父报领自置山地内矿产，时阅五载，艰辛备历，迄未奉准给照。去岁绅父病故，当弥留之际，仍以此事为属，言犹在耳，抱病何穷。绅养志情殷，讵忍放弃官厅核办矿案，固不厌求详，然拖延愈久，则绅受累愈深。为此，不揣冒昧，吁恳恩施，转咨农商部，速发采照，以恤商艰，而维矿业，实为德便。谨呈吉林督军兼署省长鲍。

呈请人　韩绣堂

中华民国九年十一月三十日

〔原东北档案馆存件〕

民国九年十二月吉林省长鲍贵卿对韩绣堂禀文的批示和对实业厅的训令

原具呈人韩绣堂

呈一件，为历陈报领矿业困难情形，请咨部速发采照由。呈悉。候训令实业厅查明具复，再行核办。仰即知照。

此批

令实业厅

案据韩绣堂呈称：窃绅有祖遗夹皮沟山地一段云云，而维矿业等情。据此，除批呈悉云云，此批，等因，印发外，合丞令仰该厅迅即查明妥议，呈候核夺。此令。

省长　鲍贵卿

中华民国九年十二月一日

〔原东北档案馆藏件〕

民国九年十二月指令第三十八号

呈一件，为呈复蒋商嘉琛与日人林正次呈试探夹皮沟金矿区让韩绅开采请鉴核由呈悉。候布告。原具呈人韩绣堂，会同商人蒋嘉琛，迅将合办人林正次退让证明书件，呈由该厅核办，以免纠葛，仰即知照。此令。

〔原东北档案馆藏件〕

第八十七号布告

案查前据韩绣堂呈为蒋商嘉琛与合办人林正次，愿将报领夹皮沟金矿优先权，让与绅父承受，继续承领，所有图结等件，业经一并呈送实业厅核请在案。迄今尚未奉准发照，恳请咨部速发采照，以恤商艰等情。当经批示，并训令实业厅查核去注。兹按复称："查按管卷内云呈请鉴核"等情前来。除指令"呈悉云云，此令"等因印发，合行布告该绅遵照此布。

鲍贵卿
中华民国九年十二月十六日
〔原东北档案馆藏件〕

民国十六年三月韩绣堂报实业厅原呈

呈为报明开工日期请查核事。

案奉钧厅训令第四八七号内开，将商矿已未开工各情形呈报查考等因。奉此遵查，商报领桦甸县夹皮沟即加级沟地方金矿一案，业奉钧厅转呈农商部核准，于民国十二年一月间，发给执照在案。当时，因地方不靖，筹备尚未就绪，以致数年未能开采，现查该处地方已太平，筹备一切并拉运开采机器亦将齐楚。惟年久失掘，矿坑水满，甚难着手。特聘日人技师于开采伊始代为打水，拟于本年四月十五日开工采做。诚恐无智愚民或有阻挠情事，理合呈请鉴核，准予发给布告三张，并令行桦甸县署照，籍资保护，实为公使。谨呈：吉林实业厅厅长马德恩。

计开日人技师名列左：

针尾庆次、高田冈太郎、儿玉义昌

矿商韩绣堂
中华民国十六年三月

民国十六年四月韩绣堂试采金矿待令原委损资情形呈

为经请迅令厅饬谨将试采金矿待命原委损资情形具呈详陈，仰祈钧鉴事。

遇商拟采桦甸县夹皮沟金矿之意，原为慎重投资起见，暂借日本技师先行排水，勘苗有无，有则进行，无则中止。先文具呈实业厅请颁布告饬具保护，已逾月余。不意该厅批云，据情转省长核令饬遵奉批示后，虑饬延期，损资愈巨。谨将拟采金矿以来待命原委，虚靡情形为省长详细陈之。查夹皮沟金矿经商先人停采后，自领照以来坑深水满，隧梁塌陷，知勘采不易，如畏难而长此停顿，徒靡税费。若即勘采，必延专门人才，倘勘而无金，恐耗聘资。正在犹豫间，适商合资所组兴吉林业公司与满铁会社年来批订道木颇有谊关系，方知其社员中针尾庆次、高田冈太郎长于矿学，儿玉义昌长于机械，遂托驻吉满铁分所长吉原大藏商，于总社长安广可否临时借用助商试采夹皮沟金矿，究竟有无金苗，是否可采。嗣经总社长许可，商以为供材异地，倘不防微杜渐致生枝节，万一遗害噬脐何及。乃为慎重起见，遂与吉原所长订立合同，按合同规则本应长期聘定，优给薪金，惟临时借用，故仅仿合同形式办理，加以聘字以表慕维之意，期限六月不欲遇分偏劳。正呈请间，适值总社长意恐衍期，提前派针尾庆次等来吉厅候使用。商不忍拂其盛意，姑且派员陪该技师，率众工人将机器运至矿区先行布置，俟批准后即行开工。讵料到矿区后，业经月旅费日用计耗去钱数十万吊，尚未奉令开工，因而不胜焦灼。现在既经厅转，无论如何损失本应候饬、无须吁恳，惟怀杞忧，恐万一迟令，致工资等项虚靡愈巨。故不揣冒昧经请省长逾格矜恤，从速令厅饬遵，永感大德。除将待命原委损资情形呈厅外，所有经请迅令厅饬谨将试采金矿待命原委损资情形，具呈详陈，缘由理合呈请，鉴核施行。谨呈吉林省省长张。

具呈人韩绣堂

中华民国十六年四月

〔原东北档案馆藏件〕

（日）《北满金矿资源》中韩家矿权的获得

以夹皮沟为中心的韩边外金矿，从始祖韩宪宗开始，历受文时代及登举时代一直进行私采金矿。该领地也自清朝、民国以来一直独立于一般的矿业法规之外，有如一独立王国。由于这种独立是依靠韩家的势力，而未借诸立法，因而人们总有一种夹皮沟金矿的采矿权未经矿业法确立的感觉。第三世韩登举在民国六年呈请省长署，把夹皮沟金厂租给日本人谷正权开采，因没有被应允，使该文件成为一纸空文。不久，登举把夹皮沟金厂租给日本人丰八十一，协议书上写下日方每年提供租金三万五千元的契约，请求吉林实业厅拨发采矿许可证。不久，丰八十一根据该许可证，在没与韩家交涉的情况下，即随意将矿权转让给江苏人蒋嘉琛和日本人林正次。同年十一月蒋嘉琛和林正次呈请吉林实业厅将矿区两处，一处三百九十亩，一处五百二十亩合办开采。这件事使韩家大为震惊。至此，韩家的矿权完全丧失，韩家也因此决定要争回采矿权。姜继昌想和蒋、谷二人直接交涉，但两人住址不明，所以只得委托实业厅打听，但无结果。直到民国十一年委托在吉林的日本总领事春田某，才渐渐地得知林正次住在山东省青岛市。姜和林正次经过激烈的交涉，方挽回了韩家已丧失的矿权。但要争回矿权，又要巨大的费用，这也使韩家为此负债累累了。当时姜继昌为第四世韩锦堂时代苦心经营的情形使人不难想象。民国二十年，吉林省军械厂厂长毛瑞阶和住在哈尔滨的美国资本家暗自勾结，请求吉林实业厅要争得桦甸县第七区夹皮沟及头道岔的金矿权。而老韩家则以第四世韩锦堂优先的名义，计划把夹皮沟金矿权争回，而且进一步请求把碾盘沟附近的八千多公亩的土地作为增区。因为毛瑞阶自己退让，所以夹皮沟金矿权又全部归属韩家，以致拥有一切增区。其后，又以姜继昌的名义请求头道岔金矿权，毛瑞阶深感错误，对实业厅声明退让矿权。为此头道岔金矿权也完全归属于姜继昌名下。这两个金矿的由来，根据在吉林实业厅所保管的书籍中，一看就很了然。其后因为爆发了"满洲事变"，头道岔金矿的矿照并没有颁发，但是头道岔的金矿权的确认是不可否认的。大同二年（昭和八年）通过别人介绍和日本人天宸正守合办，又经日本领事馆证明，经实业厅把修正案转呈实业部。姜继昌即是韩家参与天宸协约内容制订的当事人。

〔日〕门仓三能：《北满金矿资源》第 322—325 页。

张伟民译，肖振勇校。

五 韩登举抗日拒俄与列强插手夹皮沟金矿

（一）甲午赴辽抗日与日人对夹皮沟的渗透

《盾墨拾余》载辽南战场上的韩边外

依克唐阿之将侍卫永山、寿山二人骁勇善战。又有韩边外者，山东人，故金匪也，后投诚，改名韩效忠，其党颇多。效忠死，其孙韩登举代领之，奉天人仍呼登举为"韩边外"。韩边外之名为敌所畏，依克唐阿借其勇一千五百人防兴京，至十一月，将军长顺复借其勇一千人防盛京，皆得其力。

易顺鼎：《盾墨拾余》。

《盾墨拾余》中的东山猎户

依克唐阿、长顺两军并力进攻海城。聂士成守摩天岭，屡败扑岭之贼，贼不能越岭取辽阳。而辽阳知州徐庆璋练民团数营，招集韩边外之众，名"敌忾军"，亦为贼所畏。贼声言必取奉天度岁，语竟不验，其计颇穷。

易顺鼎：《盾墨拾余》。

《辽阳县志》记辽阳保卫战

逾岁（1895年），海城陷，辽西危棘，诏责长顺守辽阳，依克唐阿助之，发帑金五十万济依军。既至，议以攻为守。乃集诸将置酒，取刀刺臂血，搅而饮之，相矢以死。依军遂进驻取海城，军腾鳌堡、耿庄，数战弗胜。全荣和至军，亟趣之出。荣和先进北路，夺三卡，其左树木幽深，令隐兵备抄袭，而自列阵旷野，伏枪以待。日军据山巅轰击我师，弹落积雪中，溃不发。我师还击，仆者众，再发再仆。众争傍山出，伏枪具举，死以百数。荣和所部募自韩边外，善避击，伤者恒少，所谓"东山猎户"也。是役以千人抗日军数千，故依军声誉远出诸军上。

日人犯海城，侵辽阳南境。知州徐庆璋马步十三营，与黑龙江将军依克唐阿、吉林将军长顺及桦树沟韩登举合兵御之，前线由千山西至鞍山迄太子河、小河口，东西六十里。第二防御线由判甲炉西至沙河以至城昂堡、刘二堡一带。后路在城附近各处，所有军事设备，均未完善。日军大岛义昌据鞍山南海界

韩边外

等地，相持数月，彼此侦探，互有所获，势甚岌岌。

白永贞：《辽阳县志·兵事》第21卷。

《清光绪朝中日交涉史料》载韩登举抗日的有关资料

军机处电寄长顺谕旨

奉旨："吉林金厂头目韩效忠，向来人颇勇往。现在何处？著长顺查明招募前来，令其召致素识胆勇敢战之士，共成数营，即归该将军统带赴奉省助剿，以资得力。钦此。"

黑龙江将军电

……十月十四日，准裕禄转初九日两次电旨，均令奴才约会宋庆，合力攻剿，冀收夹击之效，荣和所招猎户，现到几营？并着查明覆奏等因，钦此……至荣和所招猎户，现已报招八营，陆续就道……

附件一　贵铎奏请招用奉天东山猎户及吉韩边外士勇片

再，现在情形不难于兵之多，而难于食之足；不难于战之力，而难于器之精。久闻奉天东山一带猎户甚多，火枪夙具，平昔打牲有准，且于山路熟习，驱之使战，此固易于教练者也。至吉林韩边外之士勇，已经向化，皆以采金为业，人既雄壮，又多盖藏，前于剿除山寇时，曾为向导。以上两项，若能招之使来，不独骁勇可用，器械糇粮亦必略备。其招之也甚近，其用之也有济，事半功倍，势理昭然。

黑龙江将军吉林将军电

探报倭寇占据海城，调集股匪，思图北窜。前会驰赴辽城西南，踏勘地势。查离辽海各六十里鞍山站最为要冲，已各派队接连扼扎。贼派边马出哨，屡被我探击毙数名，将首级悬挂沙河子、辽阳，并加意严防，至今未得深入。东山一带，据置州徐庆璋面称，有营团防守，似可无虞。昨复同往鞍山站迤南，审度形势，商即移驻该处。依克唐阿部募十三营已到，另折奏报。依克唐阿、长顺商定，分左右两路步步前行，相机规海，兼可顾辽，一面咨会宋庆，率队夹攻，并催陈湜一军，由西北速来助防剿，谨电陈，请代奏。依克唐阿、长顺、真。

黑龙江将军吉林将军电

适丁春喜报称："荣和在甘泉堡与倭马队二三十、步队三百余接仗，贼势不支，即退。我兵追击，毙贼数名，夺活马二匹，兵阵亡一名。"续报再电。阿、顺、文。

黑龙江将军电

……据统领荣和呈称：李樾、徐万润等钦慕韩孝忠所招猎户义民，自带土著猎户二千人投营效力等情。查此项义民，似应收用，免为他族所诱。依克唐阿身临前敌，不得不暂饬随营，以助声势，究应如何处置，恳请旨遵行，伏乞代奏。依克唐阿、皓。

黑龙江将军吉林将军电

十九日，依克唐阿、长顺据探，贼有由盖平大股援海城之说。又准聂士成电称，倭酋华某，带贼千名，由凤城西出。依克唐阿即饬统领扎克丹布、博多罗，各带一营，由驼龙寨至老牛圈，且进且剿。讵贼先以二三百名试犯，当经击毙五六十，战至更余，贼援大至，营官寿长、桂喜、丰升额由左接应，统领荣和、保寿、韩登举、庆德由右接应，并力包抄，鏖战彻夜，至二十辰刻尚未收队……

黑龙江将军电

二十日巳刻，统领荣和等正三面环攻，贼势稍却，且战且退，至二道冈子，忽有贼股分道突出，营官韩登举、寿长奋不避险，抢上冈头，枪炮齐施，又移时，我军合力夹击，贼始不支，退大寅屯。我军尾追围攻，愈战愈猛，贼拼死出围，连退出大费屯、小穆屯两要隘。时因天黑，我军连日苦战，未便穷追，扼要分扎小费屯一带。是役，约毙贼百余名，我军受伤三名。海城西北两面宋村堡、教厂、河沿各处，敌垒周密，依克唐阿暂饬稍憩，约定长顺二十二合军攻剿。伏乞代奏。依克唐阿、马。

黑龙江将军电

二十日晚，扎队后，贼群集扑营，我军击退之，毙贼四五十。廿一清晨，荣和等列阵以待。至午，贼马步三千余来犯，我军力攻，互有伤亡，贼复退。是夜三鼓，韩登举知会长顺后，即整队前剿，见贼倾城四五千蜂拥齐出，并力抵拒。荣和等且战且前，捻（攒，追赶）至距城三里之徐家菜园，贼据土垒施炮，伤亡兵勇甚多，荣和奋督炮队，轰毙贼五百名，贼阵乱。海城正在垂得，忽城上子弹雨注，荣和左腿受伤，军势稍却，犹裹创力战，毙贼三四百。依克唐阿赶即亲督各营，更换前队，战至日暮，城东北高垒贼炮已及我军，施放甚猛，贼忽卷队入城。因恐中计，遂止队，择要扼扎。旋据探称，城内逃民传系大鸟已死，是否属实，合军再攻，得确续报，伏乞代奏。

黑龙江将军依克唐阿奏报抵辽布置及迭次打仗情形折

……十一二等日，奴才与长顺同抵鞍山站，商定分左右两路，步步为营，相机进剿。查贼迹诡秘，若专攻海城，则恐岫岩之贼绕赴岭防后路，而辽阳危；不急图凤凰，则恐由石头城、龙湾窜出，而兴、盛两京亦难安枕。奴才筹思至再，若非会前敌各军，齐心合力，同日举发，使贼处处受敌，万难争胜。是以除咨会宋庆出队夹攻暨催陈湜一军由西北速来助剿外，并札寿山由分水岭相机东进。所有东路吉字营总统果权、齐字营总统倭恒额、大高岭聂士成等军，并辽、凤、宽甸各乡团，均经电知裕禄，分别行知，于十八日一律大张旗鼓，遥作进窥凤城之状。此十五以前部署之大略情形也。

先是，徐庆璋呈称，探闻贼伪造"敌忾军"号衣，由岫岩运至海城，声言与奴才决战。十五日未刻，统领博多罗派兵出探；果遇贼伪穿号衣，将我兵裹去三名。博多罗闻之，赶即统率小队去追，如数夺回，当经阵毙贼十余名。十六日，奴才至腾鳌堡，长顺至笔管堡，拟即亲督决战。不意十五日盖平先已失守，宋庆既难夹攻，而倭酋华逆又由凤城添来贼千名，军情迭变，势更岌岌。奴才遂督饬兹队，且进且剿，于十七日至双庙子，十八日至驼龙寨。十九日午后，统领札克丹布、博多罗各带一营，战至老牛圈，讵贼先以三百余名试犯，当径击毙五六十名，我军受伤四名，仍不稍退。战至初更，贼援大至，营官寿长、根喜、丰升额由左接应，统领荣和、营官保寿、韩登举由右接应，并力包剿，贼势始却，各即止队。是日，长顺在甘泉堡与贼接仗，击毙贼十余名。此十九日奴才与长顺分路进剿之情形也。

二十日，复饬统领荣和等三路环攻，进至二道冈子。忽有援贼大股分道突出，营官寿长、韩登举各率本部奋不避险，抢上冈头，举枪炮对轰，恶战一时之久，贼拒死不退。我军合力猛进，贼始不支，悉向大王屯败退。我军蹑尾追剿，三面兜围，贼拼死窜出，又向大费、小费两屯败遁，我军随将两隘夺回，贼复败向城西北安村堡、教厂、河沿等处敌垒而去。维时日暮，未便穷追，我军随在大小费两屯扼扎。是役，共毙贼百余名，我军仅受伤三名，查城西北各屯均属敌垒，防范周密，奴才暂饬各军稍憩养锐，与长顺约定二十二日合军进攻。讵二十日傍晚，我军扎稳行营后，贼百余名潜来扑营。经我军击毙贼三四十名，贼遂退。次日辰刻，贼复来犯，荣和等严阵以待，比至午刻，贼以马步三千余名，三面覆来，我军合力攻击，互有伤亡，贼即退去。是日三更，韩登举带队立破贼三卡。二十二日巳刻，奴才一面知会长顺进兵，一面整队而前，直薄海城。贼以四五千众蜂拥齐出，全力死拒。荣和等且战且进，抢至距城三里之徐家菜园，贼已先据土冈施炮，伤我兵勇甚多。

荣和奋不顾身，亲督炮队，在西猛攻，轰毙贼五六百名，贼阵遂乱。海城已就垂克，忽城上子弹雨注，荣和左腿受伤，军势稍却，犹裹伤力战，复在正北击毙贼二三百名。奴才亲督札克丹布、博多罗等营，驰往更换，与贼再战。至暮，城东北高冈贼炮已及我军，施放正猛，贼忽卷队入城。奴才因恐中计，亦即止队择要扼扎。二十三日，贼坚守待援，并在东北高岗添炮十余尊，城上亦炮位林立。我军之炮，除凤城遗失，此次轰炸，只余快炮四尊，实难猛攻。正拟设法围困，二十四日卯刻，贼百余名潜出来犯，我军击毙贼十余名，兵勇受伤五名，贼复入城。此二十日以后迭次打仗之实在情形也。

黑龙江将军依克唐阿陈规海城打仗情形折

……窃奴才于光绪二十年十二月十五日以后。会同长顺进规海城，大小各战，均随时电请督办军务处代奏，并专折驰报廿四日以前情形各在案。

缘奴才自廿二日督队直薄城下，因荣和左腿受伤，以致未能得手。嗣念该贼坚守待援，并据知州徐庆璋及长顺与奴才各探均称已有一万余人，若不急图攻计，诚恐再一漫溢，则无险可扼之区，办理更形棘手，是以再商长顺等，于二十七日各出队夹攻，奴才即于是日卯刻饬庆德代统荣和、韩登举、保寿等四营，由西面进攻为前敌，统领德英阿、乌勒兴额为接应，札克丹布带寿长、根喜、丰升额由左进，奴才亲率博多罗一营督战，辰刻，贼分股来迎，庆德等奋力猛攻，连破贼数十卡，毙贼约一百余名，抢过王秀屯、河沿、徐家菜园，贼已不支。德英阿、乌勒兴额继之，札克丹布等亦至，并饬吉林练军马队统领西隆阿、吉字营马队营官庆昌等，由城之南面直抢亮甲山。正在合攻，新军统领明顺均各赶到，三面围剿，伤贼甚众。贼退伏地沟，惟以大炮甚多遥遥轰击，我军不能前进，即饬博多罗绕向南门，另牵贼势。奴才亲冒子弹，率领各营复将伏贼诱出，札克丹布等连开数炮，击毙不少。我军方拟越过，不意该贼另有埋伏，忽然突起，城上下各炮齐发，我军已无后继，兵勇纷纷倒地，不忍再令伤亡，遂饬且战且退，鏖战至申，适徐帮道由西南赶至接应，始得全队撤出。查是役阵毙贼目二名，贼兵四五百名，我军伤亡亦有五百余名之多……

依克唐阿奏请奖励侍卫荣和等片

再，奴才此次援辽规海，督率镇边、敌忾十一营，自光绪二十年十二月十五日以后，大小几及十战，两次直薄海城，各营将士无不奋勇当先，共期恢复。计先后询据逃出难民，均称阵毙贼目三名，贼兵一千三四百名，受伤者亦不少。复据统领寿山报称，探得倭西华逆亦在海城受伤，现回凤城调治等语，似此两次出力，虽未迅克海城，实已大挫凶锋。所有统领二等侍卫荣和襄创力战，勇冠三军；营官五品军功韩登举，屡次冲锋，愈战愈力；统领花翎佐领博多罗果决敢战；营官二等侍卫寿长战无不前，颇有伊祖多隆阿遗风；统领副护军参领护军校乌勒兴额，勇敢有为。以上五员，均属不可多得之选，应如何特加奖励以示优异之处，奴才未便擅拟……

黑龙江将军电

廿四五日，贼扑德英阿、乌勒兴额、寿山等营，均随时击退。廿六日，寿山正拟拔队东移，贼数十来犯，寿山伏炮击退，毙贼七八名。先是，迭商宋庆、吴大澂派来刘树元、徐邦道、李光久及凤字等营，由西南进攻，依克唐阿即留韩登举六营伏大小费屯前河坎堵御，并相机策应，其余各营移东，与长顺联络，定廿七丑刻各分路进攻……是日我军分布数十里，依克唐阿往来，战至日暮，知南路援贼分至，势难遽下，各嘱收队。是夜贼复犯韩登举、博多罗等营，毙贼十余名，我军受伤三名……

黑龙江将军依克唐阿奏报筹攻海城情形折

……窃奴才于正月十五六及廿三四等日，曾将筹攻海城官军与贼接仗各情形电报总署督办军务处代奏在案。伏查倭贼自客腊、新正以来，陆续添集悍党巨炮，分占城外回山，连掘长壕数道，阻我进兵之路，壕以内，多掘战坑、设奇埋伏。上年十二月二十二、二十七等日，我军两次直薄城下，仅至城东北之双山子、城北之望宝山，有贼安炮拒我，其正西南之亮甲山、唐王山并东北东南之大小王皇山、团山子向无贼占，是以进攻猛扑，自可薄城。今贼麇集城内已满，乃分股出占各山，声势联络，互相对峙，三面亘延，约六十余里。我军进攻，非由此各山介中而入，别无道路；而该贼又于山下各屯，多藏伏兵，山根连掘壕隔断，更无蹊径可通。是以廿二日合力进攻，议以分军，先抢山头为上。奴才随饬札克丹布、寿山、博多罗等九营步队由正北先攻望宝山，春龄率荣和所部四营为接应，德英阿、乌勒兴额步队六营由西北攻亮山，李光久率湘军，徐帮道、罗应旒率拱卫军，均由四台子东来合攻唐王山，长顺同时出队，由东北攻双山子。各军更番迭战，抢过各屯，贼退负山，伏于壕沟，放炮死拒。我军枪炮齐施猛进，战至半山数次，自卯至申，奴才一军击毙贼七八十名，伤亡兵勇三十余名；李光久等奋勇当先，击毙贼百余名，伤亡兵勇六七十名；长顺一军毙贼甚多，兵勇亦有损伤。攻至酉刻，未能得手，各收队环扎抢获各庄。讵我军之队甫收，而败之伏队剧起，由唐王、亮甲两山并出股匪五六百，大炮十余位，潜扑我军安村堡行营。统领德英阿、乌勒兴额等设有准备，分投迎击。

佐领富保、营官文祥，另由堡西举火设疑，贼试探而前，我军猛起，随后兜击，计枪毙头戴三道金边帽贼目一名，贼兵百余名，并夺获贼枪六杆；旋复三次来犯，均经击退。黎明贼应麇集援唐王山、亮甲山，以炮轰击；随抽拨统领寿山出队接应。时南风大作，飞雪蔽目，贼炮不止，官兵鏖战一日夜，饥冻难支，因收队，仍扎大小费屯，随时相机进攻。是日，札克丹布、博多罗等亦因贼扑犯，列队接仗，我军枪炮甫及，贼即退山死守……

黑龙江将军依克唐阿奏报援辽情形请迅饬宋庆等设法联络再图进攻折

……窃奴才自上年十二月间分督所部，两攻海城，均经奏报在案。诚以海城者，辽沈之门户，海疆之咽喉，此城不复，军事难期得手。又况海口将开，贼援易集，于时于事，均利速攻，幸蒙皇太后、皇上垂鉴，迭降谕旨，迅拔坚城，遵于正月十九日寿山等营到防之后，即会合长顺、徐帮道、李光久先期拔队，逼近海城驻扎，订二十二日丑刻分路进攻。鏖战终日，虽未即胜，而李光久已扎二台子，徐帮道已扎柳公屯，奴才所部德英阿等已扎安村堡，寿山已扎大费屯，札克丹布、博多罗已扎小王屯、河沿各处，皆距海城十里八里不等。自是而后，日夜相持，朝夕苦战，互有伤亡，该逆尚未敢轻来扑犯。嗣吴大澂、宋庆添派刘树元及凤字等营前来助攻，时以柳树河一面空虚，乃饬寿山拔队东移，期与长顺联络，订二十七日丑刻再分路进剿。届时李光久会合刘树元由正西攻亮甲山，徐帮道督副将胡延相、蒋顺发等，应之，罗应旒由龙台铺、戴家堡搜剿伏贼，即绕出唐王山后。各军奋勇猛攻，贼已至山顶反奔。罗应旒以亮甲山将近得手，正挥队自唐王山后抄截而下，欲作直攻入城之计，距盖平援贼三四千人分三路掩至，我军在唐王山者将被包抄，徐帮道等会同凤军，转炮向西轰击，毙贼二百余名，贼始退，复督队过河列炮以待。罗应旒随即从山压下，两面夹击，毙贼甚多。奴才督德英阿、乌勒兴额等由正北抢过玻璃堡、阎家堡，向东压进，已至望宝山畔，毙贼三四十名；山上贼炮雨注，轰坏我炮三尊，伤亡兵勇十四名。札克丹布、博多罗抢占小团山，因炮力不及，复向东南与寿山夹攻双山，寿长率奋勇队数十已抢上山，我炮又坏二尊。维时我军分布数十里，奴才往来督队，战至日暮，贼势稍却；因南路贼援继至，势难遽下，各嘱收队。是夜，贼复犯韩楚〔登〕举、博多罗等营，贼毙十余名，我军受伤三名，奴才复查此战，李、徐各军均属奋勇敢战，计伤亡营官弁兵约有二百余人，奴才一营阵亡哨官、炮教习各一员，伤亡兵勇十余人，炮坏五尊。此二十七日以前接仗实在情形也……

《中日战争》（资料丛刊）第 3 册，第 167—570 页。

外务部咨查日人在夹皮沟采矿札饬韩登举查明速复文

为札饬事，交涉总局案呈，光绪三十三年六月初十日，奉宪台发交准外务部咨开，光绪三十三年五月十四日，准前署吉林将军咨称，夹皮沟练总、花翎守备韩登举禀称：本年三月，有复姓水谷者，带日本人三名，由桦树林、木旗河等会，进沟游历，于四月初六日旋回。来会逼与立约，声言仅准日人在沟作金，不准外人管理。势甚狡诈，难以理喻。是日，见奉省日报，内指夹皮沟为"秘密国""独立国"，并以为间岛探险者系为平山氏，已得效果。有柴四郎者，组织间岛之远征队，与中井锦城氏计画联络。有头山满氏等十数人，准备三万余元，以为远征旅费，力任经营各语。由此观之，是日本更甚于俄，恳请防御，以免贻患等情。查夹皮沟金矿，俄人前欲采办，已经力为驳阻，现在日人复往垂涎，用意更叵测，除饬该处练总相机理阻，并照会驻吉日领事外，应请见复等因前来。查该处矿务，俄璞使屡以日本占据为言，其所请发给勘探执照处，业经本部驳复，昨该使面称夹皮沟有日本数十人图占矿事，本部正拟咨令查复。现既据奉省报载头山满氏等十余人，准备多金力征经营，该处练总又称，日人逼与立约，在沟作金，不准外人管理等语。现在日人在该处如何举动，并日领事有无照复，相应咨行详细查明见复，以凭核办等因。当奉宪谕：事关两国交涉，应由交涉局选派妥实耐劳之员，前往该处，逐一查明，以期水落石出等因到局，查此案，前据该练总禀报：当经职局以日人水谷等赴夹皮沟采矿情形照会日领事岛川去后，旋据复称日人水谷三郎等，系赴该处游历，现已回去转赴营口在案。因奉前因，查有职局会办补用同知张廷桂，堪以派往，会同韩练总确查，以昭核实，理合呈请札饬等情到本部堂、部院，据此，除饬该练总、会办外，另函分饬。札到，该会办、练总即便遵照。

光绪三十三年六月十日

《长白山江岗志略》中有关资料

桦皮甸子，在金银壁岭后，现经李莪卿太守筹办，桦甸县设治于此。

夹皮沟，在桦甸县界内。产金。

按：沟内产金，向多金匪。后归韩边外为该处会首，而地方稍靖。日人名为小韩国，则大谬矣。

《长白山江岗志略》第159—160页。

《延吉边务报告》中有关资料

土门（图们）江与伊后江同发源于长白山中，至稳城而合流，其间沿二江之流域合成一大区域者即间岛是也。是则妄以海兰河以南图们江以北，宽约二三百里，长约五六百里之地为间岛矣。自守田利远倡此谬说，以夹皮沟一带为化外区域，且称为亚东之独立国，世界之秘密藏。日本各报纸捕风捉影，愈出愈奇，遂将距延吉厅八百余里之夹皮沟地方亦谬称为间岛区域。其说谓：鸭绿、松花、图们三江发源于其地，有俨然一小独立国曰间岛。间岛幅员东西七百六十里，南北三百五十里（华里）。帽儿山沿辉发河达松花南岸一带地域悉入间岛范围。其广袤与我日本九州相伯仲。如此广大之版图属中国乎？属朝鲜乎？尚难断定。又云间岛之统领韩登举，构邸宅于松花江畔之木旗河、桦树林子，壮丽如王宫云云。是则，又妄以图们江以北松花江以南夹皮沟一带地方为间岛矣。

《延吉边务报告》第 6 章，第 15—16 页。

海兰河会布尔哈通河以入嘎呀河，为图们江北支流，皆国初封禁重地。则日人之以海兰河以南，图们江以北之地为间岛者，其说已舛。至夹皮沟一带虽稍有自治团体，团总韩登举（同治年间韩效忠为夹皮沟掘金矿夫，曾结同其地数十家讨平马贼，被公选为头目，管理夹皮沟一带金场。其孙登举继之，为夹皮沟总团）。每岁纳租金数千于吉林府，且屡受中国职官（中日之役，吉林曾调其团练五百赴海城与日军战。奏保尽先守备。庚子之役，又以练勇五百与俄军战于马烟山，奏保升用都司，现复特旨赏加参将衔）。目以独立国之名更属造谣生事，况其地归吉林府管辖，距图们北岸之光霁峪等处尚有延吉、敦化二县之隔相，距八百余里，真所谓风马牛不相及。则日人之以图们江以北松花江以南夹皮沟一带之地为间岛者，又何据乎？

《延吉边务报告》第 6 章，第 31 页。

长白山之水麓，则娘娘库、富尔河、古洞河等处为松花江木植最盛之区。夹皮沟、大沙河等处，又为吉林金矿最丰之地。日人之妄指长白山北为间岛，而欲混夹皮沟与延吉厅为一区域者，亦艳（羡）其金矿、森林之富，为得陇望蜀之计耳。

《延吉边务报告》第 7 章，第 18 页。

闻今岁日人有与韩登举合修延吉厅至夹皮沟道路，以达奉天之议。盖由延吉厅经古洞河等处而至奉天，较由吉林而至奉天距离约近五六百里。此道一修，则奉吉二省南部之交通便，而地理上之障碍去矣。日俄之役，日人修有军用电线，顺图们江源经长白山南至奉天之安东等处。其欲联络奉吉二省之南部为一气者，盖非一日。夫鸭绿江流域既为日人势力最盛之区，今又欲据有图们江流域，以为东西并进同力合作之举。则日人之经营延吉，其目光不仅注吉林，且将联奉天吉林二省为一气，以收其囊括并吞之效矣。

《延吉边务报告》第 7 章，第 2—3 页。

《东三省政略》中有关资料

惟西南半部（吉林省——编者注），自韩之茂山府以接韩边外之夹皮沟，为日人处心积虑所欲经营之区。而其间有一相通之要道，其所经过之处，如由西南之外六道沟过乳头山、娘娘库、古洞河而至西北之夹皮沟一带。又向为政教之所未施，此则不可不严加防御者。前访闻有日人二名改易华装，逗留于夹皮沟者半年，现日人之或往或来，时有所见，惟恐其于此间另有秘密布置。因于外六道沟添设派办处一所，派委员梁中同带兵三十名驻扎彼处，阳为保护地方，阴以查日人在茂山府之举动……并密探由茂山至夹皮沟日、韩人之行动。

《东三省政略·边务·延吉篇》第 36 页。

日俄战役以后，日人守田利远所著《满洲地志》首倡间岛之谬说……自守田利远倡此谬说，以夹皮沟一带为化外区域，且称为亚东之"独立国"、世界之"秘密藏"，日本各报纸捕风捉影愈出愈奇！遂将距延吉厅八百余里之夹皮沟地方，亦谬称为间岛区域。其说谓鸭绿、松花、图们三江发源于其地，有俨然一小独立国曰间岛。间岛幅员东西七百六十里，南北三百五十里（华里）。帽儿山沿辉发河达松花江南岸一带地域悉入间岛范围。其广袤与我日本九州相伯仲，如此广大之版图属中国乎？属朝鲜乎？尚难断定。又云：间岛之统领韩登举构邸宅于松花江畔之木旗河、桦树林子，壮丽如王宫云云。是则又妄以图们江以北，松花江以南夹皮沟一带地方为间岛矣……至夹皮沟一带虽稍有自治团体团总韩登举，每岁纳租金数千于吉林府，且屡受中国职官，目以独立国之名更属造谣生事，况其地归吉林府管辖。

《东三省政略·边务·延吉附件》第 15—16 页。

《间岛问题》中有关资料

东三省总督徐世昌复外务部书：

其二为夹皮沟与间岛之关系。查夹皮沟距省三百里，距延吉厅约五六百里，与南岗一带，相距甚远，不相干涉。虽日人所刊私议间岛杂说，亦将该处包括在内，不足为据。其称为秘密国独立国者，实指夹皮沟练总韩登举而言。查韩登举系山东人韩效忠之孙，流寓已久，广有田地，每年输大小租银于吉林府，约银千两以外。该处山深林密，时有不靖，居民皆设练会自卫。前将军以韩登举世居该地，且有产业，特派为练总，俾之保障一方。前月韩登举来辕禀谒，年约三四十岁，察其举止言语，尚是戆直一流人物。日人乃以秘密独立等字，将诬韩登举以割据之名者，盖必指为地非我属，人非我民，而后假代平祸乱之名，以行其侵占边圉之实，设谋至狡，用意至远，甚可虑也。

陈旭麓主编：《宋教仁集》上册，第72页。

光绪三十三年二月《盛京时报》载开发间岛之人物

间岛之统领韩登举，构邸宅于松花江畔之大木旗沟与桦松林子两处，其宏壮如王宫。其人物虽不了然，其祖父韩边外为间岛之开发者，决非寻常人也。五六十年前，韩登举之祖逐金坑而居，其初亦马贼之流亚也。溯其祖之履历，系山东登州府之一小贩夫，航海而赴盛京，定居于复州，从事收〔牧〕畜，因不得志，遂入东部之山地，购买牛马卖于附近农民，大博奇利……

《盛京时报》光绪三十三年二月十五日。

（二）庚子南山拒俄与日俄对夹皮沟金矿的争夺

光绪二十六年八月韩登举给俄军官的信

大俄国大元戎麾下：

敬启者，刻闻执事带兵直进南山。当派哨官李荫桢前往迎和，不必接仗，以免生灵涂炭。祈展限三五日，将军装归并齐楚，即便缴回。所有六磅炮二尊，随即迅缴。再于月之下旬方接到缴军装之公事，尚希鉴原。仍在四间房扎驻，大岭上下卡伦数处，皆系逃勇会兵，若直前进恐有不便，即欲约束，在所必难。如能不失和气，即速将军装炮位缴回，实为幸甚。鹄待回音。切祷！切祷！专此。即请戎安。

统领靖边强军　韩登举
光绪二十六年八月十九日
〔原东北档案馆藏件〕

光绪二十六年九月韩登举给吉林将军的禀文

督宪将军麾下：

敬禀者，窃职自派统领以来，本欲上卫国家，下报（下缺）督宪。近日俄人入界，将职调往法特哈门，又调赴南山，屡将俄人情形暨绑人搜财等情，叠经呈请批示在案。迄今多日未奉明白指示，致令无所措手。近闻传言有称职自为一国等语，遽听之下不胜惊惶！惟开赴南山乃屡奉明文，非有意自保，既然为子民，安敢如此？且南山一带食毛践土，年年奉纳国课，而逃民、居民共有十数万人，值此时势不能袖手，实欲为（下缺）督宪，保此地方，非远离省城以避乱阶，尚希鉴原，但和约之事，更祈指示明白，俾得有所遵循。即前月十九日，伊俄进兵，已派哨官李荫桢持和信、执白旗，前往迎头讲和，并令在岭后扎住，言岭上卡伦数处，若直前进，恐有不便。伊俄不肯暂止，竟蜂拥而来，遂致逃勇、练勇并力击扑，俄方退回。彼时职在长山屯底营归并军装，冀欲缴回以便和约，孰意前面已接仗矣！倘不为信，请向张通事要职之和信一看即能分晓。且前次俄人将职随同委员、书记二人杀死，延至今日并无异词，何又传说职不服约束？如若不服，安至今日不分雌雄。又闻督宪发来公事，行至岭后，被张通事截住，扯为粉碎！遂令公事不通。伏思既欲缴军装方肯和约，职查南山一带难民约数万之多，岂不顾为生灵求福，上慰宪廑哉。奈近来逃勇、胡匪遍地皆然，出没无常，日肆剽劫，南山沟内得以稍形安堵者，幸有此破烂军装数百杆，藉资护卫，若一旦缴去，胡匪逃勇乘虚而入，所有遭惨祸，上天有好生之德，蹂躏如此，职心不忍。且俄人狡诈反复无常，难免不惜此挟制，又来攻打。职意如有妥实保人，将如何作保，如何和约，切实函知，方能将军装缴回，以成和局。况上年俄人到沟里购买木料时，已多为护庇，伊岂忘念？仍祈和事早成，大局幸甚，苍生幸甚！祈将省城近日和约条程，俯乞迅为批示遵行，肃此沥禀，敬请钧安，伏乞垂鉴。

　　职登举

光绪二十六年九月初五（日）
〔原东北档案馆藏件〕

光绪二十六年九月吉林将军长顺给韩登举的回信

　　禀悉，传言误事，到处皆然。且彼族多疑伪，于匪人讹言是听，前次进兵南山，大半为讹传所致。近日又群相传说，南山多营，将出与俄为战，以致俄人又欲大举。实深忧虑！该统领请军装藉资护卫，一旦交出，胡匪逃勇乘虚而入，亦属实情；然南山兵营一日不散，谣诼一日不息，召蒙酿祸，恐无已时。且该统领一日不到省，俄人一日不忘怀，本军督大臣虽欲作保，亦属空言无补。此时进退必如何策出万全，该统领速查历次批示，自行熟筹，幸毋避该时机，甲为至要。至于省中诸事，俄人近已渐就范围，不难归复旧制。彼重在修理铁路，不在占据地方，无他条约也。

光绪二十六年九月初七日
〔原东北档案馆藏件〕

《吉林省人文地理学》载夹皮沟庚子被俄人所占

　　桦甸县在松花江之上游辉发河出口之对岸，曾拟官办之沙金在域场头道河、二道河、色勒河、横道河、金沙河及八道河等处。最著名者为夹皮沟，在桦树林子之东南百余里。金矿有线金及沙金二种。线金即石英脉，宽六七尺，生于石英斑岩或酸性火成岩中。沙金开采始于咸丰六年，为矿商韩氏所经营。光绪初年，矿夫达数百人。闻曾采得三百两重之大金块。庚子义和团事变时，曾被俄人所据，日俄战后，见逐于日。现在仍由人民开采，惟所得已大减少。

《吉林省人文地理学》第72页。

〔日〕《满洲地志》载俄人在长白山各地的经营

俄国为了开发长白山一带丰富的资源，在此极力扶植自己的势力，企图以武力压迫满韩二境。日俄战争前后，他们丝毫没有停止其经营，一旦有机可乘，就会大肆活动。作为收揽山中人心的第一策略，便是收买土匪大头目刘单子和动摇韩登举，派遣心腹土匪首领李翰臣，纠集潜伏于山里的土匪，组建了所谓的花膀子队。在长白山一带，使之与俄国的关系日益密切。各种经营也逐步走向成功的轨道。然而，俄国在这一带的所作所为多数是暗地里干的，所以多不被世人所知，下面摘记一下近来调查的结果，以窥其大概。

一、俄国的建筑

俄国的住所常常带有自我主义的色彩，占领一地，就一定要建上一所房子，在这里摆上耶稣像，表明神圣不可侵犯。

①长白山顶的建筑物：俄国在距今十七八年前，便选择了长白山东南坡平阜之处，建筑了两栋木造房舍。大约有四十个房间，窗上装有玻璃，最里间的一个房间放置着耶稣像。当时俄国人在这里观测气象。传说后来俄国人开创了木植公司，该建筑也就归属了这个公司。由于建筑年代的久远，房屋已出现了若干处破损塌坏。明治三十八年末，测绘班到来的同时，对此稍加修缮。另一种说法是后来右侧房屋收藏着土匪，以此来掩护俄国人在长白山中的经营。

②花砬子的建筑物：在花砬子于拳匪动乱前俄国就在此修建了十余栋楼房，开始伐木和淘金。事变时，暂时撤回本土。明治三十一年以来，再次开户，日俄战时屡屡有俄兵来此宿营，现已成空室。

③夹皮沟的建筑物：俄国人垂涎着夹皮沟的金矿，因而常常从宽街或从朝阳镇方面派来若干骑兵。后来在夹皮沟东侧山谷中建造了四栋砖房。明治三十八年一月派来一部分骑兵看守该房，后于同年三月中，俄军撤离吉林府，由吉林将军留四名步兵担任守卫。

二、俄军行动

俄国经常显示武力，威胁无知的人民并收到其效，尤其是在韩边外领地以及以外长白山中各地区。战前经常有武装的数十名步骑兵，从东、西、北方忽来忽去，行动莫测，武力的印象深深地印在怕事的清人的脑海里，直到他们逐渐地趋于归顺。下面摘录几个俄军出动的情况，仅供参考。

①地窨子：明治三十八年二月二十九日，俄国青年将校一人，率领一名翻译和六十余名骑兵访问韩家，三日后奔向宽街，据称是为了征发军粮。

②木旗河：明治三十八年五月十日，俄军大举进驻大鹰沟，屡次派出少数骑兵到附近描绘地图。据说当时该地的驻兵在大鹰沟有步兵六七百人，在长山屯有步兵五六百人。

③大鹰沟：明治三十八年五月，俄军一个小队，从宽街方面奔来，缴了韩家代表者鲍仁督率的护勇的枪械。

④夹皮沟：明治三十八年四、五月时，俄军若干骑兵经常从宽街方向奔来，以后的一二个月，五六百名步兵从朝阳镇方面奔来，在南沟子高地上延长数十里，拉起帐篷宿营，显示其威力。之后，撤向桦树林子方向，而且，俄军在韩家得到一切给养，免去了从前若干次的掠夺，住民等渐得安定。俄军与韩家之间逐渐表现出了密切接触，俄军命令士兵尊称韩登举为小王子。

⑤头道柳河：明治三十八年六月中旬，七八十名骑兵在一青年士官的率领下从南方奔向夹皮沟。同年八月十四日，从西方濛江方面来了一中队步兵和一小队骑兵占居了该地的团练会房。同月二十日经二道柳河奔向夹皮沟。

⑥二道江：明治三十七年六月中旬，由通化县方面来的约六十余名骑兵经过此地奔向吉林府。另外，明治三十八年八月，在五六十名骑兵的掩护下，来了一个测绘班，测绘了附近的江岸。

⑦崴沙河子：明治三十八年五月中旬，二三十名骑兵为了征收物资，从海龙城方面入境，征收鸡、猪、蔬菜等，之后不久又复来若干骑兵，测绘地图。

⑧头道江：明治三十八年四月，俄兵百余骑经过此地，由南北上，传言在大鹰沟驻步骑兵数百人，住民皆受骚扰。

⑨万两河：明治三十八年九月三日，俄兵二十余骑掩护测图班进驻该地团练会房，进行测地描图。

⑩老岭下：明治三十八年八月，俄兵三百余路经此地，蹂躏禾谷蔬菜，拉走牛、马、猪、鸡。

⑪西岗上：明治三十六年二月，俄兵四百余从通化县方面入境，以讨伐

土匪为名，对该地进行测量绘图。同年五月，撤到通化县方向。三十七年二月，百余名俄兵从吉林府来到该地，停留一宿后继续南下，至一百四十里外的孟家附近，因头道江上流难以渡江，所以再次返回，经过此地奔向吉林府。

⑫ 娘娘库：明治三十八年九月中旬，一测绘班在俄兵十余骑的掩护下入境，住在民宅，每日进行测绘。经过二十余日奔向敦化县。另外，同年十一月中旬，由海龙府方向奔来千余名步骑兵，分驻在附近民宅，征收所需物资。同年十二月初，奔向吉林府。

〔日〕守田利远：《满洲地志》宁波译，郝国琨校。

（日）《满洲地志》载韩边外对俄对日关系

对俄关系

光绪二十六年八月俄兵占领吉林府，居住在该地的本家侄儿韩绪堂和另一人被捕去，讯问韩边外的情况，韩登举闻之大怒，亲率精兵，直至马烟山大岭与俄大战，这是对俄国的最初的冲击，此后俄兵开始溃败，退至吉林府，后几日，三百余俄军大举袭来，与韩家军决一死战，韩军渐败，退至大鹰沟南岸，暂隔江水与俄对峙，经几次小战，渐渐败退到宽街。俄兵继续追赶，连续攻击，大有卷土之势，侵入地窖子及桦树林子，占据韩家本部，掠夺蹂躏，附近民家空寥，踪影皆无。登举待俄退去，与四五名部下返回地窖子，再建家园，集合众人。据说当时登举所率兵丁等四散后，大多投入土匪群中。光绪二十七年，俄兵再次来找韩边外，检查韩家火药库及兵器弹丸数量，扬言要没收之。日俄开战后，光绪三十一年一月二十九日，俄国士官一名，率骑兵六十余人，由吉林府来到地窖子，将兵留于房外，士官自己带一名翻译、一兵卒访问韩登举。管事徐福升首先遇见，寻问来意，原来是为请求尽力征买军粮。登举专出接见之，商谈后留士官等留住三日，临别时，登举送鲜鱼一笼，由此而后，俄国了解了韩边外，对于韩家在大鹰沟大败和烧毁房屋之举深感不安，特别是俄国方面对此给予同情。

对日关系

韩登举开始见到日本人，是他在日清战役中，在海城决战的时候。而后，登举屡次听说海城战争时日本兵精锐无比，当时辽东人归化了日本，是由于日本人仁慈的缘故。接着，在明治三十七年一月，从他故乡复州有住民五十余家为躲避战乱而投奔韩边外，其从他们那里了解到，日俄开战，而且日军不久将到达此地，俄兵残暴，日兵仁慈，不危害我人等等。

〔日〕守田利远：《满洲地志》下册，第461—464页。

宁波译，郝国珼校。

《南园丛稿》韩边外外交志

当韩边外之初起也，燕齐流民争归之。声势既振，吉林将军屡遣兵逐捕之，皆为李副长贿赂所却。且以穷边荒漠，不易动用大兵，遂相与姑息弥缝之。其后因吴大澂优与牢笼，韩家于日俄两役，亦躬擐甲胄，为国效忠，可谓名称其实矣。登举既以战功，累晋都司，每年中尝自率部兵十余人，躬诣吉林，伺应将军，数日即去，而与各官属，殆无所交际。正月对于将军知府，必有所馈遗，其仪物特取之于土产。若鹤、金虎、鹿各一事，聊以将意而已。官家亦不得苛索之。

管内政条，皆由韩家自为设施。吉林官府，常度外置之，有时勉为关与，亦往往不得要领，例如光绪二十七年，梨子沟有孙姓者，人言其为马贼渠魁，登举部将刘永升遽率兵攻杀之。孙氏亲族怒，控其冤于将军，将军派员至韩家数与交涉，终于无效而止，然即此已为异例矣。大抵事之涉于韩家者，官府皆付之不问以为常，以故吉林官府虽过其境，亦鲜至韩家者。

其境内有所谓卡伦者，吉林将军所派分检员也。例以旗人充之，每年十一月莅差，周年即瓜代，谓之占爷，所驻无常处，常率同隶役三四人，扼商贩往来要冲。凡通过本境或由他境运销本境诸商品，如麻烟等者，皆税之。其税例每一橇应征钱二千或三千。若领内居民，皆无所税也。居民租税，皆由韩家自征之。上解吉林府署，钱粮一年凡一千余两。

对于俄国，当拳匪乱前，俄人于长白山一带，已尝经营及之。长白山顶、花碰、夹皮沟诸处，皆有俄人之建筑物，又时耀兵于金城、大鹰沟、娘娘库诸处。为威吓之计，山中马贼头目，如刘弹子、李翰臣辈皆招收之，勒以部伍，名曰花膀队，意固欲以敌韩家也。自大鹰沟战后，俄人去而复来，以调查火药库，兵器弹丸为辞，然见韩家有备，不敢没收也。日俄战争时，俄国士官率兵六十余人，自吉林诣韩家屯兵野外，自偕通译往访，登举遣管事徐福升迎诘之。以征买军粮，请登举出见，留宿三日而去，临行赠以鱼鲜一笼，以示雅意，然终以前事恨之。

对于日本，自日俄战后，南满复入日本范围，其地又南与朝鲜东与间岛接壤，以故日人益与登举相亲，书币往来，殆无虚日，间岛交涉，日人乃指韩家为世界秘密国，冀以相牵混，然登举久授官中朝，其计终不得逞也。先是海城之战，登举与日兵交绥而退。事后每与人言，日兵精锐非俄军之比。日俄战起，复州居民五十余家，避乱诣登举。登举谓曰：日军纪律谨严，战必胜。因密与花膀队连络，欲以反攻俄人，而以中朝宣布中立而止。日人闻而益德之，议欲与之合资，同开夹皮沟金矿，登举不可。既而民国成立。中政府亦惧登举为日人所用，因之吉林营务处以登举为总办，优礼厚俸以给之。

张相文：《南园丛稿》卷5，19—20页。

（日）《北满金矿资源》载夹皮沟经历的数次兵祸

俄军的侵扰：光绪二十六年，发生了北清事变，凤怀占领夹皮沟金矿野心的俄国人，进军桦甸县江东，同三世登举激战，韩登举兵败，桦树林子、木旗河两处韩家住宅也被焚毁。俄军进一步侵入登举逃避的夹皮沟。当时驻扎在木旗河的俄军有四百名，夹皮沟驻有二百名，这些俄国军人恣意发泄淫威，使夹皮沟遭到极大的灾难。光绪二十九年，俄国人以同韩家合伙采金为名，由俄国技师带军队进驻山里，从事探矿。

满洲义军的侵扰：为人所知的花大人，即是当时的日本人花田少佐，他是满洲的著名马贼高手，和萱野长知及数名日本青年一起收集马贼编成了所谓的满洲义军。光绪三十年二月日俄战争爆发，满洲义军同时在夹皮沟与俄军开战，并驱逐了在夹皮沟的俄军。当时，义军首先在老金矿同俄军开战获胜，其后突进夹皮沟，经一昼夜激战打垮俄国军人，烧毁了俄军在东门外大鼻子营的事务所及其他住宅。义军在夹皮沟住在会房，多天后才撤离夹皮沟。

林七诸匪的侵扰：光绪三十三年，林七、刘胆子、结巴李等土匪结成联盟，共五万多人，从东方浦盐斯德袭来，不断进扰夹皮沟和老金矿。据说，联匪所到之处无论鸡、猪、狗收剿一空。后联匪进击满洲中部又转向凤凰城，其中联匪头目林七因被清政府封为道台而使联匪解体，三日后林七被人下药毒死。据传林七原来居住在浦盐斯德。此人会说俄语和日语，在日俄战役中，他曾在大连充当日、俄间的翻译，从事秘密侦察活动。

以上是登举时代夹皮沟所经历的侵扰事件；下面是绣堂时代夹皮沟受到侵扰的事件：

仁义军同乐匪对夹皮沟的侵扰：民国十三年九月，仁义军联络土匪乐某纠集三百名匪徒侵入夹皮沟停留了两天，这些匪徒掠夺了夹皮沟所有商户，同时他们还焚毁西门外下戏台李家麻花铺房子，以及上戏台的青龙石炮台，宝戏台北沟口的白虎石炮台。匪徒所到之处不知有多少人被绑票。

红枪会匪的侵扰：大同元年六月红枪会五百名侵入夹皮沟，在此停留了一个半月，没有发生焚烧、掠夺的事件，后向抚松县退去。

凤山好等四匪的侵扰：大同二年（昭和八年）旧历六月十五日白天的时

候，四季好、凤山好、亚陆军等四头目纠集六十名土匪向夹皮沟袭来，掠夺商户不计其数。更有甚者，他们还焚烧上戏台的房子十多间，焚烧宝戏台商户六十多家。绑票七十多人，仅仅五小时，这些匪徒就退走了。

六月十五日，昭和殖产株式会社创立发起人等一行视察团员，到夹皮沟视察了三四天。

民国二十年（昭和六年）满洲事变发生时，夹皮沟部落有居民老幼计四百多户，然而该事变后旧政权的官兵化为土匪，所以当时匪势激增。因为警察保卫力量不足，所以经常遭匪害。大同二年（昭和八年）春天，夹皮沟几乎减少一半户数。至康德元年春天，夹皮沟仅剩一百三十二户人家。直到同年八月三日，大同殖产调查班来到夹皮沟时，夹皮沟的人心才得以安定，商业也开始兴旺起来。同年九月一日根据调查，户数增加到一百四十三户，人口总计六百七十二人，新建户约十一户。

〔日〕门仓三能：《北满金矿资源》第326—328页。

张伟民译，肖振勇校。

光绪三十三年六月日人、俄人图谋夹皮沟金矿情形

张廷桂、王崇文、韩登举谨禀：

钦宪、抚宪大人阁下，敬禀者，悉卑职廷桂、登举于本年六月二十三日奉宪台札，以卑职登举禀称：……钦宪札委来去详细调查是案禀复核办等因。职道等荷蒙宪谕会同前往详查复核，正拟束装前往夹皮沟时，适卑职举于六月二十六日因公来省，与职道等会晤。接谈之下，知日人所谓"间岛"者系在吉林之东延吉厅一带。但夹皮沟系在吉林之南，相距延吉六百余里之远。自光绪二十七年间，有俄人带领马队三百余名，持有前将军长（顺）护照，并吉林交涉局委员景贵，会同前往夹皮沟探勘矿苗，并未开采。二十八年夏间，俄人修盖房屋三十余间，虽经探勘金矿并未采得矿苗。至二十九年二月，因日俄战争事，俄人弃屋回国。至三十一年四月，有日军官十一人，带领招募华人六百余名，前往夹皮沟探路，将俄房尽行烧毁，即往宁古塔去。迄俄人复于五月初间两次来队七千余人，在夹皮沟附近桦树林子住有两月之久，并与日人见仗而回。嗣后，日俄和约告成。至三十二年，屡有日人前往游历。四月间，有日人山满氏等十余名至夹皮沟，声言俄国既能在此开采金矿，伊等亦可援以为例。并带有奉天交涉局给有试勘金矿护照一纸，立逼卑职登举与伊立约。当以来奉吉林将军公文，万不能与尔立约，再三驳阻。伊等住有四十余日，亦未勘得金苗而返。至上年十月间，有日人水谷等三人前往游历

一次。至今年三月间，日人水谷等复至该处仍持前照逼立约，卑职登举仍以前言，未奉上宪来文，极力驳阻。水谷等在沟仅住七日，在桦树林住有三日而去。当经卑职登举呈报吉林将军，照会驻吉日领事。岛川复称，日人水谷三郎等系赴该处游历，现已回吉，暂赴营口等语。职道崇文再三探问，现在夹皮沟等处并无日人居住，仅有游历日人常川过路，尚无干涉矿务情事。职道等伏思，三省矿产日俄垂涎已久，且探勘矿苗已非一次。若不趁机预定方针，恐伊等再来龃龉，将致更形棘手。除由职道面饬卑职登举嗣后无论日人、俄人前往夹皮沟等处私探矿苗，仍由卑职登举极力驳阻，一面呈报，理合将会同查询情形详细缕陈，伏乞宪台查核施行。

光绪三十三年六月
〔原东北档案馆藏件〕

夹皮沟金矿引起的国际交涉

（三）光绪三十一年十月十三日俄使信

光绪三十一年十月十三日，收俄璞使信称，兹准哈尔滨华俄道胜银行之董事，并夹皮沟矿务公司执事嘎毕雷电禀，案查夹皮沟之矿，前发执照，于本月十九日限期将满，而吉林将军不愿发给新执照，托言给发执照之权，竟归商部、外务部两衙门各情，惟因战务之故，本公司未能查勘矿苗，而七个月间，建造房屋，并觅识勘苗之人，所费各款已有十万卢布之谱等因禀报前来，查战务实在延误夹皮沟公司采苗，并非该公司之别误，且该公司不能推辞不便之故，并因此不能责成该公司之延误，是以本大臣据此烦请贵王大臣，转知吉林将军，将该公司夹皮沟开采矿苗之执照，限期推展，并按照战务不能开采之月日，补展足期。即希见复为荷。

《矿务档》第 4085 页。

光绪三十一年十月十七日发俄使信

光绪三十一年十月十七日，发俄璞使信称，接准来函，以哈尔滨华俄道胜银行董事并夹皮沟矿务公司执事嘎毕雷电禀，按查开采夹皮沟之矿，前发执照，于本月十九日限期将满，而吉林将军不愿发给执照，托言给发执照之权，竟归商部、外务部，惟因战务之故，本公司未能查勘矿务之苗，而七个月间，建造房屋，并觅识勘苗之人，所费各款，已有十万卢布之谱等因，查战务实在延误夹皮沟采苗，不能责成该公司延误，烦请转知吉林将军，将该公司在夹皮沟开采矿苗之执照，限期推展，期限并按着因战务不能开苗之月日补足，即希见复等因前来。查俄商开采夹皮沟矿务曾否订立合同，于何时发给该公司勘苗执照，均未经吉林将军咨报有案，即该省发予勘苗执照，现在已属限满，亦应作废，本部碍难展限，相应函复贵大臣查照可也。

《矿务档》第 4085 页。

光绪三十年十月十八日俄使信

光绪三十年十月十八日，收俄璞使信称，接准函称，俄商开采夹皮沟矿务，曾否订立合同，是否发给该公司勘苗执照，未准咨报在案，即有发执照，亦应作废等因前来。本大臣准此，应行声明，吉林地方官发给俄商勘苗执照，且贵部若欲询问吉林将军，必能接有准信，本月十三日函业有声明，该执照之限期不日将满，因战务将采苗延误之故，按照公平及通行之理，应将该执照之限期照战务所延误月日推展，而该战务系不能免，搁阻享用执照，前函请推限期，系非请为容让，实为夹皮沟公司据理可享用之办法相请，相应烦请贵王大臣转致吉林将军复问其案，并给夹皮沟所请展限，以期公平了结，且免该公司吃亏甚多，该公司业经布置此事，所费不赀可也。

《矿务档》第 4086 页。

光绪三十一年十月二十三日发俄使信

光绪三十一年十月二十三日，发俄璞使信称，顷准函称，吉省夹皮沟矿务本大臣应行声明，吉省地方官发给俄国公司勘苗执照，限期应照战务所延月日推展，前函非请为容让，实为夹皮沟据理可享用之办法，烦转致吉林将军复阅其案，并给夹皮沟所请展限，以期公平了结等因。查夹皮沟矿务，经华人宋春鳌办理多年，迭准吉林将军暨商务大臣奏咨有案可稽，即或所领执照委系吉林地方官发给，未经咨报本部核准，该照亦应早日作废，不能执以为据，相应函复贵大臣查照可也。

《矿务档》第 4086 页。

光绪三十一年十月二十五日俄使信

光绪三十一年十月二十五日收俄璞使信称，前准来函，再称夹皮沟俄国矿务公司，何时请领勘苗执照，本部无案可稽，又称该照应早日作废，不能执以为据等因前来，查本月十八日本大臣函请贵大臣，咨询吉林将军复知该案现况在案，贵部不以本处合理所请为可，仍指称贵部未有此案，因未接有吉林将军将此案咨部之公文，本大臣谅因吉林将军之疏漏，似不能归咎该公司，惟该公司由将军领有勘苗执照，并因战务将开，不能遵照该执照内所开之限期，即决非该公司之故，且此项之故，为全球视为合理，所必应允之事，本大臣除饬该公司，将全案送交本处，并随时可送贵部查阅外，仍请贵大臣咨询吉林将军复知此案各情，并按公平了结，务希见复为荷。

《矿务档》第 4087 页。

光绪三十一年十一月八日发俄使信

光绪三十一年十一月初八日，发俄璞使信称，昨准函称，夹皮沟矿务，贵部未有此案，谅因吉林将军之疏漏，不能归咎该公司，仍请贵王大臣，咨询吉林将军知此案各情，俾可公平了结等因前来，查夹皮沟矿务，业经华人宋春鳌办理有年，断不能复准他人承办，今既据再三声请，应有该公司自与吉林将军辩论，惟应声明本部并未允许该公司与吉林将军议办此矿，为此布复，顺颂日祉。

《矿务档》第 4087 页。

光绪三十一年十一月十一日吉林将军咨文

光绪三十一年十一月十一日，发吉林将军咨称，迭准俄璞使来函，以夹皮沟矿务展限期于公平了结等语，均经本部函复在案，相应抄录本部与俄使来往信函咨行贵将军查照可也。

《矿务档》第 4088 页。

光绪三十二年正月二十一日俄使信

光绪三十二年正月二十一日，收俄国公使璞科第函称，查展拓夹皮沟矿务公司探矿执照限期一节，节次致函，并上年十一月二十五日，本处函称，除饬该公司将全案送交本处，并随时可达贵部查核外，仍请贵部咨询吉林将军复知此案，以便持平了结此案。兹查该公司案卷，于光绪二十七年正月二十五日，本国外务部委员刘巴与吉林将军长及副都统程，议定吉省金矿合同，并是年四月初七日，本国外务部委员涧特廓福与该将军、副都统商定探开夹皮沟等处金矿合同，其后长将军等处，旋按照光绪二十七年五月三十日，所经批准之是年正月二十五日合同，于光绪二十九年六月二十一日，将在夹皮沟、宁古塔及珲春一带探开金苗执照，发给本国金商阿思达舍夫暨其代办之人，照内注明矿师若尔撒，前往夹皮沟等处，限一年之期，踩探金苗等字样，限满之后，该矿师应详细报明将军，以便遵守所立各章，咨呈外务部发给开金矿执照，该矿师等于光绪二十九年六、七月间，前往夹皮沟，于六个月内探矿，忽经是年腊月底，俄日失和，而该矿师等可惜不得不离夹皮沟，并虽费去多资，而探矿之工未能告成，光绪三十年十月间，经吉林将军富查明以上各情，并望战事速有结局，又发给新执照，限定一年，以便工师等将所开工程完竣，详明禀报将军，而彼时战务未遂和息，故不能前往探矿等情，本大臣详查以上各节，可知在将军两次展拓限期，其延误探矿，并非该公司之过，系因战务之情势，让矿师等不能探竣，并报明将军，惟矿师诺尔撒于夹皮沟居住六月之久，整理各事，所费不赀，可见该将军自以其延误之情，已认为合理，故于再展执照之限期，并不阻碍，是以贵国将军等已洞明战务必于探矿有碍，就其允准展限办法，已可明见其意旨，况战务延误此项之事，定无于理不合，并以为全球所共认。又查全案，知俄商统照所订章程办理，系以此章程为合理，施行其意无疑，是以不惮所费多资，以探矿苗也。近查新任将军、前任将军等所发执照，足见为具文，且贵部函称，并不知此案等语，可证贵王大臣与该将军亦有同意。兹本大臣据前因，再行声明，以此项意见所不为然，并再行切请贵王大臣电咨吉林将军将新探矿执照发给夹皮沟公司，否则让公司无辜受此甚大亏累，而该公司此项之亏，必于贵国是问。即希见复为荷。顺颂日祉。

《矿务档》第4089页。

光绪三十二年十一月三日俄使信

光绪三十二年十一月初三日，收俄国公使璞科第函称，本年正月间，本大臣屡次函达贵大臣，内开吉林将军推诿发给本国满洲矿务公司探勘夹皮沟金苗执照展拓限期一节，并声明耽误该限期，实系因战事所致，并非该公司各缘因等情在案。兹据本国外务部驻扎吉林委员禀称，查现在夹皮沟金厂被日本占据开办，原属满洲属矿务公司利益，因是本委员于十月初四及十三日照请吉林将军，将日本由该厂退出，并归复满洲矿务公司之利权，迄未接到回文等因禀请前来，谅贵王大臣际此以洞悉本大臣于满洲各金矿一案，统秉公至办理，且据鄙诚，亦有贵王大臣必以同情相待之理，曾屡次函述，内开探勘执照，系当时合理发给满洲矿务公司，其开办较优之利益，仍归本国矿务公司，并无疑义。是以日本国金商占据该矿厂，确属违背公理，相应函请贵王大臣转电吉林将军，设法将日本由该矿厂退出，并以给发该公司代办人新执照，再行规复本国矿务公司之利权为要，即希见复是盼。此布，顺颂日祉。

《矿务档》第4090页。

光绪三十二年十一月七日发吉林将军文

光绪三十二年十一月初七日，发吉林将军文称，吉林将军推诿发给本国满洲矿务公司探勘夹皮沟金苗执照展拓限期一节，本年正月间，屡次函达，并声明耽误该限期，实系因战事所致，兹据本国驻扎吉林委员禀称，现在夹皮沟金厂被日本占据开办，显属妨碍满洲矿务公司利益，该委员于十月初四、十三日照请吉林将军，将日本由该厂退出，并复规满洲矿务公司之利权，迄未接到回文，应函请转电吉林将军，设法将日本由该矿厂退出，并给发该公司代办理人新执照，再行规复该公司之利权等前来，查俄使迭请夹皮沟矿务展限，经本部驳复，并将来往信函，于上年十一月十二日钞送贵将军在案，本年正月该使屡次来函催办，现复以该矿被日本占据为言，该处金厂是否有日本人占据，相应咨行贵将军查明核办。该使所迭次请发探勘执照之处，亦希就近与俄委员照案办驳，以期了结，并声复本部为要。

《矿务档》第 4091 页。

光绪三十二年十二月十八日吉林将军达桂文

光绪三十二年十二月十八日，收署吉林将军达桂等文称，本年十一月十七日，准大部咨开，俄璞使迭催给夹皮沟金矿展限执照，复以该矿为日本占据，应行查明，与俄员辩驳了结等因。查夹皮沟等处金矿，于光绪二十七年间，经前将军长，与俄员刘巴议订中俄合勘探苗草约十四条，奏奉发交大部，议以语意简略，尚有应行声明之处。如第一条、第七条应令添叙明晰，指定矿地，妥议详细章程，奏明办理等因。行知前将军长，即照会刘巴另拟草约，该俄员屡以请示俄外部之词，推延置之不认，嗣于光绪三十年，奉行通行内载，凡禀请办矿，由部发给执照为凭，未经发照以前，不得举办等语，及该俄员等请换给执照，本署将军、副部统均以前发执照，早已逾限，例应作废，节次辩驳，迄未换给。今俄员复以日本占据该矿为词，已经派员查明，曾有人到该处考查，随即他往，并无占据矿产情事。推广该俄员之意，无非藉词耸听，冀发执照，自应力持驳阻，以保利权。第现值中俄议约，应请将所有先后大概情形，一并提议，免至再生希冀，除照复驻吉俄外部官外，相应备文咨大部，谨请监核施行。

《矿务档》第 4092 页。

光绪三十三年五月十四日吉林将军等文

光绪三十三年五月十四日，收署吉林将军等文称，光绪三十三年四月十五日据夹皮沟练总花翎守备韩登举禀称，本年三月有复姓水谷者，带日本人三名由桦树林、木旗河等会，进沟游历，于四月初六日，旋回桦会，逼与立约，声言仅准日人在沟作金，不准外人管理，势甚狡诈，难以理喻。伏思我国疆土权利攸关，因不敢擅许日人，尤不敢造次孟浪，轻启衅端，当经委婉答以不敢专主等词，往返数次不决，殊费周章。彼等始于初八日早，乘坐木筏，顺江进省。唯于是日见奉省日报内，指夹皮沟为秘密独立国，并为间岛探险者，系平山氏，已得效果。有柴四郎者，组织间岛之远征队，与中井锦城氏计画联络，有头山满氏等十数人，准备万余元，以为远征旅费，力任经营各语。由此观之，是日本更甚于俄，其垂涎于夹皮沟之奸谋，已彰明较著，愈逼愈紧，不得不披沥陈明，恳请防御，以免贻患等情前来。查夹皮沟金矿，俄人前欲采办，已经历为驳阻，现在日人复垂涎，用意更属叵测，若不预为之防，将恐别生衅隙。事关极重，应先咨明，免误事机，除饬该练总相机理阻，并照会驻吉日领事外，相应备文咨呈大部，谨请核办，并祈见复施行。

《矿务档》第 4093 页。

光绪三十三年六月三日东三省总督吉林巡抚咨

光绪三十三年六月初三日，发东三省总督吉林巡抚咨称，光绪三十三年五月十四日，准前署吉林将军咨称，据夹皮沟练总花翎守备韩登举禀称，本年三月，有复姓水谷者，带日本人三名，由桦树林、木旗河等会进沟游历，由四月初六日，旋回桦会，逼与立约，声言仅准日人在沟作金，不准外人管理，势甚狡诈，难以理喻。是日见奉省日报内指夹皮沟为秘密国、独立国，并以为间岛探险者，系平山氏，已得效果，有柴四郎者，组织间岛之远征队，与中井锦城氏计画联络，有头山满氏等十数人，准备三万余元，以为远征旅费，力任经营各语，由此观之，是日本更甚于俄，恳请防御，以免贻患等情。查夹皮沟金矿，俄人前欲采办，已经历为驳阻，现在日人复垂涎，用意更属叵测，除饬该处练总相机理阻，并照会驻吉日领事外，应请核办见复等因前来。查该处矿务，俄璞使屡以日本占据为言，其所请发给探勘执照之处，业经本部驳复，昨该使复面称，夹皮沟有日本数十人，图占矿事，本部正拟咨令查复。现既据省报载，头满氏等十余人，准备多金，力征经营，该处练总又称，日人逼与立约，在沟作金，不准外人管理等语。现在日人在该处如何举动，并日领事有无照复，相应各行贵督详细调查，明晰见复，以凭核办，须至咨者。

《矿务档》第 4094 页。

新订吉林开办金矿条约

一九〇一年三月十五日，光绪二十七年一月二十五日，俄历一九〇一年三月三日，哈尔滨，中俄两国议定矿务草约十四条如下：

第一条 招募股金只限中俄两国，不准他国附股。两国合办之华俄银行准得入股。

第二条 金银各矿，不论多寡按出产总额，每百两报效中国国家十五两。

第三条 自准派人探勘之日起一年内倘未探勘，得准他人探勘。遇有坟墓，不准探勘。

第四条　办矿人员由中国国家派员管理。

第五条　华股、俄股在十万两以上者，得参加办矿业务。

第六条　各地矿山，倘已有开办者，其持有股金事宜另行详议。

第七条　探勘矿苗，须先指明段落，商定界限，才得开采。

第八条　其他事项，查明、记载以便另行商议。

第九条　矿山需用物件，倘在中国方面购买时，免予征税。

第十条　中外人民，不论何人不得私自探勘金矿，违者严办。

第十一条　本章程缮写中、西文两份。中文由吉林将军咨送北京矿务总局审核，西文由俄国交涉大臣刘巴咨送俄国驻北京公使审核。兹先准派俄国人赴各地调查探看以免迁延时日。

第十二条　办矿年限既经明文规定，自允准后，须在一年内报明探勘。倘逾限尚未探勘，得准他人申请承办。

第十三条　开采矿产，倘申请全由俄人承办，应先禀请交涉大臣刘巴，转吉林将军、总局核办。

第十四条　以上所定章程由吉林将军长与俄国交涉大臣刘巴面议定为草约，俟明奉谕旨并奉矿务总局允准之文后开办。

大清钦命头品顶戴总理各国事务大臣镇守吉林等处地方将军恩特赫恩巴图鲁长

大俄国交涉大臣刘巴

光绪二十七年一月二十五日

俄历一九〇一年三月三日

王铁崖编：《中外旧约章汇编》

第一册，第988—989页。

续订吉林开办金矿条约

一九〇一年五月，光绪二十七年四月，俄历一九〇一年五月，哈尔滨

大清国镇守吉林等处地方将军长；

大俄国交涉大臣科洛特科夫。

今将拟在夹皮沟、宁古塔、珲春三处境内，探勘金苗，开办金矿商同预定条约列后：

第一款　议明必须俄国专办金矿之人阿斯他硕夫或系替伊代办之人，方准在夹皮沟、宁古塔、珲春三处所属地方探看出金处所，此外不准他人探勘。

第二款　俟吉林将军奏明奉到大清国大皇帝谕旨，允准俄国人在吉林开办金矿公文之后，方准设立股份会；无论股份若干，总以八成归阿斯他硕夫，二成归华人。至需股若干并以若干两为一股，俟将来再行商定。

第三款　查夹皮沟金厂，早年有人私行采挖，现在出金恐不能旺。此次所设华、俄金矿会，应准在松花江并江分山一带采看苗线，仍须奉到中国朝廷允准之旨，即准该会在该处开矿。

第四款　宁古塔、珲春所属地方，如已先有中国人开采金矿多年领有凭据照章纳税，即令该业主照旧开此金厂，不邀俄国人入股。如或自愿邀俄国人帮助，为速着成效起见，则应由华、俄金矿会令俄国人出股份多半，仍须与该金厂业主妥定章程，俟办时再行商议，先由中国官将出金地名开送清单。

第五款　现在暂住阿斯他硕夫派人往夹皮沟、宁古塔、珲春三处所属地方探看金苗，每起探苗之人均须将军委员会同前往。如看准苗线，当指明段落、里数以示界限，不得将该三处全境统行包套在内。

第六款　此条款续补吉林将军与俄国交涉大臣刘巴商定草约之条款，该条款商定，因为中国大皇帝谕旨允准俄国人在吉林省开办五金等矿之公文，即行作速开办。

大清国钦命头品顶戴总理各国事务大臣镇守吉林等处地方将军恩特赫恩巴图鲁长

大俄国钦命吉江两省交涉料理办大臣科

王铁崖编：《中外旧约章汇编》

第一册，第995—996页。

华俄合办新旧矿务章程

一九〇二年二月四日，光绪二十七年十二月二十六日，俄历一九〇二年一月二十二日，吉林

案照本年正月二十五日，吉林将军长与驻吉外部大臣刘所定矿务草约，曾奉旨允准在案，查草约第六条所载各处矿务，如已经开办集有旧股者，另行详议等语。今吉林将军长，俄国驻吉外部大臣刘，会同议定章程列后：

第一条　吉省已经开办之矿集有旧股者，与现时新采之矿不同，仍专归华人自行集股采办。

第二条　吉省旧矿，如华人情愿与俄合办，或交俄国人专办，均须先立合同为凭，呈吉林将军并外部大臣阅定允准后，方准开办。

第三条　旧矿如华俄合办，或归俄专办，所出金等各矿，无论多寡，悉

按所出之数，每百两抽收十五两，作为中国税课。

　　第四条　旧矿系华人专办，仍照中国章程，如系华俄合办，或愿交俄国人专办，华人须禀明吉林将军，俄国人须禀明驻吉外部大臣。

　　第五条　如办矿滋生事端，吉林将军与外部大臣会同查办，其并无俄人入股之旧矿，应由中国官长清理。

　　第六条　所定章程，分为汉文俄文两份，吉林将军与驻吉外部大臣画押钤印。

　　大清国钦命镇守吉林等处地方将军长

　　大俄国钦命驻吉外部大臣刘

　　大清光绪二十七年十二月二十六日

　　大俄一千九百二年正月二十二日

王铁崖编：《中外旧约章汇编》
第二册，第33—34页。

关于南满洲开矿事项之换文

外交部致日本公使照会

　　为照会事：日本国臣民在南满洲左开各矿除业已探勘或开采各矿区外，速行调查选定，中国政府即准其探勘或开采，但在矿业条例确定以前，仍仿照现行办法办理。相应照会，即希查照。须至照会者。

中华民国四年五月二十五日

日本国公使

中华民国外交总长

一、奉天省		
所在地	县名	矿种
（一）牛心台	本溪	煤
（二）田什付（即今田师傅，下同）沟	本溪	煤
（三）杉松岗	海龙	煤
（四）铁厂	通化	煤
（五）暖池塘	锦	煤
（六）鞍山站一带	由辽阳县起至本溪县止	铁

二、吉林省		
所在地	县名	矿种
（一）杉松岗	和龙	煤、铁
（二）缸窑	吉林	煤
（三）夹皮沟	桦甸	金

日本公使覆外交部照会

为照覆事：接准本日照称"日本国臣民在南满洲左开各矿除业已探勘或开采各矿区外，速行调查选定中国政府即准其探勘或开采，在矿业条例确定以前，应仿照现行办法办理"等语，业经阅悉。相应照覆即希查照。须至照覆者。

大正四年五月二十五日

中华民国外交总长

日本国公使

一、奉天省		
所在地	县名	矿种
（一）牛心台	本溪	煤
（二）田什付沟	本溪	煤
（三）杉松岗	海龙	煤
（四）铁厂	通化	煤
（五）暖池塘	锦	煤
（六）鞍山站一带	由辽阳县起至本溪县止	铁

二、吉林省		
所在地	县名	矿种
（一）杉松岗	和龙	煤、铁
（二）缸窑	吉林	煤
（三）夹皮沟	桦甸	金

王铁崖编：《中外旧约章汇编》

第二册，第1103—1105页。

（四）民国六年至十七年间日人对金矿的经营

民国六年一月韩登举禀请金矿可否租予日人事

省长钧鉴：

敬禀者，窃以桦邑所属之加级沟，系绅旧金厂之区域，又系自有之己产。于前清同治年间，经敝先祖价领此荒，即在该处创立金厂，迄今已五十余年之久。自敝先祖故后，绅相继此业，金苗仍属畅旺，不忆忽于前清光绪二十六年中俄肇衅，敝处竟被俄人蹂躏，损失过巨；嗣又逢年景欠收，因之气力不足，无款垫办，故此停办已十余年矣。兹查加级沟金苗之丰富，日人早有所闻，于数十年前，该日人曾以游历为由，早已踏验明白，垂涎已久。以故，前七八年间，日人屡以该处争为间岛，经绅禀请公家，力为辩白，始作罢论。近几年来，该日人又千方百计，屡欲价租该地，采挖金苗。绅屡屡推脱搪塞，总未许可。现又有日人谷村正友前往加级沟踏验金苗，与绅百般商恳，拟欲价租，绅亦未许可。唯思若将该厂租与日人开采，诚恐违犯公法，若不租与日人，又恐藉此酿成国家交涉，致绅进退维谷，无计可施。况加级沟地方，现在又在条约之内，绅以钱粮之地，自己之产，竟成无可如何之地，为此日夜焦虑，实无一定之方针。唯有仰恳省长格外分神，设法代为筹谋。唯日人现以加级沟金厂为最注意，如再推脱，恐无可搪塞之处。绅本一介武夫，材识鄙陋，且于法理不堪明晰。若以俗情粗理论之，此系价租并非价卖，所租亦有年限，年满仍归绅管业，如此做于法理不堪违背。然犹恐日人年久狡赖，不归绅，辗转思维，殊少圆通之策，种种为难，均乞省长费心变通一切。倘日人势必要租，无可推脱，可否租与日人，是否违犯公法，敬请省长指示一切，俾绅有所遵循，庶免愆尤之失。果系违法不准租与日人，即作罢论，绅再设法推却。若日人狡赖强欲价租，仍恳省长设法维持，免致酿成国家交涉。如不违法，准其价租。绅即与日人谷村正友订立合同，一租十年为满期，现已草创合同一份，恭呈鉴阅。至于可否价租，是否违法，理合肃禀，敬候批示遵行。虔请钧安。

绅登举谨禀

中华民国六年一月十二日

〔原东北档案馆存件〕

民国九年十二月实业厅呈文

为呈复事。

奉钧署第五八零九号训令内开："案据韩绣堂呈称，蒋商嘉琛与日人林正次呈请试探夹皮沟金矿。优先权让与绅父承受，继续承领。所有图结等件业经一并呈送实业厅核转在案。迄今尚未奉准发照，恳请转咨农商部速发采照、以恤商艰等情"。据此，合亟令仰该厅迅即查核覆夺等因。奉此，查接管卷内，前于民国六年十一月间，据蒋嘉琛请与日商林正次合资开采该矿，先后呈送图结暨领事馆证明书等件。当查该矿地面业主系韩绅登举，该商应与韩绅妥为接洽，方免日后纠葛。并检同原呈各件，一并呈奉。农商部令开："既据称该处地亩系韩绅登举所有，应饬该商迅与地主协商呈核。至图结等件，仍由该厅审核后送部复核"，等因。当将全案手续审查，饬据更正，业经呈奉农商部核示照准，转饬办理在案。旋于七年一月间，奉钧署第三、四、五号训令内开：据韩绅登举禀称，世居桦邑，向有置加皮沟产业，开采金苗赔累甚巨，弃之可惜。始与王奉庭商定办法，逐渐进行。忽有蒋嘉琛与日人合资报领，置地主于不顾。请蒋某呈请案注销等情，令行该厅与交涉署核复等因。曾以此案业经呈奉部令核准，如果注销原案，难免不酿成交涉。且蒋商亦应与韩绅接洽妥协，方能开采。由厅署会呈并饬蒋商速与韩绅接洽。嗣于八年十一月间复据蒋商呈请，愿将试探夹皮沟金矿优先权让与地主韩登举承受等情。经厅饬据韩绅呈送图结等件前来。审查核实，先后呈奉，农商部令开：蒋嘉琛等愿将优先权让与地主韩绅登举，向有成例本无不可。唯蒋商呈文内有取得合办人同意一语，究竟韩商接办是否仍与日商林正次合资，抑系独资。既云同意，有无证明书件。亟应声叙，尤应先行查察内容，以防流弊。且未将相当证明书件声叙明晰，碍难遽于核准等因。即经令韩、蒋两商遵照详议，迄今将及一载，尚未据蒋商呈复到厅。仅据韩绅绣堂呈同前情，职厅当以蒋商既称林正次退让韩绅开采极端赞成，应由韩绅合同蒋商将林正次退让证明书件呈厅核转，方符部令而免纠葛。盖此案之关键端在蒋商合办人林正次退让证明书件。职厅系为遵照部令慎重矿权起见，兹奉前因，理合备文呈请省宪鉴核行。谨呈吉林省长鲍贵卿。

代理吉林实业厅厅长、调查采金局局长、

正任依兰道道尹阮忠植

中华民国九年十二月十五日

〔原东北档案馆藏件〕

民国十四年四月七日吉林省长公署训令第五号

令桦甸县知事胡联恩：

……该沟金矿中日新约曾与日本有协定明文，倘韩绣堂方面勾合日人营生贷款或他项契约关系，势必酿成国际上重大交涉，岂容忽视。再本署访知韩绣堂一家近年衰败已极，并有将营业地亩向日本朝鲜银行押借巨款之说，人言藉藉恐非无因。该知事身任地方，对于此等事实责任何等重要，合及密令该知事迅行详细查访，暂时不必声张，务将上开各情属实如何探明究竟，另文密报，以资核办，勿稍轻率，是为至要，切切此令。

省长张（作相）

谨将义泰昌运去机器件数列下：

丈二锅炉一口、铁器管三十五件、铁烟筒二个、大小木箱三十一件、水龙二件、大小草包二十七件、锅炉底二件，共计一百件。

〔桦甸县档案馆藏件〕

民国十五年五月为日人山崎私行勘矿呈

呈为第七区有日人山崎等四名，携游历护照竟绘图采矿，应否查禁各情形仰祈鉴核事。

窃于四月十三日，据第七区分所长刘万山呈称：窃于本年四月三日，号有兴吉林业公司总经理姜继昌、副经理刘继堂带领日人山崎直之、木村六郎、西乡贤、针尾庆次等四名，持有三年三月二十四日日领事官即交涉署发给，由吉林前往东三省游历之护照，伊等到区挂号之后寓于区街德顺栈店。内声称前来采验金矿等语。次日，伊等即验看早年之矿口，复又绘具加级沟街地图，并采办矿苗各等事宜。分所长因系外人入境，未奉明令，事关国际交涉，恐滋意外，除饬妥警密为探询，有无别情再行呈报处理。理合将日人入境日期具文呈报等情，据此查外人入境既持有中国护照，到处警察应负随时保护之责，并将出入境日期查报，以重邦交。但该日人山崎等仅携游历护照，该公司经理姜继昌等竟带领采验矿苗，擅将加级沟街市全图任厥测绘，从属早年矿商奉有何项营业执照，该公司亦应随时声明，除令该区随时侦探日人仍有何项行踪动作密切查报外，案关本国主权，应如何办理之处，祗候裁示，理合将各情形备文呈报。

鉴核示遵施行，谨呈桦甸县监督赵。

署理桦甸县警察所所长高景淮
〔桦甸县档案馆藏件〕

民国十五年五月二十三日姜继昌声明书

为声请转报事。

依奉贵区援令申诚饬缴矿图并质问矿照等因，遵查民国七年敝商业主人韩登举委敝人代表以地主请领夹皮沟金矿采权，蒙实业厅批示，案查该矿已经江苏省蒋嘉琛与日人林正次请准，合资探矿在案。曾令与地主磋商，如该地主得有该合资矿商转让优先权方准承领等因。奉此遵访该商等踪迹无定，乃陈请驻吉日领事森田行文阅查，迨民国十二年准森田领事函，业于青岛地方查得林正次住址，饬令备资开采，否则退让，兹据林正次覆并呈出转让愿节及证据检同交付等因，当即呈厅，援请采照，以韩登举病故，蒙准伊嫡子韩锦堂承领。是年转颁部发采照，祗领在案。敝代表以六年奔走挽回主权，拟即开采，因盗氛充斥遂致停止。溯自发始于兹九年，长此停放徒税矿区殊非本意。近渐平靖，应即经营，继续前志。惟从前采金方法纯用人力，此放弃多年坑中积水，非人所能，必须讲求汽机作法。而我方可以发明机力者其人寥寥，因访用日人山崎等四名为临时技师，勘测矿山，度量适用机械，以备呈案开采。当率山崎等到矿区时即循序持照亲赴该警区报告一切，该分所长刘、内勤巡官李只以兴腾地面赞许，未有他项意见。敝人谨依矿例不敢有私引窃绘等情，令将所测矿山草图送交。核收转缴，实无加级沟街专图。日人山崎等四名早已出境，所有敝人在七区验矿经过情形除已在省面禀县长外，理合备文声明，请烦鉴核施行，谨此声明。

兴吉林业公司经理姜继昌

〔桦甸县档案馆藏件〕

民国十六年三月省实业厅给桦甸县知事电

呈悉。查该县加级沟金矿系矿商韩登举报领，经其子韩绣堂继承，领有矿照，于民国十二年一月六日经厅令行，该县知照有案。本年三月七日据韩绣堂呈报定期开采，特聘日人针尾庆次、高田冈太郎、儿玉义昌等三人为技师，于开采伊始代为打水等情到厅。当以聘用日人为技师事尚可行，惟须将聘用之合同或契约呈报。查核批示，韩商遵照迄未据覆，是否合法尚难断定。在未经本厅许可，训令该县知照以前，当然不能任该日人等着手工作。仰即遵照以令。

代理实业厅厅长马德恩

计开机械件数：

木箱二十一个、技师三名、锅炉一个、烟筒二个、筏子四个、杂品三十六个。针尾庆次（回省）、高田冈太郎、儿玉义昌（在桦）。

〔桦甸县档案馆藏件〕

民国十六年四月省署致桦甸知事电

桦甸胡知事：

访闻该县加级沟，有日人携带机器，探采矿苗。查民四中日新约，虽认许日人探采夹皮沟金矿，但是应照行办法办理之规定，此次该日人究系何处派遣，有无准赴该处探勘兴开采之执照，仰速详细调查。如无执照，应禁止该日人工事进行。将机器暂行扣留。再，加级沟与夹皮沟是否同一地点，仰并查明。即日电复，候核办理。省署支印。

民国十六年四月一日

〔原东北档案馆藏件〕

民国十六年四月桦甸知事致省电

省长钧鉴：

东（一日）电敬悉，日人前山芳一等，仅有东省产业考查执照，并无采金矿凭据。运到机器现在加级沟警区看管，已请实业厅在案。加级沟即夹皮沟。谨电复。桦甸知事胡联恩。叩，冬（二日），印。

民国十六年四月二日

〔原东北档案馆藏件〕

民国十六年四月省署致桦甸知事电

桦甸胡知事：

冬电悉。日人运机赴沟，案关重要，当时竟无呈报，刻谈日人已否全数离桦，原持执照系何署发给，将机交警看管时，曾否面同点数，取据作证，仍复只字不提，实属异常疏忽。仰速详细补报。一面将密饬访查各节，即日另文呈核。勿再玩误干咎。省署支印。

民国十六年四月四日

〔原东北档案馆藏件〕

民国十六年四月桦甸知事给省署电

省长钧鉴：

支（四日）电敬悉，该日人仍在桦树林兴吉公司。前山芳一、针尾庆次，系奉天日本总领事馆所发考业执照，高田冈太郎并无执照。该机器由桦树林运至加级沟，日人均未同往。该管警区同脚夫张顺照脚票点明，共一百件。脚夫暂同看守。除俟专差查覆详报外，谨电覆。桦甸县知事胡联恩。叩。微（五日），印。

民国十六年四月五日

〔原东北档案馆藏件〕

民国十六年四月省署令桦甸知县胡联恩

案照日人携带开矿机器赴该县加级沟，希图探采矿苗一事，本署业据访问，

134

韩边外

电令详查在案。此事如果属实，该知事何以竟未呈报，殊堪诧异。该沟金矿，中日新约曾与日本有协定明文，倘韩绣堂方面勾合日人，业生贷款，或他项契约关系，势必酿成国际上重大交涉，岂容忽视。再，本署访知韩绣堂一家，近年衰败已极，并有将管业地亩向日本朝鲜银行押借巨款之说。人言藉藉，恐非无因。该知事身任地方，对于此等事实，责任何等重要，合亟密令该知事，迅行详细查访。暂时不必声张，务将上开各情，虚实核查，探明究竟，另文密报，以资核查，勿稍轻率，是为至要。切切。此令。

民国十六年四月四日

〔原东北档案馆藏件〕

吉林省长批复韩锦堂

为本陈夹皮沟金矿待命进行原委乞速令厅饬遵由。

呈悉。该具呈人未将聘用日本技师合同呈给官厅核准，遂运大宗机器，令日技师三名携带寻常游历护照蒙混前往，实属谬妄。旷日损资，咎由自取。所请令厅饬遵之处指词含混，一请核办特斥。此批。

吉林省省长张

中华民国十六年四月

〔原东北档案馆藏件〕

民国十六年四月令外交部特派吉林交涉员

呈件均悉，查本署日前访闻有日人携带机器赴桦甸县加级沟探采矿苗情事。因此沟金矿，民四中日新约曾与日本有协定明文。该日人究竟有无探矿或开矿执照，殊堪疑诧。经电据桦甸县知事复称，日人针尾庆次仅持有驻奉日总领事照发东省产业考查执照，高田太郎并无执照。运到机器眼同脚夫点计一百件，现由该管警区看管等情。当该日人等竟将受韩绣堂聘任一节，隐之不提，其中显有别情。兹据前情，该韩绣堂虽领有矿照，而关于一切手续不待报请官厅核准即擅自勾引日人运机开采，实属荒谬已极。至日领照会，既云调查，复云委托，前后自相矛盾。该署照请日领速令日人回吉办理甚当，仰候令行桦甸县将韩绣堂传案严行申斥，确有聘用日人等手续，未经该署呈准本属以前，不得再有上项情事，致干查究。一面派警将日人针尾等监送出境，勿任逗留。并候训令。实业厅照，附件存。此令。

附：令桦甸县知事

案据省交涉署并称，案准驻吉日本总领事，三月十日第十一号照会内开云云，鉴核施行等情。据此查以案本署前据访闻情形，电据该桦甸县查覆在案。

兹据前情除指令实业厅查照、桦甸县遵照办理外，合亟抄件，令仰该县即便遵照办理，仍派警监视该矿主，以后工事动以照慎重，所有遵办情形，并仰详细具报；厅即派警监视该矿主，以便工事动以查慎重照，并仰嗣后关于本案核办情形随时呈报，免致再有隔阂。

〔原东北档案馆藏件〕

民国十六年四月韩绣堂切结

窃商以领照祖遗桦甸县加级沟金矿，于本年春与鲍前总长谋妥合资，拟探金苗如何。当聘满铁会社社员针尾庆次、高田冈太郎、儿玉义昌为技师。但给旅费，不给薪水，以六个月为限，除订合同呈厅外，并经驻吉日本领事许可。所需款项除由鲍前总长允筹外，确无暗合外资情事。所具切结是实。

具切结人韩绣堂
中华民国十六年四月
〔原东北档案馆藏件〕

民国十六年四月姜继昌切结

为具切事。

敝公司为筹采加级沟金矿，备价购到排水机共计一百件，已运到加级沟。刻下尚未奉明令，将此机械暂存七区警察分所院内。所雇日本技工三名，日前回省一名，暂驻桦树林子二名，现尚未筹完办法，一二日间即将该技工遣回，所具是实。

兴吉公司经理姜继昌（于文阁代）
中华民国十六年四月六日

民国十六年四月韩绣堂与日人订立排水合同

立合同人韩绣堂（以下称为甲），南满洲铁道株式会社吉林分所长（以下称为乙），关于夹皮沟金矿排水调查事务订结聘用专门技师合同如左：

第一条：乙应诺甲为开采报领桦甸县属夹皮沟金矿排水调查，恳嘱代聘专门技师。

第二条：关于排水调查所聘南满洲铁道株式会社社员针尾庆次、高田冈太郎、儿玉义昌三人，因友谊关系暂不支薪，但遇需用川资旅费由甲核实付给之。

第三条：排水调查员之护卫由甲负担完全责任。

第四条：聘用调查员期限以六个月为期，自十六年四月十五日起至十六年十月十五日止。

第五条：该调查员服期内，应服从中国法律并矿商之指挥，不得称有违背。

第六条：关于本矿调查中国官宪所有手续应由甲行之。

第七条：本合同作为二份甲乙各持一份。

昭和二年四月八日，吉林分所长吉原大藏

民国十六年四月八日，吉林夹皮沟金矿矿商韩绣堂

〔原东北档案馆藏件〕

民国十六年四月呈为日人针尾庆次等前往夹皮沟金矿调查已照会严禁等情报请鉴核事

案准驻吉日本总领事三月十日第一一号照会内开，案据吉林满公所长吉原大藏呈称，关于夹皮沟金矿之调查。以该矿业主者韩绣堂之委托满铁会社社员针尾庆次等三人，已于本月八日由吉出发赴该金矿所在地。请为照会中国官宪，于该针尾等工作中予以保护等情。抄同该韩绣堂报实业厅呈前来，相应照请贵署查照，对于针尾等予以保护等因。附抄原呈到署查附。抄韩绣堂原呈后，报明开工日期，有特聘日人技师于开采伊始代为打水等语。当以矿业条例第九十三条载有受雇之外国人等规定，则其特聘日人技师应非必不可许。惟照会则旧金矿之调查曰：韩绣堂之委任究竟是何情形，碍难悬揣，况原案经过情形又示若何，所抄原呈实业厅如何核示，其聘日人办法有无不合之处亦无，尚待详查。经即咨于实业厅，查复去后，兹准复开。韩绣堂继承韩登举开采桦甸县夹皮沟即加级沟金矿，业经领有矿照。本年三月七日据报定期开采，特聘日人针尾庆次、高田冈太郎、儿玉义昌等三人为技师，于开采伊始代为打水等情到厅。当以聘用日人为技师，事尚可行。惟须将聘用之合同或契约呈报查核在案，迄今未据呈报。究竟是否合法尚难断定等因。准此，查该韩绣堂于三月七日甫报实业厅，该日人针尾等即于三月八日出发，竟不略候示遵，已属非是。乃经实业厅令将聘用之合同或契约呈报查核又迄不呈报，亦无凭核办。除已照会日领事将日人等调回吉林，勿得逗留，理合抄同韩绣堂报实业厅原呈具文呈报，鉴核施行，谨呈吉林省长。

代理外交部特派吉林交涉员　锺毓

十六年四月九日

〔原东北档案馆藏件〕

民国十六年四月兴吉公司姜继昌雇用日人探采夹皮沟金矿情事

呈为遵令密查日人现在兴吉公司二名，回省一名，吸水机器仍在加级沟警察七区保管各情形仰祈鉴核事。

案查前据警察所长高景准呈，据第八区分所长石朝宗呈称，通查现有日人前山芳一、针尾庆次、高田冈太郎等三名，由吉雇用爬犁拉运机器投在义泰昌院内兴吉公司宿住，分所长亲往盘查该日人，前山芳一、针尾庆次各携有奉天日本总领事馆所发赴东三省内蒙古等处产业考查执照，惟高田冈太郎一名并无执照。复询其运来机器作何用途，据云系赴加级沟开采金矿，事经兴吉公司经理姜继昌办理，雇用伊等为技师，业在中国衙门声请立案，惟不知详细，现因交通便利，先将吸水机器由省运来，复拟运至加级沟，俟该姜经理来到一同前往该处吸水开采等情。呈报前来，除令该区随时密查并监视外，一面派得保安队长秦承荫前往该处详查去后，一面报请实业厅指示遵行在案，旋据秦队长覆称，遇队长奉令后遵即前往，惟值大江解冻，冰排错落，摆渡未能下水，守候数日始行渡过。且该处距县窵远，往返需时，以致延误几日。兹查得此项机器系兴吉公司购买，拟运加级沟先行吸水探采金苗。并由省城雇用日人三名为技师，其有无合资营业事宜均未访得实在。惟该日人等仍在兴吉公司住，候姜经理回归一同前往探采，现在并无何等作动，并密告警察八区，明为保护，暗为监视，随时驰报等情声复前来，正拟据情呈报钧署间覆奉东支两电，当经先后电复在案。兹奉实业厅指令第一五九号内开，呈悉查该县加级沟金矿系矿商韩登举报领，经其子韩绣堂继承领有矿照，于民国十二年一月六日经厅令行该县知照有案。本年三月七日，据韩绣堂呈报定期开采，特聘日人针尾庆次、高田冈太郎、儿玉义昌等三人为技师，于开采伊始代为打水等情到厅。当以聘用日人为技师事尚可行，惟领将聘用之合同或呈报查核批示韩商遵照迄未据照复。是否合法，尚难断定。在未经本厅许可，训令该县知照以前当然不能任该日人等着手工作，仰即遵照此令等因。并奉钧署训令第五号内开，案照日人携带开矿机器赴该县加级沟希图探采矿苗一事，本署业据访闻，电令详查在案。此事如果属实，该知事何以竟未呈报，殊堪诧异。该沟金矿中日新约首与日本有协定明文，倘韩绣堂方面勾合日人发生贷款，或他项契约关系，势必酿成国际上重大交涉，岂容忽视。再，本署访知韩绣堂一家近年衰败已极，并有将营业地亩向日本朝鲜银行押借巨款之说。人言藉藉，恐非无因。该知事身任地方，对于此等事实责任何等重要。合亟密令该知事，迅行详细查访。暂时不必声张，务将上开各情虚实如何，探明究竟，另文密报，以资核办。勿稍轻率，是为至要。切切此令等因。奉此当经令饬警察七区，并派职署稽查田增华前往警察八区详查。去后旋据七区分所长顾荣芳复称，当机器运到时，职区因未奉开矿附令，恐后致生他故，遂勒令脚户将该机器完全卸在职区院内东西厢房内保存，藉资监视。锅炉一件、管三十五、铁烟筒二件、大小木箱二十一件、草袋子四件、

138

杂品三十七件，共一百件。现已如数在区寄放。惟日人未到，兴吉公司亦未来人，仅雇脚夫张顺、郑仁、王海清等赶车运来。当照脚票查点件数相符，并将车夫张顺留区一同看守，以免发生异议。除俟兴吉公司同日人到时，职区必一面照约保护，一面监视其行动，并拒绝其开探工作，暨将其人数、姓名以及有无探采矿照，能否开办各情形再呈报处理，合将机器件数并日人未到各缘由具文呈复。并据稽查田增华呈，同前情遇稽查遵往桦树林子详查。该兴吉公司雇用日人三名为技师，前山芳——一名业已遣回，新来儿玉义昌顶替，针尾庆次现已回省，唯高田冈太郎与儿玉义昌等二名仍在该公司居住。再查该日人等前领执照期限将满，新由驻吉领事吉官川越领有游历执照，于十六年三月十日起限十三日销。该公司经理姜继昌现仍在省未归，并取有该公司司账于文阁代具押结，以资证明，究竟该公司有无与日人合资采矿情事未能探悉，并据该公司声称用日人为技师订立契约合同。现呈实业厅查核备案，仍未发还各等情报告前来，除指令该区将机器妥为保管并详细密查随时具报外，理合抄录该公司押结并将密查该日人现在情形具文呈报。

代理桦甸县知事胡联恩

中华民国十六年四月十三日

〔原东北档案馆藏件〕

民国十六年四月呈为核办韩绣堂聘用日人为金矿技师事

案奉钧署令第九百九十号内开，关于韩绣堂聘用日人为桦甸县夹皮沟即加级沟金矿技师一案核办情形，随时呈报，免致再有隔阂等因。奉此遵查此案，于本年三月七日据韩绣堂呈称……到厅当经批令，将聘用之合同或聘约呈报查核，再行核发布告在案。旋准外交部吉林交涉署咨请，将办理此案情形查明见复等因。亦经查案咨复。并于三月十二日，据桦甸县知事呈称，据警察所长转据八区分所长呈称……除随时监视及保护外，转报到县，事关国家主权，究应如何办理之处请示遵等情。复经查案指令在未经本厅许可该县知照以前，不能任该日人着手工作亦在案。嗣据韩绣堂呈送聘用日人合同因诸多含混，发还另行详订。去后兹据呈称：已将原合同废止，遵照批示各点另行详订缮具副本，呈请核办前来，查此次所订合同，既声明关于排水调查事务聘用日人针尾庆次、高田冈太郎、儿玉义昌为技师以六个月为期，服务期内服从中日法律尚无不介。除批候转呈核示外，理合抄录合同副本具文呈请。

暂代吉林实业厅厅长马德恩

中华民国十六年四月二十四日

〔原东北档案馆藏件〕

附：矿业条例关于可否雇用外人文

查矿业条例关于办矿人可否雇用外人为技师一节，并无明文规定。惟该条例第九十条内有：凡与中华民国人民合股办矿或受雇之外国人，关于矿务之争执，应呈由矿务监督署长裁决等语。以为矿雇用外人，尚无一定限制。此案韩绣堂聘用日人为金矿技师，与法并不违背。

〔原东北档案馆藏件〕

桦甸知事为调查韩绣堂聘用日人呈

呈为遵查矿商韩绣堂实系聘用日人针尾庆次等三名为技师，试探金苗之有无，并无贷款合资情事，采同切结合同仰祈鉴核事。

案奉钧署训令第一千一百四十号内开，案查本署前以第五号训令饬查案件，事关重大。该知事奉令宜如何详细调查，据实具报，乃竟"未能探悉"四字呈覆了事。似此玩视要公，若不照章惩处，殊不足以资儆惕。应此照来省知事，设治员奖惩暂行章程第十一条第一款、即第七款，将该知事胡联恩记大过一次，以示儆戒。仍将前令饬查各节限一个月查覆候夺。除由本署注册外，合亟令仰该知事知照此令等因。奉此即密派专员田增华变装侦查。去后旋据复称，遇委员奉令后即驰赴桦树林子、加级沟等处严密侦查，兹查得矿商韩绣堂于民国十一年十二月间领有农商部发给加级沟矿区执照一纸。彼时因开采需款甚巨，未觅有矿学人才，迄未举办。现缘历年空纳矿区花费，未获丝毫利益，该矿商韩绣堂今春曾由大连购买吸水机器一具，花费大洋一万六千元，均系鲍前总长先行垫付。因伊省城组设兴吉林业公司与南满铁路会社连年批卖道木，相处甚厚，以友谊关系复识驻吉满铁所长吉原大藏，向总社长安广乞暂聘满铁社员针尾庆次、高田冈太郎、儿玉义昌等三名为技师，先行试探金苗之有无，仅供旅费不给薪水，期限以六个月为满。当时立有双方合同为证。如探有金苗发现，拟再招集股本进行开采。事属实在，并无与日人贷款合资情事。当时取有该公司经理姜继昌代具切结，并韩绣堂与满铁所长吉原订立聘用技师合同，具文呈报前来。知事详查现在情形属实，除饬该管警区随时监视并不时派员密查外，所有遵查矿商韩绣堂实系聘用日人为技师，并无向伊贷款及与合资情形，理合拣同切结合同具文呈复。

桦甸县知事胡联恩
〔原东北档案馆藏件〕

民国十六年八月桦甸县公民告发具文

厅长大人钧鉴：

敬禀者，查桦属韩文卿（韩绣堂）兴吉林业公司经理姜渭卿（姜继昌），勾通日人盗卖国土，兹将原尾确情谨为我厅长详细陈之。查公民等在韩家境内居住历有年矣，所有韩家及姜某所为之事均知底蕴。如夹皮沟金矿之事，姜渭卿确实由南满路得金票二百万元，与日本驻吉所长吉原、南满社长先行订立合同，并在领事馆备案。鲍督军（鲍贵卿）前在吉林时，姜某曾欠鲍督现大洋五十万元，当将韩家土地契据均押在鲍督之手。如金矿省署批准开采，南满即发金票二百万元，由此款内拨还鲍督五十万元。将韩家土地契据赎出，连同金矿照复，再押与南满。唯前闻姜某呈报桦甸县署文内声称，该矿虽有日人，确因兴吉林业公司批卖南满道木数年之久，彼此感情融洽，遂得南满派熟悉矿务之技师前往帮忙。为词蒙混呈复，希图掩饰，其定确系南满派人前往监视。且该矿日人觊觎已非一日，此后矿苗如果畅旺，日人定必经理，其为盗卖国土毫无疑义。但事关国际交涉，于国计民生大有关系。仰恳厅长彻查，按法究办，以昭儆戒而维国土。再本年五月节前，桦甸县胡监督赴桦树林子核对之时，适值南满派日人三名，在该处附近及七、八两区调查绘图。当胡监督到桦住义太昌时，而姜渭卿将日人六名藏匿在东北大炮台内。是日夜派人送往别处暂住。诚恐胡监督知道，盘验护照，知此伪情。公民等目睹此情，毫无虚捏妄陈情事，似此勾通日人盗卖国土种种违法，公民等以国家疆土攸关，未便缄默，故敢冒昧直陈，伏祈厅长鉴核，详为侦察，俾明真相。再，民国十二年冬，兴吉林业公司做道木，由南满借得金票六十万元，经韩姜二人立有合同，并有抵押品为证。此事人所皆知，至今分文未还，期限又到，将来南满必有一番交涉。金矿两次省署驳斥，令韩文卿自己出名，不准姜渭卿干涉，而姜某暗到石印局用铅字私捏韩文卿名章，盖用呈文内。是则原呈本非韩文卿之真正名章。而姜某居心不良，蒙混呈报显而易见。除分呈实业厅桦甸县署查核外，为此具情据实陈明，恳请厅长鉴核详查，按法究治以维国土而昭儆戒，定为德便。谨呈省长公署政务厅长诚。

桦甸县公民等合具

中华民国十六年八月十五日

〔原东北档案馆藏件〕

民国十六年八月韩绣堂私借日本南满会社款项情

案据桦甸县公民等呈称，公民在韩家境内居住云云，实为得便等情。查韩绣堂私借日本南满会社款项，将夹皮沟金矿作抵即勾合日人开采各节，本署早有听闻。前于日人前山等携带机器赴桦一案，即曾一再密令切查，乃该事来呈始称：未能探查。继又称韩绣堂实无与日人贷款合资情事。据呈前情所称：姜渭卿向石印局用铅字捏盖韩绣堂名章一层，亦复核案存，原结办证印章字迹似非虚伪。稽之此案，于国土矿权均有重要关系，不能不切实查究。该知事身任地方，责权攸属，如果他时国际上发生纠葛，能否担此咨责。除来呈系属邮寄，并系匿名，除批示外，合亟令仰该知事查照，敬据实具报候核。此令。

中华民国十六年八月十八日

〔原东北档案馆藏件〕

民国十六年九月桦甸县知事呈为遵令调查夹皮沟金矿商人韩绣堂等与南满分所并无抵借款项及合资开采情形

复请鉴核事。

案查前据职县桦树林子公民密函报称，夹皮沟韩绣堂所办之金矿其经理姜渭卿，有与南满分所借款押据合资情事，恳请查办等情到县。知事以案关重大，未敢忽视，当派科员田增华驰往吉林南满分所，照会日领详查该所账簿，有无与韩绣堂等借款押据合资情事详覆凭转，仍取具日本领事馆证明书以备存据等情去讫。正待禀覆转报间，复奉钧署第十号训令内同前因。遵又驰令该科员逐项彻查务明真相，得有结证方准报覆等情，再饬去讫。旋据该科员复称：窃科员奉令后，遵即驰往吉林南满分所详查文卷各件，及银行往来账簿，皆无与韩绣堂合办金矿之字据，及抵借金票二百万圆等情事。当同该所所长吉原到驻吉日本领事馆调查文卷，反复翻阅但见韩绣堂借满铁技师试探金矿备案之合同，并无借款及合办等情事。吉原所长等言金票二百万元本系巨款，如有抵借情形必须在领事馆注册，安敢隐默，请贵委员不必疑惑。科员对日既无借款情事，应请贵领事馆出具证明书以便呈复，彼回请贵委员来函叙明各项，以便认真证明。科员闻此本拟呈请钧署照会，嗣思往返公文须延时日，乃为权宜之计谨将逐项叙明以科员名义函请切实证明，当取具该领事证明书一件，理合附文呈请鉴核等情前来。知事复查所称各节确近实情，日人奸狡素著，如此巨款焉能私借华人，即便因觊觎金矿出资合办，又安能不注册于领事馆？再该分所如有与韩绣堂借款押据合资情事，该国领事系驻外官署，何能出此否认证明书？并据科员田增华报称：虽屡经调阅南满公所及领事之文卷账簿，均无此种情事，只有借用技师之合同，曾经呈报实业厅在案者。足见该公所原无与韩绣堂等借款押据合资情事，知事职责所在，视此要案安敢玩忽，兼系奉实业厅第三八二号训令内开，案照矿商韩绣堂借用日人在该县夹皮沟金矿为调查排水事项一案，曾经省长公署核准，令厅知照在案。兹据韩绣堂呈称：窃商自本年春拟探夹皮沟金矿，因借日人技师屡经省县令查，致延数月之久方准开工，不但原订合同期限将尽，且逾数月即值结冰，如半途停工虚糜必巨，再回筹思乃向满铁总社又借技师前山芳一、下直弘、矢部茂等三名，拟加夜班排水，仍照前订合同内期限复行，俾工早竣以免损失。又前聘儿玉义昌因久未开工业已回国，兹派永松鹿藏代理。照前订合同办理呈请鉴核等情到厅，查该商因履行合同内期限起见，添借日人加班排水等情，尚属可行。除批示呈悉准如所请，唯须仍照前订合同切实办理，一面转呈省长公署备案。并令桦甸县知事查照此批等因，印发并呈报外，合亟令仰该县查照，此令等因。奉此遵即令行，职县警察第七区分所长顾荣芳，就近详查该矿已否开掘，确有日本几人，均系何名，有何种执照，逐一查覆等情去讫。乃以该区距县遥远，未能如期呈覆。但兹据警察所所长高景准呈称：窃据第八区分所长石朝宗呈称：窃于月之八日，据兴吉林业公司经理姜继昌遣人报称，该经理为试探夹皮沟金矿，曾先后聘定日本技师针尾庆次、高田冈太郎、前山芳一、矢部茂、山下直弘、永松鹿藏等六名，现已由吉率同到境等情挂号前来。分所长当至该公司查验，所到日人针尾庆次、高田冈太郎、前山芳一三名业已来境一次，呈报在案，此次仍持原照无异，唯后经添聘之技师，仅矢部茂持有护照，其山下直弘、永松鹿藏二名据称护照已经请领，尚未发到等语。并据姜经理声称，所聘日技师六名均在实业厅备案，并出所奉批令核阅属实。兹该日人六名已于月之十一日由姜经理率同赴夹皮沟矿区去讫，理合具文呈报鉴核等情。据此除指令外，理合具文呈报鉴核等情。据此知事复查所报人数、名字均与厅令无差，虽护照未全，然既与厅令相符，量非私人矿区。除指令暂予备案，仰候转呈并饬妥为保护，密加监察外，理合将调查夹皮沟金矿商人韩绣堂、经理姜渭卿与日本南满公所来往情形，取具日本领事馆证明书，及日本技师入境赴矿日期一并具文报请鉴核各案施行。谨呈吉林实业厅厅长。

胡联恩
中华民国十六年九月二十二日

民国十六年十二月胡联恩具报日人技师回矿情事

呈为具报职县加级沟金矿技师日人针尾庆次回矿日期仰祈鉴核事。

窃前职县加级沟金矿技师日人前山芳一、针尾庆次，于十月五日及二十五日先后离矿赴大连、吉林等处公干等情，业经呈报在案。兹据职属警察所长高景准报，据第七区分所长顾荣程呈现准加级沟金矿事务所函知，该矿技师日人针尾庆次日前赴吉办公，于本月八日午后返矿照常工作，并由兴吉林业公司带来林警三名，添助扩矿等情。经由该区将新到林警姓名分别注册，即转报等情前来。除指令仍饬妥警加意保护，并严切监视有无意外行动随时具报外，所有职县加级沟金矿技师针尾庆次回矿日期合具呈报，请鉴核各案施行。谨呈。

桦甸县知事胡联恩

民国十六年十二月四日

〔原东北档案馆藏件〕

民国十六年十二月满铁分所长吉原大藏来桦游历情事

呈为具报日人吉原大藏等入境游历日期及行止地点仰祈鉴核事。

窃据警察所长高景准呈，据第八区分所长石朝宗呈称，窃于十二月一日据本镇桦树林子商号义泰昌执事人吕国卿来区报称，现有南满铁道株式会社分所长吉原大藏等八名游历到境，于小号之内，并持该日游历执照前来挂号等……游历日期及其行止地点具文呈报。

桦甸县知事胡联恩

中华民国十六年十二月十七日

〔原东北档案馆藏件〕

民国十七年一月呈为商人韩绣堂金矿排水工竣取消聘用日人技师合同事

呈为商人韩绣堂金矿排水工竣所聘日人技师已取消合同转请鉴核各案事。

案查前据矿商韩绣堂借用日人技师请予展期一案，业经呈奉钧署指令在案。兹据该商呈称，窃商前聘南满铁路株式会社针尾庆次等技师为排夹皮沟金矿之水，兹已工竣，业于阴历十二月十六日停工，并于是日取消合同撤退日人，理合呈请鉴核各案等情。据此当查该商韩绣堂所借日人技师请展期两个月，现在期满停工，取消合同。尚属符批示，并令桦甸县知照外，理合具文呈请。实业厅厅长马德恩等……

中华民国十七年一月十八日

〔原东北档案馆藏件〕

政务厅密令桦甸县知事

呈一件，为具报游历日人名下等二名出入八区日期由。呈查该县义泰昌商号为韩绣堂、姜渭卿等之管业，近年游历日人到桦视为客馆，该号并为向导，不能谓无勾合怀疑，该县嗣后应特予注意。所有上年叠令侦查事件，仍仰严密切遵随时具覆。此令。

政务厅长

四月十七日

〔原东北档案馆藏件〕

日本领事馆证明书

拜启者陈，本月二十日信中所附贵函已悉。关于所照会之件，回答如左记多项。谨此上答，不知当否。

敬具左记：

一、姜渭卿以韩家土地契据及加（夹）皮沟金矿执照作为抵押，借得满铁现金二百万元，缔结契约，已于本馆登记在案。此事属实。

二、韩绣堂为了搞该金矿排水调查，从满铁借用技师属实。上述事实已于本年五月十日于本馆登记在案。

三、兴吉公司卖与满铁枕木属实，同时从满铁预借现金六十万元。此事已于本馆登记在案。

昭和二年八月二十五日（1927 年 8 月 25 日）日本驻吉林总领事馆

〔原东北档案馆藏件〕（译文）

六　韩边外的政治、军事及文化

《南园丛稿》载韩边外政治志

韩边外之地，初皆荒山老林，狐狸所居，豺狼所嗥也。及蓝缕既启，生聚日繁，自不能不制定法规，以相部勒。故当桦甸、磐石、敦化、濛江、安图、抚松诸县未设治以前，凡兵事、民事、刑事，皆由韩家操之。其握大权者曰总管，当登举时，以孙凤五任之。孙吉林西关人也，光绪二十年始入韩家，渐为登举所信任，而其势力亦日以扩张。凡管内居民生杀之权，皆在掌握。下行管内之文诰，上启官府之文牍，亦皆孙之手笔也。其下有管事，以徐福升任之，专掌地籍租赋。若管内常事，亦得处理之。其外有教师，以程环庭任之专掌家庭教育，至管内教育事务，亦得稽察之。

刑罚　领土以内，为斗争偷盗者，即捕治之，随其罪之，轻重科罪。罪重至死，编民则自断之。若属于他府县所辖者，则械送吉林府为例。大抵韩家刑政，颇尚严酷。争嚷喧哗有责，盗牛及马皆刖之，冬期则投之冰窟，时有冻死者。然罚必当罪，未尝妄戮一人，专以德化相熏陶。故民皆畏其威，怀其惠，无有怨诽反抗者。

征税　光绪二十六年定章，每耕地十亩，岁输租钱二千。其后改征实物，重于原额。豆、粟、高粱、玉蜀黍四种，种名从便。瘠地岁输六斗，腴地岁输一石二斗。仍自输送纳之韩家，由是民厌其烦，有欲他徙者。三十年正月，乃废输送之制。每年十二月中，由各会派员就民家征取。许各邑自为一团以收纳之，于是民咸称便。新开地或疲瘠地，并量为减轻。如那尔轰地方，每年租量不过二斗而已。

人参裁培地之园圃，每一平方丈，岁租三百。领内金厂，人皆得随意淘采。韩家时遣人巡行四方，以视察盛衰。至端午中秋两节，乃检算所得之多寡，额征十分之一，以输之韩家，或以供各会岁费。若产金特旺之地，其率高至十分之二，如古洞河乃其例也。五虎口附近，则有渔税，视渔获额百分之二。若夫力役之征，值领内有事则使人发布告或肩传牌，行知各邑。凡有男子之家，必出壮丁一人，群集韩家之门，以听遣发，违者重惩之。

养兵　韩家常备之兵，总计六百余名，分二本部七会，以屯驻之，如左。

——金城本部 团兵二百余人。

——桦树林本部 团兵百十人。

——夹皮沟会 总办一人，帮办一人，团兵四十余人。

——金银壁会 会首一人，团兵百余人。

——古洞河会 会首一人，团兵五十余人。

——帽儿山会 会首一人，团兵十余人。

——梨子沟会 会首一人，团兵二十余人。

——棒槌沟会 会首一人，团兵十余人。

——那尔轰会 会首一人，团兵五十余人。

团兵多山东人，人皆精壮，骁勇善斗，日常携铳带剑，腰系木牌，牌长五寸，宽一寸五分余，上书乡勇字。苟无此牌而自带铳器者，则目为马贼，必捕而严罚之。乡勇皆管内编民，且皆出于志愿，而并无饷给。每岁由韩家给以冬夏衣各一袭。岁首乃相率至韩家拜贺新年。韩家则每名赏予压岁钱一千，且许其任从何业，皆蠲其税课，所以酬其劳也。而乡勇平时，每自开赌场，借博规费，韩家亦不禁之，若默许者。会首则皆由韩家指名选受，平时亦无俸给，惟就所辖地之租入，加收少许以自资，亦韩家所默认者也。各会中心造具版籍，凡居民之姓名原籍，家族及耕地之数，皆详载之，韩家亦备有总册以便稽核。

团兵之武器，亦由韩家颁给之。兵器库中储有小铳六百挺，抬枪亦多。日俄战争中，因与花膀队相通，俄国快铳遂多输入。其火药库所储，不得其确数，然准是可以推之。火药库建自光绪二十五年三月，后因库外弹药发火，延及库内，同时轰发，炸毙男妇二十余人，乃重筑之。二十六年，为俄所毁。至三十一年，复新创弹药库二所。

学校 领内有学校九所，其分设地点：荒沟二，桦树林三，五虎石、二道店、梨树沟、头道沟各一。平均计之，每教师一人，得生徒十三人，每校一年束脩，不过三十余千。大都村夫子之私塾也，韩家别设一校以教授同族之子弟。程环廷即其教育监理也。

地方政治 韩边外之政治状况既如上述矣。然综观领内各邑，其地方自治之实权，大都操于各地方之会首，凡司法、行政、财政、军政，皆归一人兼任之，然以韩家之选任得宜，故刑罚虽严，而能恩威并用。其会首亦皆一乡舆望所归。劝善惩恶，赏罚分明。居民莫不翕然称颂之。未闻一人诉其冤苦者。今分陈其概况如左。

——**古洞河** 会所在古洞河域，中间有木造家屋三四栋，土民称为大房子。其受登举委任，而为韩家之代表者，曰宋平西，土人皆呼为大爷。凡该地之赋税、矿务、词讼，一切皆掌之。居民每有斗殴，或争界之事件发生时，两造或二人或三五人，同诣大房子，各向大爷面呈其情状理由。大爷听词竟，即立为判断。非理者但严词斥责之，重则饬部下扑以皮鞭。大房子内，韩家亦驻团兵五十余人，时时持枪梭巡其区内。

——金银窑　其支配人曰刘占春，山东青州人也。亦设会房，有团兵百余人。此地当东路之冲，马贼所常出入也，故设兵以防守之。

——头道柳河　谷中有团练会，会首曰李义明，山东登州人也。其人颇有名望，常偕团兵七八人，共驻会房中，此地向为马贼所出没。自团兵兴而马贼以绝。至古洞河以东，虽有马贼窃发，然不敢窥韩家边境也。

——夹皮沟　此地为金厂所丛聚，又当四方交通之冲，盖部落中之重要地也。特派韩家近族韩守宪为总办，鲍之显为帮办，以驻之，并地方诸务皆委之。当有事时，一言号召，三四千人可以立集。旁近上戏台又有韩家所修之炮台峙焉。外环以土城，周可三四里，高及丈。骈列抬枪，以备守御，例设团兵五十余名。

夹皮沟韩家最初之发祥地也。当效忠为首领时，曾定有沟规，其后众皆遵守之。今摘录大纲于左，亦足窥其创始之规模矣。

组织　首领一人，由团员中就才德具备、素孚众望者投票选举之，职在规画全局，兼综万机。副首领二人，由首领就团员中之学识俱优者委任之，职在辅助首领，襄理庶务。书记小吏数人，由首领副首领选用之，职在分科任事，以听首领副首领之指挥。团勇数百人，就矿夫中之勇敢耐劳者拔充之，职在巡逻守望，保持全体之安宁。

前项团员新入团时，须有团员数人之保证，并得首领之认可。

刑规　全团之赏罚，由首领主之。凡关于人事之犯罪，轻则笞，重则死，或生埋之地中，或缚投之坑洞。如密采或盗取，皆放逐之，不许复来，重者并加以髡黥。

慈善　全团之疾苦，由首领周之。病则勤为保养，死则妥为殓葬。倘有不幸，为官吏所捕，或外敌所杀，并予遗族以相当之恤金。其费亦由首领担任之。

利益　采金时分班从事，获金后须全奉之首领，再由首领公分于各班。若一无所获时，膳宿皆由首领供之，并不取偿。

脱退　团员中有欲脱退者，不论何时，皆得申告首领而去。但既退之后，不得再加入团。

——那尔轰　踞那尔轰之溪谷中，一名西南岔。有会房三栋，养团兵五十余名。会首曰马红牙，土人亦称为大爷，此外散居岩谷者，各就十家或八家，联而为牌。其牌头皆由大爷选派之，不关白韩家也。农民争斗，牌头得自为处分，时或马贼来袭，亦责成牌头报之，大爷急派团兵击杀之。守卫既严，马贼乃闻风远遁矣。

领外关系地政治情态 韩边外所属，治具既张，俨称乐土，故其毗连诸境，亦莫不仰其余势，以求自完，此犹之韩边外之藩属也。盖长白山自封禁以后，其沿山数百里之地，皆荒榛丛莽，旷渺无人，即有一二穷民，冒险深入，计其耕猎所获，亦仅足以自给。固非官吏涎视所及也。既幸而及之，而敲剥朘削之余，岂能分其余沥，以为小民之生事谋欤。然官治之效力，其果足以为民靖寇盗，策治安与否，小民虽愚，当亦目验而知之。长白山居民，既幸而脱于官治之桎梏，而山薮之慝，即亦不能无事防闲，故其自卫之心既迫，而其自治之规为，亦因以发展。特自卫之能力，往往虞其不足，以故仰赖韩家之隐情，固无异小国之事大国也。兹特举其显著者言之，而自治与官治之情状，亦可晓然矣。

——娘娘库地方 一称长白山东派，西北口内有会房一所，会首曰王老峒，山海关内人也。自练乡勇二三百名。马贼蠢动，其力亦足以御之。至贼势浩大时，则一方传檄各窝棚，群集会房，以听会首之指挥；一方遣使韩家，请派援兵。韩家亦推救灾恤邻之义，时出兵以救之。

——濛江地方 一称濛江甸。距那尔轰西南约七十里，地味肥美，便于开拓。吉林将军因设招垦局于此。当时任总办者曰〔于〕子龙。坐拥兵丁百余名，地方有乡约一人，并有团练会。然其东四十余里间，山林丛杂，向为马贼巢穴。每群多至二三百人，各持连环快枪，时出劫掠。乡民无如何。团练官兵亦闻风栗栗，无能弹压之。所谓招垦总办者，唯通款于韩家之代表以自保其位置而已。

张相文：《南园丛稿》卷5，第11—16页。

（日）《满洲地志》载韩边外政治志

一、组织

韩家即韩边外政府，其执掌其领地之政者。韩家的实权握在总理管事手里，孙凤五为总理，吉林府西关人，日清战争开始时，来到韩家，来时为韩家的秘书，后由于得到登举的信任，其势力不断扩大，直到现在掌握了领地内的生杀大权。在管境之内，公布告示，向吉林将军交涉文案等皆出自孙氏之手。管事叫徐福升，掌握地册、租收及其他管内一切事务。别外还有家庭教师程环廷，担任韩氏家族的教育，掌握管内一切教育事务。

二、刑罚

在领地内住民中发生争斗，或出现盗贼，韩家将直接派兵加以捕之。根据其罪行，严重者，如果是领域内的居民，则就地斩首，如果其是其他府县管辖的，则派护兵押送吉林府。一般来说，韩家的刑罚是比较严酷的，像发生口角这样的轻罪，要施以拷打；如果是偷人牛马，轻者割去耳朵，重则丢进冬天的冰窖里冻死。然而，却从不乱杀，而专施以德政，居民皆感其恩威，从无诽谤者之事。

三、征税

到光绪二十六年，耕田十亩付年税钱二千元，但后来增加了税额。只限豆、粟、玉米、高粱四种，自愿选种，瘠地一年六斗，肥地一年一石二斗，并自费送往韩家，住民渐渐难以应付，故逃往他境。光绪三十一年一月末，重新发出告示，今后不用各自送运，而改为以各屯为单位，一年一次，在十二月中旬，各会到每家进行收粮。对于新开垦的土地，根据地的贫瘠，减轻租税。如那尔轰地方每年租粮定为二斗。

另外，对于人参种植地，园围每一平方丈付年税钱三百元。关于沙金，在自家的金场，每人可以随意掘采。将所得份额的十分之一付给韩家，但是，在出金多的地方，最高可达十分之二。例如在古洞河就是这样。韩家经常把人派向四方，视察挖金的情况。每年的端午节和中秋节为期，分二次检查各人的所得额。另外，在五虎石附近，还征收渔税，年付渔获额的百分之二。领地内如果有了什么事，韩家向各屯发传牌，或传达布告。凡有男儿之家，必须出壮丁一名，在韩家服役，如果违反命令，将被捕来严刑拷打。

四、养兵

韩家的常备军总计约六百余名，分为二总部七会，下面是驻扎情况：

地窖子总部：护兵二百余人。

夹皮沟会：总办一人，帮办一人，护兵四十余人。

金银壁会：会首一人，护兵百余人。

古洞河会：会首一人，护兵五十余人。

帽儿山会：会首一人，护兵十余人。

梨子沟会：会首一人，护兵二十余人。

棒槌沟会：会首一人，护兵十余人。

那尔轰会：会首一人，护兵五十余人。

护勇主要来源于志愿者，多是年青力壮的山东人。常常携枪带剑，而且腰挂木牌，上面书写乡勇，长约五寸，宽约一寸五，有了这个就可以带枪械。护勇不发薪金，每年二次由韩家发夏、冬季衣服各一套，正月各护勇相继到韩家来拜年，韩家赏给每人一千元压岁钱。护勇私开赌场，由胜者收得几分，作为零花钱，韩家对此采取默许态度。会首没有一切报酬，其由韩家选拔指派，然而，其生活费用可以从所辖地的税收中分得几分，因而，韩家要各会必须设地册簿，详记所辖住户的姓名、原籍、家庭、耕地数等，以备收税，韩家那里设有总地册，以便检察。

现在韩家的武器库中有火枪约六百余支，更多的是"二人抬"，多数是在日俄战争期间，韩家依靠同"花膀子队"从俄方输入的俄国枪。火药库子弹不详。

五、学校

在领地内有学校九所，二道甸子一所、荒沟二所、桦树林子三所、五虎石一所、梨树沟一所、头道沟一所，平均一名教师有十三名学生，每校每年用费三十余吊钱。这些学校都系村夫子的私塾，在韩家特别设有学校一所，以同族子弟数人为学生，由教育监理程环廷任教。

六、地方统治

韩边外的一般政治概况在前面已经记述了，这里就省略了。下面就领地内各村屯的地方自治情况论述一下。其政治统治掌握在各地会首手中，他们把持着司法、行政、财政、军政所有的权力，但是，在韩家办事，是刑罚略重与恩威并施的。会首又是一个地方有名望的人物，容忍住民的志愿，劝善惩恶，赏罚极为分明，尚未听到喊冤诉恨之词。下面列举一下各地情况：

古洞河：在古洞河中部有会房一处，当地居民称之为大房子，是由木造房屋三四栋组成。内有韩家的代表者宋平西，年龄已过古稀，当地人呼之为大爷。他受登举的委任，管理该地税赋矿务咨讼等一切事务。凡是咨讼斗殴，或者争地等事件，每每都把双方共同带入大房子，面见大爷。或二人、或三人相对，面向大爷，陈述情曲，论评事非，非理者轻则受口头斥责，重则令部下以皮鞭抽打，后抛于大房子内。这里驻有韩家护勇五十余人，常荷枪弹巡逻管境。

金银壁：在这里主管是山东青州府人，叫刘占春。设有会房，有护勇百余人，常防备土匪入侵，防守着韩边外的东境。

头道柳河：在山谷中有一团练会房，在十年前开始在这里设置。会首叫李义平，颇有名望，与护勇七八人一起住在会房内。李氏为山东登州府人，年四十岁余。该地附近原来常有土匪屡屡出没，近年皆踪影全无，据传古洞河以东有二三个头目仰慕韩家境域。

夹皮沟：该地是金厂繁盛和四处的交通之要冲，在领地内地位十分重要，韩家特意派亲族韩守宪作为总办，帮办为鲍之显，共同驻防该地，担任一般管理，一旦有事，据说能集合至三四千人。在上戏台韩家修有小炮台，周围有十四五米高，六米宽的土围子，上排"二人抬"若干支，养护勇四五十名。

那尔轰：在那尔轰溪谷中叫西南岔的地方，有大房子三栋，韩家的代表叫马红牙，（年四十四岁），带领护勇五十余名，担任地方保卫，当地人称马氏为大爷。另外，各山山谷内有住户，以十家、八家为一牌，设牌头一人，如我国（日本）过去的五人组制度相同。牌头都系大爷择派，没有其他供给，只是由租粮中抽若干。如果牌头管理的农民发生争斗，或有土匪袭击时，到大房子报与大爷，大爷随即派乡勇擒来杀之，秩序紧严，近年未闻土匪劫掠。

七、领外周边地区的政治情况

长白山一带的住民虽均自治，但都与韩边外保持关系，并与之接壤，而且十分仰慕韩家的势力。属奉天省管辖的临江县附近的帽儿山，在吉林省现在的濛江设置招垦局，但这些地方几乎是放任的无政府状态，而且，常有土匪出没，该地居民一日不得安宁，无法生活，只好采取自治制，为防备不策，可望得到有力的后盾，只好向韩边外求援，成为它的藩属。

下面以最有代表性的，叫作长白山东派的娘娘库地方的自治情况和濛江地方的自治情况摘记如下，以示实情。

娘娘库地方：在西北头口子里有大会房一处，会首大爷叫王老峒，山海关内人氏，年七十有三，养会勇二三百人，担任自治防卫，一旦有马贼袭来，召集会勇抵御之。贼势力大时，一面传檄敦促各地窝棚，征集人员集合在大爷之下，在得到大爷的命令后统一采取行动；另一方面，派人到韩家请求援兵。

濛江地方：濛江又称孟江，距那尔轰界西南约十里，土名濛江甸子，是很有前途的开垦地。近年，吉林将军设置一开垦局，于子龙现任该局总理（山东莱阳人，年四十余）拥有部下兵丁百余名，锐意招民垦荒。该地历来与土匪、挖金贼的巢穴接近，治安混乱，常向在那尔轰韩登举的代表者通信，以保全其地盘。在该处东面约七里的森林中，是土匪的窝棚地，每组二三百人，皆使连发快枪，出没无常，劫掠农家，农民等与团体官兵共同携力，皆无弹压之力。

〔日〕守田利远：《满洲地志》下册，第444—453页。

宁波译，郝国珉校。

（日）《满洲地志》载韩边外的地域与人口

韩边外的领域东由古洞河至大鹰沟西至宽街，北由牡丹岭、木齐河南至

152

花碰子、那尔轰。东西四十余里，南北三十余里的广阔面积。领地住民的准确数字不详，但据该地住民讲，大概有五千余户，人口不下二万五千。大部分是汉人，其中山东人占八九成，其余都是韩家的第二故乡复州人或其他地方的人。山东人里主要以登州、莱州、青州三府为主，沂州府次之，主要职业是从事采金、挖参及狩猎，还有从事农耕的。

〔日〕守田利远：《满洲地志》下册，第435—436页。

宁波译，郝国琨校。

（日）《北满金矿资源》载韩边外乡勇的配备

当时在吉林的巡抚朱家宝曾策划收回韩边外的主权。光绪三十四年（明治四十一年、一九〇八年），在桦树林子增设桦甸县。宣统二年（明治四十三年、一九一〇年）在娘娘库设置安图县。光绪三十四年在大甸子增设濛江县。同时以新兴实业为借口，把一般采金业收为官办，还向韩王国的第三世韩登举提出如此建议，并利用为韩登举加官晋爵的手段引诱韩登举放弃主权。清政府因此叙封登举为四品官、封为统领。但事实上，韩家并未完全屈服于清政府。韩家的采金业依然遵照旧俗，掌握在韩家手中，而把桦甸县公署从桦树林移到现在的桦甸县官街，已是民国七年的事。韩登举死于民国八年。

韩边外把自己拥有的常备军称为乡勇。一世韩宪宗（咸丰四年—光绪十一年）和二世韩受纹（光绪十一年—光绪二十年）时代，韩边外共拥有乡勇一千至三千多名。在韩登举（光绪二十年—民国八年）时，还养有乡勇一千多人。韩家的枢纽衙门——会房，宪宗时设在夹皮沟的大房子和金银壁河上游的炮台子店，受纹时代设在安图县的金矿（大沙河热闹街）和古洞河热闹街，这些会房里，也驻扎着许多乡勇。

登举初年，即宣统二年，大沙河金矿和古洞河热闹街会房被废止撤除，同时也缩编了乡勇。炮台子店乡勇被撤消，其后到民国十年韩家的乡勇仅剩下夹皮沟一百名、木旗河（地窖子）三百名、桦树林子三百名、帽儿山二百名、黄河（桦甸县官街东南）一百名，共计有乡勇千余人。

吉林省公署在民国十年把韩家的乡勇改编为保卫团，任命第四世韩绣堂为保卫团总队长，专门担任桦甸县第七区和八区的警备。后来保卫团被改名为山林游击队，隶属桦甸县军署，民国十五年解散。据说韩边外家直到满洲事变前，依然养有一百到三百余名乡勇，并且还是很有势力的。

〔日〕门仓三能：《北满金矿资源》第332—334页。

张伟民译，肖振勇校。

（日）《满洲地志》载夹皮沟金工的生活及收益

北部各地从事采金业的人生活状况非常低下。他们有着农民、伐木工人、猎人的技能，辛劳一辈子，却不能换来老年的安逸。而且一年或几年才能回家乡与亲人团聚一次。采金的人大多是因生活放荡、无赖而无法生活，或犯有重罪而潜逃的人，他们主要是为了隐匿行踪。这些人聚集在一起，有了钱就狂赌，几年的积蓄转眼间即失。他们认为命不值钱，斗殴闹事成了家常便饭，有时惨状惊人。这些数万采金人汇集于北方的金矿，矿工们低劣条件下的劳动，换得了黄金的出产。下面举最大的黄河金矿中矿工的生活一例说明。

住所　一般用木头做墙，高四尺多。上部用马架子支撑，两坡用木板。长一丈四五尺，宽八九尺的住所，住十多个人；长一丈二三尺，宽二丈四五尺的住所，住二十多人；长三丈，宽二丈多的住所，住三十多人。还有的住地窖，深五尺，长二丈多，宽一丈的住所住十多个人；长二丈多，宽一丈四五尺的住所住二十多人。

食物　主食是米、面；副食是白菜以及野菜；有牛、猪等肉。

衣服　穿着棉衣裤和用牛皮做的鞋。

饮水　河水和井水一起使用。河水因淘金而变得混浊，井水又含有盐分，都很不卫生。当地人有句俗话："井旁长桦杨没毒，生刺儿松有毒"，这种鉴别饮水的方法许多人都知道。

卫生　白天拼命干活，晚间狂赌，如此生活，身体得不到休息。住所肮脏，臭虫满屋，虱子满身。因夏季的污水和冬季的严寒而死掉的人很多。有一个金矿，死者大多是害眼病而死，不害眼病的只有百分之一。主要原因是由于睡眠不足，营养缺乏，饮水不洁，气候不适等。

金工组织

他们的组织尽管像所提到的那些人汇集而成，但也有着一定的团结力。在大金矿有一个总组织，保持着绝对服从的观念，反抗和违反规约都是不允许的，要被除名甚至处死。虽然这些人当中赌博等无赖汉居多，但他们毕竟要对外进行防御，保护自己的安全。在各金矿的组织中，最著名的有夹皮沟、漠河、黄河等。下面是根据夹皮沟金矿的资料摘记。

组织　从团员中推举能领导全体的有众望的人作首领；从团员中选拔二个有学识有才能的人作为自己的助手，团员称他为副统领。副统领以下设几个书记和小吏，处理一切事务。不承认首领的不能当团员。从矿工中挑选数百名勇敢者当兵勇，经常带着武器，保持团内的安宁，并防御外来的强夺。

刑规　首领掌握着全体团员的生杀大权，以及有关的人事。罪轻者施以笞刑，罪重者活埋或投入坑洞中致死。偷采以及盗取，罪轻者赶走不许再归，罪重者割掉头发或脸上刺字后赶走。

慈善　首领应经常注意护养患病者，埋葬死者。团员为了团体如果发生了被清朝官吏追捕或被外来的敌人杀死等不幸事件，要立即告诉家属，并给予相当的抚恤金，这些费用全部归首领一人负担。

利益　采金分成组劳动，所得的全部收入都交给首领，首领公平地按采金量再分配给各组。如果劳动没有采到金，首领要无偿地供给饮食。

脱离退出　团员中要想脱离退出的人，不论什么时候，向首领声明就可以离去。但是只要退出就再不能重新加入团内。

金工收益

在各金矿劳动的采金者的收益情况，由于采掘者的种类不同，以下就各地情况先叙述劳动状况，然后提一下他们收益的情况。

一、东北岔金矿，几乎都是偷偷开采的矿工，每人的月收入相当于大钱二十七八吊文。

二、夹皮沟金矿全是独自经营的矿工，这里公共的东西多，个人的东西较少。各人月收入相当于大钱二十二三吊文。

三、土们子金矿偷偷开采的矿工和独自经营的矿工各占一半。这里公共的东西较多。

四、绥芬河金矿全部与偷偷开采有关。

五、太平沟金矿也都属于偷偷开采的矿工。

六、观音山金矿主要是每月付给二十多元的固定收入的矿工。

七、漠河金矿中，被雇的矿工有固定收入和非固定收入的二种。前者比后者的收入稍少些，由采矿公司供给一个月十五元以上二十五元以下的衣食住，月末从公司所规定的这些费用中扣除六至七元。非固定收入是指计算各自的衣食住，把采金量的十分之四交给公司，十分之六归个人。由于远离市场，烟酒等日用品不能直接买到，不得不用极高的价格买公司贩来的。

八、法毕喇金矿都是偷偷开采的矿工。

九、黄河金矿的地域很广，由于包括许多金矿，所以情况不一。像一粒检金、伊伦子等官办金矿，衣食住由官方供给，采得金子十两付给大钱二百五十文，这属于非固定收入的被雇矿工。其他各金矿，俗称"买卖金矿"，向公司交纳规定的款额承包开采，这属于独自经营的矿工。所规定的款额，各金矿又不一样，普遍是产金十两交纳五分。这些独自经营的矿工中，有个人的，也有结合而成的。后者有头目，头目供给成员衣食住，月末加在一起计算所需费用。采金的工钱是一钱二分付给大钱五千文，从中扣除一切费用。阿拉斜子等各金矿，头目占有赢利的大半，一个人年收入大约相当于一百元。实际情况比这更糟，恶弊百出。各头目互相勾结，又巴结上俄国人。他们不许成员们直接去购买一切日用品，必须用极高的价格买头目们贩来的。引诱成员赌博，或者以触犯规约的罪名克扣成员的工钱。矿工的结局是身无一文。有的矿工偶然幸运采得数千两金子，头目就勾结几个人杀死或用无辜的罪名闷死这个矿工，这种悲惨的事例屡见不鲜。

十、连阴金矿的地域也很广，矿工的种类很多。如五雷斡、新拉木台等官办金矿，由官府付给二三十元，这些属于固定收入的矿工。其他各金矿，全是独自经营的矿工。其中格琉球、岭渡沟称为"私金矿"，属于私人所有。沙里窑子以下九个金矿，有一个总头目，此人代办衣食费，管理各成员，又负责与俄国官吏交涉等。他扣除一切费用，把纯利润的十分之八分配给成员，自己得十分之二，并且握有特殊的权利。这里每个独自经营的矿工日收入约一元。

十一、郭尔毕擦金矿被俄国商人承包了，其中的矿工都有着间接关系。这里都是非固定收入的被雇矿工。按采金量一钱二分付给大钱三吊文。

十二、五斯割拉金矿有被雇的矿工和独自经营的矿工。前者同郭尔毕擦一样属于间接非固定的收入，采金量一钱二分付给大钱二吊八百文。后者有一个总头目，此人代办食宿费，纯利润的十分之二归己，十分之八给成员们平均分配。

十三、其余的各金矿几乎全与偷偷开采有关。

偷偷开采的人

偷偷开采的人没有向官府交纳任何税和得到官府允许，就进入官府的禁采区秘密进行开采。这些人一听说官兵到来就立刻逃散，或在密林中装作樵夫，或在田野里扮作农民。官兵离去，又马上汇聚。时散时聚。在这些人当中，有许多是以此作为全部副业的农民。除少数几个大金矿外，多数金矿是和偷偷开采有关。偷偷开采的人数量之多，收入之厚，在矿工中占着重要的位置。

独自经营的矿工

独自经营的矿工没有任何主仆关系，自劳自得，自产自销，收入依赖着采金量的多少。采掘其他任何人的矿产区，要先向矿主交纳地皮钱，并在此地要得到矿主的保护等感谢矿主的钱。这些人与偷偷开采的人完全不同。独自经营的矿工又分二种，一种是几个人组合在一起开采，一种是个人独立开采。

〔日〕守田利远：《满洲地志》第343—352页。

陈勇勤译，郝国琨校。

（日）《北满金矿资源》载韩家官井子矿区的管理

老韩家直营矿区的金矿，如八人班儿（坑名），坑内从事采矿夫管理工作的头叫作金把头，是很有权威的要职。当时，把手下拥有二十、五十名矿夫的组，叫小班。手下拥有一千、一千一百名矿夫的组，叫大班儿。一般的大班儿和小班儿是有很大差异的。八人班儿的名称，像名称本身所显示的那样，这里的金把头管辖着八名采金夫。在韩登举时代小班儿的金把头的月薪是（沙金或山金）四两。大班儿的金把头的月薪，数目相当大，但没有一定准数。

采矿夫的月薪，是按出勤时间多少计算而定的。当时把工作四小时称为一班儿，干八个小时称二班儿，干十二小时称三班儿，干十六小时称四班儿。月薪支付是用沙金，一班儿为沙金六分，二班儿为一两二分，三班儿为一两八分，四班儿为二两四分。

〔日〕门仓三能：《北满金矿资源》第330—331页。

张伟民译，肖振勇校。

《桦甸县志》载桦树林子善林寺"永垂不朽"碑及"万古流芳"碑

——创修善林寺碑记

桦树林子善林寺"永垂不朽"碑文

神圣灵英为善，必邀福泽，人心乐施重德，必获麻征。浩大因果，全赖众美合济，无量功德更伟万善同归。兹因桦树林子创修善林佛寺，浩大工程三年报竣。正殿精舍，以配祀也，檐廊回抱，以障尘也，墙院回迎，避恶气也，雕梁画栋，殿庑巍然壮观，虽不称飞阁流丹，下临无地，亦可谓胜举一时，芳垂万古矣。苟不勒之金石，铭之琰珉，何以翔贵蜚声，而推奖善人也。因是述明何年、何氏，谁舍、谁捐，克知创始者之苦心，不易洞悉善成者之乐施，犹难斯继后者，以视创施其难，其易何如也。而且铁石尚有渐裂，土木旗无摧残，第恐世异时殊，垣颓柱朽。待有端士仁人之绪，拓基而重葺之。则吾等勤举之苦心，永世而幸不泯也，美矣！善人是富，铭之于碑，诚哉！佛光普照，保之于后，芳名映于神怀，并序述于人目，庶不至于音沉响寂也。

大清同治十一年岁次壬申巧月谷旦　敬立

桦树林子善林寺"万古流芳"碑文

粤自古圣王之制祀也，慈悲救苦则祀之，化育生成则祀之，法雨施民则祀之，忠劳定国则祀之，威驱虎豹则祀之，艺传师表则祀之。非是族也，岂可使后世成感而祀之乎？兹因我屯桦树林子创修庙宇，采塑观音菩萨列圣神像，始开荒田新安乡民，若不清述颠末，何以启明后世，知我等之由来也，自云：我名韩宪宗，与盟兄李茂林等，原系放山采参刨夫，自咸丰二年，例禁歇山，停刨之后，别改营生，有林中采药砍伐木枝者，各谋糊口不等。至同治四年，马贼作乱，忽起骤至，到处掠焚，关东三省大股数千，淫掳弱妇，威挟壮男，颠沛流离，民遭涂炭。不异汉代黄巾、唐世黄巢之暴甚矣！奈何贼风四起，官兵虑难围剿，时经润堂公德将军，奉旨建旗，招募乡勇，传札到山，招我帮兵。伏思韩等山野村夫，敢蒙贵兵劝义招募，深仰国恩，清平雨露二百余年，食毛践土勤王救民正投怀素。奋激血气制梃传呼，随我赴义左祖者，时聚二三百数，帮助官兵协力剿捕，勇敢效死几经大敌，誓歼马贼无遗类矣。数载成功，嗣蒙治安公富将军表奏，奉旨奖赏六品军功，与我改名现琮，又恩给桦树林子、木旗河一带闲荒数百垧，顷逐蒙户司、兵司正堂记名副都统、花翎协领子元公那三大人，森堂公富六大人，跋山涉水，拂葛攀藤，水岸山麓，绳丈秉公，安插佃户开垦耕种歃矣。韩等存者顶服荣身，海内扬名，欢歃勇阵没者，云台空慕，凌阁登难，杳杳壮魂无归，安得泸岸之祭；零零勇骨无收，梦想战场之文，以吊唁哉。因是创修庙宇，戒僧住持，每年四月十八日，香火胜会，醮坛道场，一为阵亡死者招魂超度，二为新设生民保安祈福，絜粢丰盛，为民保障，旱乾涝溢，禳神圣消除。是为碑记云尔。

大清同治十一年岁次壬申巧月谷旦　　敬立

《桦甸县志》卷10，第2—4页。

桦树林子善林寺

桦甸县桦树林子善林寺，建于清同治十一年（1872年）七月，是闻名遐迩的江东巨豪韩边外——韩宪宗及其盟兄李茂林等人从河北省乐亭县请来木、瓦匠和画匠师傅盖德珍、王永昌、霍德明等主持施工修建的。

古刹坐落在松花江畔，东依群山，西临松水，正殿精舍，檐廊回抱，墙院周迎，雕梁画栋，殿庑巍然壮观。整个寺庙建筑由山门、院墙、前殿、正殿、后殿、配殿、钟鼓楼等组成。布局严谨，错落有序。所有建筑如阑额、平板枋、雀替、斗拱、铺作、平綦、明栿、木棂门窗以及神、佛龛等均饰以精美的浮雕、彩绘和镂空雕饰。有人物故事、神话传说、山水花鸟……做工精细巧慧，栩栩如生，是本地清代寺庙建筑之佼佼者。

寺庙院墙呈长方形，石基瓦镇。山门正南北向，上嵌"善林寺"三字，东侧院墙修建一座砖瓦结构的侧门，人称"东大门"，门额上嵌"善林宝刹"四字。院外山门前两侧有石狮子，中间踏步可入前殿。正门东西两侧还建有两个砖瓦结构的侧门，可直通延院。庙前平地广场有两个"四面斗"的旗杆。占地面积六十余亩。

善林寺庭院青砖铺地，殿宇三重，隙间种植丁香、梨树、樱桃等花草树木，雅致幽深，庄重肃穆。

前殿（亦即山门）三楹，单檐硬山木架砖瓦结构。区中前面祀"山神"，为山神庙。山神即老虎神，因韩宪宗曾放山挖参而又以采金起家，崇尚山神老把头，故祀之。山神塑像两侧，西祀土地，东祀"当今皇帝"。"当今皇帝"泥塑头戴通天冠，身着龙袍，手握玉如意，笑容可掬，神龛两侧雕刻金龙蟠玉柱，金丝粼粼，活灵活现，异常生动、形象，两侧"大臣"手执笏板侍立待命。供桌正中牌位上书"当今皇帝万岁、万岁、万万岁！"庙中供"当今皇帝"实不多见。

前殿后边还悬挂木匾一方，记述修葺寺庙施舍募捐人名单及捐款数额。东西两侧各植汉白玉大理石碑一通，即"永垂不朽"——"序碑"（今下落不明）、"万古流芳"——"创修桦树林子善林寺碑记并序"（尚存）。两碑碑文见《桦甸县志》卷十。

善林寺的主体建筑当是居于正中的正大殿。正殿是由神殿和卷棚各三楹组成。神殿为硬山尖脊单檐抬梁式木架砖瓦结构的建筑，高大突兀，前祀关帝，称"关帝庙"，关帝面南泥像高大威严，两侧为关平、周仓小神像。神龛额枋上悬挂"忠义同天"匾，为同治十一年寺庙落成时韩宪宗所献。正殿后祀观音，为观音阁。观音菩萨面北端坐，上悬"诚孚慈佑"匾，亦为韩氏所献。

正殿前面有一座高大的歇山挑檐式木架明柱的卷棚建筑与正殿前檐相接，是整个寺庙建筑的精华。内悬清末、民国年间大臣官员和吉林船厂、辉发官街（今桦甸县城，当时未设县）各界名流、商贾豪绅所赠献匾额数十方，有"浩气长存""壮志凌云"等等。而著名者，当首推光绪六年（1880年）督办吉林边务钦差大臣吴大澂所书赠的小篆"安分务农"匾。韩宪宗先将其悬于吉林市西关住宅大门上，光绪七年（1881年）韩氏又复制一块，悬于地窖子住宅。韩家破产后将住宅出卖，韩家总管姜继昌将此匾移于寺内，悬于正殿天棚正中。

在前殿和正殿之间的东西两侧还建钟楼和鼓楼。钟鼓楼建筑的上部是四阿式挑檐屋顶，底部为砖砌城阙式建筑。券门分别朝西面东，镌刻"晨钟""暮

"鼓"于券门之上，内设有板梯。

善林寺的后殿三楹是娘娘庙，祀送子娘娘、眼光娘娘。做工简单，神殿亦为尖脊硬山砖瓦结构的建筑，殿前卷棚窄小而简单。正殿和后殿间甬路两旁空间建有砖瓦结构的八角灯幢式建筑，人称其为"焚香炉"或"香亭"，是烧香烧纸的地方。

后殿西侧有一小庙，为胡仙堂，东侧偏南有佛堂三间。此外，庙内还建有东西厢房各五间。

这座寺庙建筑在风光旖旎、景色秀丽的松花江畔，依山傍水、草木葱茏。昔于"十年动乱"，毁于一旦。惟残垣断瓦，一片废墟。此文仅为读者提供一点儿记忆和旁证。

（李其泰调查整理）

（日）《北满金矿资源》载韩边外有关宗教民俗资料

山神庙： 夹皮沟金矿的山神庙，在官井子矿区和小北沟的合流点，在十三合竖坑的旁边。现在业已废弃。此庙建于光绪三十一年，每年旧历六月二十四日开庙，祭奠山神爷和老把头，同时也祭奠本金矿的开山鼻祖马文良。据说在本金矿开采之初，每月一日、十五日供奉的人很多。所谓祭山神爷是祭老虎，而祭老把头则是祭山东省金把头始祖孙继高。山神因为忌讳女人"不干净"，所以在夹皮沟金矿开采之初，韩边外就规定诸金矿是女人禁地。第一世韩宪宗时就严格遵循此规定，因此老韩家和一般居民的妻女都形成住在桦树林子、地窖子（木旗河）和吉林省城的习惯。

而且，当时的私娼也主要云集在地窖子和桦树林子。在禁止女人的夹皮沟，作为唯一的娱乐场所，是上戏台、宝戏台和下戏台，这些戏台是根据老韩家也就是韩家王国政府的指示而设置的。光绪二十三年（明治三十年）上戏台、下戏台、宝戏台常有盛大的演出。上戏台在大房子东隔道相对的位置，现在还有民户。下戏台在西门外的兴隆屯的路南，遗址在河原。宝戏台，在宝戏台北沟口路的北面，民国年间还有人在此演出，后在民国十三年被仁义军同乐匪等烧毁，宝戏台于是成为废墟。

韩王国的禁令： 是禁止女人和匪盗的，然而从三世登举时代的光绪二十六年，由于北清事变俄国人的入侵，禁止匪盗的法令遂被破坏；民国八年登举死后，禁女人的法令也被破坏。后民国十年，妓女开始从桦甸县官街来到夹皮沟，妓馆建在火神庙西边的路南，在第七区警察署的旧址办了四户妓馆。妓女总计达到七八名。民国十三年妓院全部关闭，妓女都向抚松县方向去了。民国十四年又从桦甸县来了不少妓女，在上戏台十字街即现在的红十字病院前路南的旧民房，开了四户妓馆，大约有妓女十多名，民国十六年停止营业，这些人便向安图方向流动。以后到满洲事变时，妓女仅剩四五名，在此维持残生。据说大同元年（昭和七年）妓女全部去了桦树林或官街。

　　火神庙的遗址：现在在宝戏台北沟左岸靠山腰的地方。在此位置上还有过去的关帝庙，在光绪年间移到西卡子门的左边，新筑庙宇。过去的火神庙是在离官街矿区的四方井很近的铺山盖。

〔日〕门仓三能：《北满金矿资源》第 328—330 页。

张伟民译，肖振勇校。

七 夹皮沟金矿地质、矿区分布及采金法

(日)《满洲地志》夹皮沟金矿概述

吉林府东南六十多里的松花江上游，沿着二道江，有一个地方俗称"韩边外"，它属于豪族韩登举的领地。这里以夹皮沟为中心，东靠古洞河、西亘大鹰沟，北立帽儿山，南达长白山麓，囊括东西长四十多里，南北宽三十多里的大面积土地。管辖之内到处产金。其中夹皮沟、头道岔、王八脖子、金银鳖岭、二道沟、东南岔沟、蜂蜜沟子、黄泥河子、石阴沟、大沙河、古洞河等最有名。管辖之内的各金矿被总称夹皮沟金矿。

夹皮沟沟口朝着西稍偏北方向，向着东朝偏南方向延伸，长六七里。据有些人的日记资料来看，一百二三十年前靠沟口三里多的区间没有人烟。下戏台、柳官阴子、上戏台有居民点，约一里之内共计有五六十户人家。上戏台东面俗称十三号金矿，平均日产金六十多两。十三号金矿的东面没有人家，俗称小线金矿，日产金三十多两。离十三号金矿西南不远，也有一个金矿，俗称四方青，临夹皮沟的西坡，日产金二十多两。

头道岔在下戏台的西面三里多处，夹一座山岭，南北横贯一条沟，长一里半。沟内盛产金。沟中间有十多户人家，一家五六口人，都以采金为业。靠沟口没有人家，东面有一个山洞，这是唯独产白金的地方。在这里专门从事采掘的有十多人，一天能产金一钱。

王八脖子在头道岔的西面，隔着一座小岭。沟口朝西北向东南延伸，接着转向东北，再转向东南，后又变向东北，弯曲甚多。有二十多采金人，分成二家居住，日产金一钱多。

金银别（壁）岭的东南山麓，在沿上戏台向东南约一里处，有三四户采金的人家，日产金二钱多。

二道沟在夹皮沟的西北大约四里半处，沟口面向西南，沟身向东北延伸十多里。沟的中部靠沟口四里多是产金的地段。在这里从事采金业的有八九百人，年产量一万两，沟中东南岔沟、蜂蜜沟子二个产金地很出名。

蜂蜜沟子离沟口大约二里的地方，向西南有一条沟，长三里多。它的东北端就是金矿。采矿的人有二百多，年产三千多两。此沟有七八年的开采历

史,慕名而来的人竟达二千多,一天一个人能采金二三分以上。由于乱掘暴采,金脉断尽,结果造成了今日的衰落。现在还剩十多家,每家有十多人。

东南岔沟离沟口三里多,离蜂蜜沟子大约一里,沟内产金量较少。矿工一百多人,年产量四五百两。此沟三四十年前开始兴起采金业,其中最大的矿矿工达二千多人,一天一人能采金四五分。现在此沟住有五户,其中有一户是十五六人,其余六七人或八九人为一户。

黄泥河子在离头道沟偏南大约八里的地方,这里有一条宽五六丈的河,南北流向。在长度大约二里半的区间内产金子,有采金人一百多,年产量四五百两。

石阴沟在黄泥河子东面二十五里处,是长约二里多的一条沟,连接着南北的产金地,在沟的南面有四十多采金人,年产量二百多两。

大沙河在石阴沟的东北五里多处,东西方向流过。河中产金的地段伸展约一里。有矿工一百多人,年产量三四百两。

古洞河在大沙河的东北大约十五里处,从东北向西南流去。附近有一条长一里半的沟,沿沟各处几乎都产金。这里矿工达到一千多人,年产量七八千两。

金子的颜色一般呈红黄色,头道岔以及小线的呈黄色,市价一钱金相当于大钱八吊。

〔日〕守田利远:《满洲地志》第 292—296 页。

陈勇勤译,郝国琨校。

(日)《满洲金矿业》载夹皮沟金脉

夹皮沟金矿属于桦甸县,是位于吉林东南三百八十华里的世界上有名的金矿,是根据大正四年日支协约的南满指定的九矿山中唯一的金矿。

本矿发现于距今八十年前的道光初年。韩效忠当了采金夫的头目之后,每日产金五百两,据说采矿人数达到五万人。过去本矿区归韩家所有。在清朝时代,桦甸县约四分之三,委托韩家自治,已至呈现出连续不断的独立王国的形势。大正元年的时候,请求和日本合办开采没被允许,现在的地主是韩文卿。

本矿区属于地质上结晶片麻岩之类。金矿床位于横断张广才岭的松花江的北方八百米的金银别(壁)岭西麓,在苇沙河的东支流的沙金采集地延长约一百五十华里。而且,头道沟区、二道沟区、王八脖子区、老金场区以及夹皮沟等一带,山金非常丰富。

七 夹皮沟金矿地质、矿区分布及采金法

163

过去主要从事开采沙金，约二十年前采尽，山金开采在其之后，也因排水困难等原因停止。现在仅仅选掘旧时舍矿来继续残业。但是山金根据奉天省农矿厅派遣的技师实际调查的结果，证明很有前途。据闻张学良决定自己投资经营，随着他的没落，此项计划已经成了泡影。

松花江东源流域金产地

产地	位置	矿种	备考
二道沟蜂蜜沟	和龙县，头道沟西南约八里	脉金 沙金	在光绪二十五年的时候汇集矿夫二三千人，光绪二十六年，义和团事变后，被俄兵占领，随着富矿带的被采尽，开始衰退近于废矿后，成为延和公司的矿区因而复苏。
夹皮沟	和龙县下，五龙河、狼才河、淇河流域（长度四米，幅宽一百米）	沙金	作为延和公司的矿区技师一名，矿夫百名，一月采金10两，每年约采金4000两，采取方法笨拙，经水流冲洗淘汰土沙金的质量良好。
三道沟	和龙县下头道沟西南约二里半地	沙金	光绪十九年开矿，光绪二十四年的时候采金夫达到四五千人，义和团事件的时候废业。

桦甸、磐石及其辉发河流域产金地

产地	位置	矿种	备考
富太河	吉林东南一百二十华里	沙金	在民国五六年的时候，探矿业盛行。产金围绕在吉林地方，各矿井没有正式许可。
沙河子	桦甸县东北七十华里	沙金	
韩家沟	同县东一百三十华里	沙金	
八道河子	同县东北一百五十华里	沙金	光绪二十年，韩氏家族开矿获得很大收获，后因坑内山水停业开采。
栗子沟	同县西北七十华里	脉金	

〔日〕《满洲金矿业》第117—118页。宁波译，郝国琨校。

（日）《北满金矿资源》载韩边外所拥有的金矿

一、二道沟八家子金矿

八家子金矿位于二道沟溪源的八家子和北岔之间的分水岭，在距夹皮沟的上戏台的南方七华里处。八家子有三户居民，北岔有二户农家。

此金矿在光绪三十年（1904 年）由辽阳一个姓王的和一个姓苏的山东人发现并开采。在光绪三十二年（1906 年）的冬季停止开采，一直延续至今。据说当时矿夫是从夹皮沟而来，大约有一百五十至一百六十名。他们把矿石也就是沙子，从山场运往八家子的王君太的住地，然后进行洗炼。过去的碾盘及碾砣，最初就是在同采金组的刘成文的住宅里使用的。

山金矿床属于花岗片麻岩中胚胎的古期金矿脉，仅仅有一条，矿脉走向，由北五十度向东，又向东南八十三度倾斜。其长度至少有一百五十米，厚度由一尺五寸至二尺五寸，沙子的含金率为每簸箩二厘至五厘，也就是每瓩 24.50—61.25 瓦（日本重量单位）。

沙金是同治年间在二道沟的八家子沟和北岔山沟发现的。据说到了光绪初年极为昌盛。

二、二道沟东山金矿

东山金矿位于二道沟上游的穷棒子沟的水源地的穷棒子岭。从夹皮沟的下戏台向西南方向五华里的地方。此金矿是宣统元年（1909 年）发现开采的，到民国二十年（1931 年）来自夹皮沟的约二百多名矿夫在此从事这项工作。其资本家的姓名不太清楚。当时的碾盘和碾砣还残留在穷棒子岗的老高家。

山金矿床在花岗片麻岩之中，属于古期金矿脉的有三条。矿脉走向是由北向西二十五度，向东方五十三至六十五度倾斜。其长度：上条一百米，中条八十五米，下条六十五米，合计共二百五十米。其厚度一尺五寸至三尺五。沙子含金率为每簸箩四厘至五厘，即每瓩 49.00—61.25 瓦。在方铅矿集中的矿脉部分由于含有大量的银，所以被称为银沙子。含银率每簸箩一厘至二厘，即每瓩 12.25—24.50 瓦。

据说沙金自同治年间到光绪初年，在穷棒子沟的含金流域被全面采取，获得巨大利益。

三、苇沙河聚宝山金矿

聚宝山金矿位于距夹皮沟的西卡子门（西门）的西南约二华里的地方，在苇沙河南岸。

此金矿由吉林军械厂总办宋渤声在光绪二十五年（1899年）时开始开采，到光绪二十六年秋季停采至今日。当时从事采矿业的矿夫仅仅有五十名至六十名，全部是从夹皮沟来的。

山金矿床在花岗片岩中属于胚胎的古期金矿脉，此地有三条。这些矿脉是从聚宝山东北的本部到夹皮沟金矿南山民井子矿区，大猪圈的南群金矿脉，按着预想应该是连续的，但遗憾的是还没有可以确定是否不仅仅是想象的资料。矿脉是自北三十六度向东走向，向东南方四十度至五十度倾斜，如果进入旧坑道的话，就可以看出矿脉渐渐地汇于突熟地，增加倾斜度，有的地方成立陡状。矿脉的延长度：上条一百二十一米，中条一百五十一米，下条二百零三米，共计四百七十八米，每条厚度一尺至二尺五寸，沙子含金率为每簸箩二厘至三厘，即每旺 24.50—36.75 瓦。

沙金据说在流经聚宝山的西侧的穷棒子北沟，是同治间到光绪初年被开采的。

四、苇沙河五道岔金矿

五道岔金矿位于距从夹皮沟的西卡子门（西门）西北约二华里的分水岭上的东洋井。山金矿床在花岗片麻岩中有三条是属于胚胎的古金矿脉。其走向北三十度向西，再向东方急倾。各自的厚度一尺五寸至三尺五寸，含金率也是可以的。在附近有时还可以见到良质的沙金散落的痕迹。沙金矿的开采据说是在光绪二十六年(1900年)。据说五道岔的沙金是在咸丰年间被采取的。

老西沟又叫老西儿沟，位于苇沙河南岸的支流，比起其长度的山谷显得宽阔。据说这条溪谷在道光二十年（1840年）到咸丰、同治年间采金最为昌盛。

五、苇沙河四道岔金矿

四道岔金矿在苇沙河上流的右支流的四道岔沟，位于夹皮沟本部的西方不远的地方。其旧坑在四道岔支流的西沟的南侧分水岭上。此金矿在第三世韩登举时代的光绪二十三年（1897年）时发现开采，第二年就停止，直至今日。

山金矿床在一条花岗片麻岩中是属于胚胎的古期金矿脉。矿脉走向是东北走向为六十度，向东南八十度倾斜。其延长度至少有一百零五米，厚度为一尺至二尺六寸，沙子的含金率为每簸箩二厘至三厘，即每旺 24.50—36.75 瓦。

四道岔沟的沙金是道光二十年（1840年）被发现，到了光绪二十年（1894年）停止其开采工作。

据说在三道岔沟和二道沟，在道光、咸丰、同治年间曾开采过沙金。现在还应该存有山金采掘的痕迹，但还没得到确认。

六、苇沙河大线金矿

大线金矿在头道岔沟的本流，相当长的大线沟的溪源地的大线掌上，位于老金矿的东方十华里。本金矿作为头道岔金矿的支山屯，民国元年（1912 年）被开采，民国三年停止开采。山金矿床有三条，在花岗片麻岩中，属于胚胎的古期金矿脉，其延长度有一条很短，其他一条有一百三十米长。后者是南北走向，向东方急度倾斜。厚度为三尺，沙子的含金率为每簸箩一厘至三厘，也就是每旺 12.25–36.75 瓦。

七、苇沙河头道岔金矿

头道岔金矿在老金厂东方八华里的头道岔沟，在与热闹沟相互背对的位置上。本金矿属于老韩家所经营，于光绪二十至二十二年（1894—1896 年）开采，民国三年（1914 年）停止开采。

山金矿床有二条，花岗片麻岩中属于胚胎的古期金矿脉，其长度有一条相当短，另外的一条至少有九十米。后者的走向为东西走向，向南方突然倾斜，厚度三尺，沙子的含金率为每簸箩一厘至三厘，即每旺 12.25–36.75 瓦。

头道岔沟的金矿发现于道光二十年（1840 年）从咸丰三年到同治三年（1864 年）采金矿业最为昌盛。其后间断，到光绪二十年（1894 年）采金地在其本流的大线的外面头道岔的方向。当时头道岔沟川及大线沟的沙金矿层在河床以下深五至六尺，有的地方达到十尺。含金沙砾层厚度五寸至一尺，含金沙砾每五筐（五百斤）有沙金一至三厘（0.1–0.3 两）即每旺 1.25–3.75 瓦。此为其矿的含金率。

九、三道沟热闹沟金矿

热闹沟金矿的金脉在苇沙河支流三道沟（前三道沟）的支流热闹沟的下游和水源地，也就是头道沟分流地发现了两处，后者的金矿脉在与头道岔沟相背对的地带地，位于老金场东面八华里，王八脖子金矿南边二华里的地方。

本金矿归属老韩家经营，光绪二十五年（1899 年）开始开采，民国二十年（1931 年）停止开采。山金矿床在花岗片麻岩中共有两条，属于胚胎的古期金矿床。在水源地有一条，在下流有一条。水源地的矿脉延长度四百七十米，厚度一尺五寸至三尺。沙子的含金率为每簸箩五毫至四厘，即每旺 6.13—49.00 瓦。下流矿脉长度一百六十米，厚度二尺五寸至三尺，沙子含金率每簸箩二至三厘，即每旺 24.50–36.75–49.00 瓦。

热闹沟的金沙从同治三年（1864 年）到光绪三十年（1904 年）断断续续地被开采。因为有一时期采金量极大，采金业也很繁荣，故称为热闹沟这一名字。当时的沙金层存在于沿着河流二华里的河床里，深度一般可达五尺，有的可达十至二十尺，其厚度三寸至一尺，含金沙砾每五筐（五百斤）为沙金二厘，即每瓩含沙金 2.50 瓦。

八、三道沟王八脖子金矿

王八脖子金矿在老金场的东北的东部，苇沙河支流，三道沟（前三道沟）流域的王八脖附近。本金矿在光绪二十六年（1900 年）开始对大金牛进行开采，光绪二十九年停止开采直至现在。山金矿床在花岗片麻岩或角闪片麻岩中，属于古期金矿脉，从三道沟口子到大金牛对着兴隆沟的两侧山顶连续地发现三处，其间的距离约一千米，三道沟口子的矿脉有一条延长为三十米半。由北三十五度向西走向，向东面七十八至八十度倾斜。厚度二尺四寸至五尺，沙子含金率一般每簸箩三厘至八厘，即每瓩 36.75-98.00 瓦，有时达每瓩 245 瓦。这条矿脉因为正和大金牛的矿脉的一般倾斜方向相反，向东方急斜，可以认为在前边所记的两矿脉之间，在河流里走向存在着大断层。这就符合了以后将提到的大金牛矿脉了。大金牛的矿脉有二条，上条延长为九十六米半，下条有一百四十一米半。上条厚度在二尺左右，沙子含金率为二厘至三厘，即每瓩 24.5-36.75 瓦。下条厚度为二尺五寸至五尺。沙子含金率一般三至五厘，即每瓩 36.75-62.25 瓦，有时为一分，也就是每瓩可达到 122.50 瓦。兴隆沟的矿脉，虽然我曾对此进行亲自踏查，但是就从其旧坑附近拿来的矿石判断，完全是和大金牛的情况相同，是品位良好的矿脉。三道沟的沙金以王八脖子为中心，从三道沟口子到兴隆沟都是道光二十年（1840 年）的时候发现的。咸丰、同治年间，此地采矿业极为兴盛。光绪二十五年（1899 年）终断此地的采矿作业。当时的沙金层分布在沿河沟十五华里处。幅宽二至三丈，深度四至五尺以至十尺，含金层厚度五寸，含金沙砾每五筐（五百斤）含沙金一至二厘，即每瓩 1.25-2.50 瓦。

在老金场，道光十年（1830 年）发现沙金，并进行开采，最兴盛的时代是道光二十年（1840 年）的时候。道光二十五年（1845 年）之后开始衰败，其后陆续开采，重新淘旧弃沙的小班儿，或把旧弃沙的沉积层约厚为二尺左右的金沙进行露天采掘。重新淘沙的小班儿虽然在光绪二十四年基本终止开采，但实际上一直持续到宣统年间。在光绪中叶的沙金层从河床往下深度五至六尺，有的达十尺。含金沙砾每筐（五百斤）沙金含金率一至三厘，即每瓩 1.25-3.75 瓦。

老营沟在一般的地图上被误记为老人沟，其在老金场和二道沟口子之间，离后者较近。成了苇沙河北岸的支流。同沟的沙金是在道光十年（1830年）时被发现的。和老金场同时开采、兴盛。后来到了民国七至八年，有大约十名从事矿业的矿夫。民国十七年（1928年）停止开采。老营沟的山金在同治、光绪年间被开采，其坑口的位置在老营口沟附近，当时状况并不清楚，从而着手调查时很难确认。

十、头道沟流域的金矿

道光初年在头道沟川打柴为生的樵夫和采参夫在现在的会全栈附近发现沙金砾并进行采集，此为开始从事采金的开端。一时采金夫云集在放牛沟、马驮子沟等地。据说有二至三组小班儿。在光绪年间至宣统年间，在放牛沟和马驮子沟再次淘洗过去留下的沙。山金矿床过去进行开采时并没有取得较好的效果，因而弃之。此地希望在马驮子沟流域的支流金眼沟的山金可以获得较大的利益。

十一、松花江小夹皮沟沙金矿

小夹皮沟在松花江本流右岸的小溪谷之中，介于苇沙河子和色勒河中间，离前地较近，据闻此沟过去盛产大量的沙金。

十二、色勒河流域的金矿

色勒河流域的产金地，位置在下游的高丽房身附近，分支流三道沟（后三道沟）。三道沟在苇沙河子沟口，经苇沙河子沟后分支。例举已经知道的沙金地，在三道沟本流域有苇沙沟口子、吴金沟、板庙子的河岸的平地、板庙子的热闹沟、板庙子的北沟（上流分东沟和西沟）、板庙子的小东沟、三道沟口子、车马子沟等。在苇沙子沟则有鹿角沟（芦家沟）及苇沙子的大桥沟（大车沟）。据闻山金则在板庙子沟北沟、苇沙河子沟的鹿角沟以及大桥沟等三处，进行开采。关于后者，如果要说知道什么情况的话，那只是对于北沟的山金的调查。

（一）板庙子金矿：板庙子金矿在色勒河支流的三道流域，位于红石碰川东六十华里，夹皮沟西北的西部六十五华里的部落的板庙子附近的北沟。光绪十八年（1892年）的时候是此地采金业最昌盛的时候，当时在板庙子有杂货店五十家，饭馆十所，客栈三处，其总数大约一千户，人口达到五千多人。朝夕则有三千至四千名采矿夫云集此地，极为喧噪，实际上形成三个大的市街，就是现在，雄大的建筑物墟仍依稀可见。直至今日还有一至二栋倾倒的房屋，住民却都没有了。在西面不远的热闹沟口，还有一栋用很稀奇的厚木板建筑的庙宇。这就是之所以叫板庙子村的原因。从板庙子的破屋沿着北沟向北走，则分别有东沟和西沟，在东沟的东侧的山地称作东井，在西沟的北侧山地称作西井。目前，此地还有西矿井采掘的痕迹。北沟流程仅仅二华里，在东沟和西沟的合流点附近，有为过去选淘山金而使用的碾盘与碾砣。这是用产于苇沙河前三道沟的支流域石匠房子的黑云母式角闪石花岗岩制造而成的。

北沟的采金业是归韩家管理的，沙金是在光绪十六年（1890年）一年之间开采完的。含沙金每五筐（五百斤）为沙金一厘（每旺1.25瓦）。山金是在光绪十七年（1891年）被开采的。光绪三十二年（1906年）停止开采。东井光绪十七至三十二年，西井十八至二十八年之间进行开采。其最兴盛时代可以说是光绪十七至二十年之间。而后，宣统年间至民国初年，每年都有三至五组小班儿来到这重新淘残存的山金矿尾。

山金矿床在花岗片麻岩中，属于胚胎的古期金矿脉，在东井有三条、西井有一条。东井的矿脉上条是三百二十五米三，中条是四百二十六米二，下条为四十四米九，共计为七百九十六米四。长中条和上条较为发达，和西端是共同走向，为南北走向，南边是七十六到八十五度斜坡。两矿脉绝大部分略成东西走向，南边为六十度倾斜。上条厚度为八寸至一尺半，沙子含金率每簸箩二厘五毫至五厘（每旺30.63-61.25瓦），中条厚度为二尺至三尺，沙子的含金率为每簸箩四厘至五厘（每旺49.00-61.25瓦），一般的也有三厘（每旺36.25瓦）。中西端的旧坑被称作大金眼儿，其矿脉厚度为三尺，沙子的含金率为每簸箩五厘，一般往往是一分，也就是每旺122.50瓦。西井的矿脉是东西走向，大致成直立状。其长度为二百四十三米六，厚度为二尺至三尺，沙子的含金率为每簸箩四厘至五厘（每旺49.00-61.25瓦）

板庙子的热闹街沟位于北沟西井的西边不远的沟畔。其流程为三华里，在光绪二十八至二十九年（1902—1903年）之间仅四个月沙金就被采尽。当时有约一千多人到这里采矿，表现出其沟中热闹的情景，故有热闹沟之称。地表下有四至五尺的含金沙砾，其厚度平均为四寸，含金率每五筐二至三厘，即每旺2.50-3.75瓦，含金率很高。热闹沟的采金业是属于老韩家的民井子矿区。热闹沟的上流和北沟支流西沟的水源地相背对，与西邻接。因此，我确信，西井的山金矿床其延续部分在热闹沟的上游一定会被发现。

板庙子村落的小东沟是东方向北流的小溪流，光绪十七年（1891年）进行开采，但仅仅开采了几个月。从三道沟口子流向北方的车马子沟的中游，在光绪十七年（1891年）时进行开采，仅仅开采了几个月,小东沟和车马子沟,相当于在北沟的东井金矿床的延续，将来将可能发现露天金矿。

（二）板庙子河岸的平地的沙金矿：旧沙金地是从板庙子村部的南方河床，或北沟口川及热闹沟口开始，到小东沟口、车马子沟等的河床，东西十八华里。光绪十三至二十年（1887-1894 年），在老韩家的管理下陆续开采，其中最兴盛是光绪十七至十八年（1891-1892 年），在其前后数年间是状况比较好的时代。在板庙子的北沟口的冲积平地有含金层，伏在地表下五至七尺，其含金率为每五筐一至二厘（每甌 1.25-2.50 瓦）。其上有一尺厚的表土，毛沙三至四尺，泥（黏土）五寸，沙子（含金沙砾层）一至二尺，其压为花岗片麻岩。

（三）吴金矿的沙金矿：从板庙子沿三道沟主流向西而下十三华里，便到了吴金矿（地名），把从此处流入北方的小沟叫吴金沟。因为光绪十八年（1892 年）时在吴金矿就开始采矿，所以把沟口的旧村落叫吴金矿，当时的村落的踪迹现在已没有了。

（四）苇沙子沟口子的沙金矿：位于板庙子西面三十五华里的苇沙子沟口，是三道沟和苇沙子沟的合流点的地名。在高丽房身以东五华里。据说这里从光绪十五年（1889 年）起就开始采矿，长达数年之久。

（五）鹿角沟和大桥沟金矿

鹿角沟也叫芦家沟，大桥沟也叫大车沟，它们都是苇沙河子沟的北岸支流。光绪十七至十八年（1891-1892 年）在此地开采沙金，长达数年。其后又开采了山金矿床资源，但二至三年就停止开采。据说在宣统年间又有人重新淘洗山金的余沙。

十三、头道沟、二道溜河、三道溜河等诸流域的金矿

松花江东源流，在下两江口分为两股，南面的一股叫头道江或叫头道松花江。流经西侧的叫二道江或叫作二道松花江。头道溜河位于松花江右岸，一道溜河、三道溜河、四道溜河、五道溜河等都是注入二道江下流右岸的河流。

在苇沙河流域采金的末期也就是同治初年在头道溜河的河金沟（河金儿沟）发现河金，以后渐渐向二道溜河、三道溜河发展，在光绪十七至十八年（1891-1892 年）采尽，在头道溜河把没有沙金的支沟叫作穷棒子沟。宣统三年（1911 年）在河金沟有二组小班儿，在三道溜河有一组小班儿，共计三组小班儿，从事采矿业。此外据闻，在四道溜河、五道溜河也曾盛行采矿业。

十四、金银壁河流域的金矿

金银壁岭超过海拔三千米，是苇沙河和金银壁河的分水岭。其东侧，金银壁的发源地，东河或东流、碾盘沟、大黄泥河、小黄泥河紧靠其左岸，在连绵不断的绝壁之间，有一个小瀑布，在右岸汇合朝阳沟流向东南，在金银

壁口子注入松花江左岸。金银壁口子只不过有三至四户猎户。吊水壶意思就是瀑布，靠近两岸的土人称之为砬子，因而成为景色优美的地方。上流的炮台子店是在过去沙金采取最兴旺时建的会房，也就是当地人建的炮台，是防备官兵与匪贼来袭的地方，因而这也成了一个地名。从金银壁到夹皮沟其间有险峻的金银壁岭，夹皮沟在炮台子的西边不到二十多里的地方到那路经炮台子；昭和九年炮台子背后靠山，在荒废、杂草丛生的河岸平地上，只残留着一栋住家的屋子遗址。从苇沙河的前三道沟经碾盘沟来的通路，也汇合于此地，与老金矿之间成了匪贼的通路。同年八月四日在同处调查。在前边所写的住户，被拥有洋炮（火绳铳）和モーヤル铳共十三挺的二十八名匪贼所攻击，向金银壁口子方面撤逃。

沿革

金银壁河的采金业是由上流渐次向下流发展的，也就是在同治初年慕夹皮沟金矿的名声而汇集来的山东的采矿夫，首先在炮台子店及碾盘河着手的。经过数年采矿移到黄泥河子，最后来到朝阳沟采金，在炮台子店和大黄泥河子的山金是在其河金采尽后，渐渐被发现，试采的，但是都没有取得好效果，而停业开采。

大班儿业已停止采矿后，经过十年在宣统三年，由三至五人组成的小班儿又进行开采。在炮台子有四处，在大黄泥河子和朝阳沟各有一处约计有三十名采矿夫，重新淘洗过去时的遗留下的沙子。

在碾盘沟上沟的东驼腰子的山金，作为夹皮沟东矿的一部分，采矿业比较繁荣。在碾盘沟及其沟口的含金层是五至六尺深，厚度为五寸，含金层的底磐，都是由墨云云母角闪花岗岩构成的。当时含金沙石砾每坡子（每鎏）也就是相当于一千斤，有沙金二至三厘（0.2-0.3 两）其含金量 1.3-1.9。

十五、从金银壁口子到大小沙河口子之间的诸流域的金矿

本区的沙金地有流入松花江东源流的右岸的大小的诸流域。小营子沟的沙金地也有注入东源流的左岸的河沟。因而如果按顺序例举的话，则有小沙河、海沟、石人沟、韩姚沟、大浪柴河、江沙儿沟、小营子沟等厂流域，都是从事采矿业，但同前还没有试掘山金的事实。两江口也叫上江口，是一个约二十户的村落，有烧锅和小杂货店各一所，从西江口到各地的距离如下。

到娘娘库（也叫头道沟，安图县所在地）是四十五多里，到小沙河口子有二十多里，到大沙河口子有十八多里，距韩姚沟十七多里，金银壁口子为八十多里，到夹皮沟一百三十多里，局子街为三百五十多里（延吉县城）。

沿革

本区的采金业，始于同治末年，江沙儿沟和大浪柴河的沙金的采掘一直进展到韩姚沟、石人沟以及海沟，光绪初年为最兴旺。小沙河更为迟晚了，数年前后开发了大沙河一带，小营子沟最后建矿。在光绪三十一至三十二年交更时，是由从事金银壁的采金区的小班儿把头发现开采。总而言之，本区的金沙从下流渐次向上流域进展。据说从宣统二年（1910 年）到民国初年在韩姚沟有二组、石人沟一组，共计三组，约十五至二十名矿夫的小班儿，重新采洗旧时的金沙。

十六、大沙河流域的金矿

大沙河发源于北甑山，在北迄西，经过有浅流的面门子，再北流就到金矿也就是大沙河热闹街。从此向东可见山岳，随势转四大弯，由于往年对沙金的采取让荒漠的河床西流，与此同时，沟谷由于展开，左岸渐渐变成平原。在南边与苇塘沟北边与大黄泥河子会合区间扩大二至三华里，随即注入富尔河。

据说金矿在过去的热闹街也就是大沙河热闹街，宣统三年由旅店采金夫和农家七至八户汇集成一村落，以前也不是大村落，由此到各地的距离是娘娘库（安图县所在地）五十多里，夹皮沟二百五十多里，局子街（延吉县城）一百五十多里。

沿革

大沙河的采金业，由下流向上流进展。同治末年始于金儿沟的沙金采掘，高登矿、蛛儿子沟采尽之后，渐渐向上流发展，从事采矿数年，在光绪初年最为旺盛，因此此金矿得名热闹街，当时有四千至五千名采矿夫云集此地，不难想象当时其盛况。大沙河下流的苇塘沟和大黄泥河子的上流沙金地是最后发现、采洗的。宣统三年在金矿附近的初姓、周姓和王姓的三小班儿，不顾此地是贫矿而选定该沙金地区从事采矿业，有采矿夫六十人、每日产量为四两金粒，目前还没发现山金矿。

地质、矿床

大沙河由侏罗纪层而发展，自然而然地形成的。在金矿（热闹街）附近在云母片岩和角闪片岩的上边，有玄武岩，从含金沙砾推测含金石英脉，好像是在角闪片岩中的胚胎矿脉。沙金层在地表下十至十五尺深。在热闹街东端的周姓家的从事采矿的地方，地表——毛土（黄土）三至四尺深，毛沙七至八尺深，沙子一至三尺深。沙金层的含金量平均是万分之一，也就是每吨二瓦左右，金粒稍大，品位较佳。

采掘、淘洗

在热闹街东边姓周的从事采矿的区域，沙金矿层在地表下十至十二尺，用掘穴法采掘。首先开凿一条三十平方米的竖坑，在一个壁面设一条将沙金运出的台阶在坑底固定底盘，铺设便于铁滑车行走的板张（道路）。在除台阶的三个壁面穿通数条高度、幅宽为五尺的横坑道，该坑道掘进二十尺为限度，有时用二至三条横坑道将坑道沟通，矿沙运出的台阶一般由三至四段构成，各段高度幅度约为五尺左右。横坑道每掘进四尺装填一椽（日本量的单位），而且各用一尺以上木头支撑，颇为壮观。在排水方面，如果把坑道掘进度限制到二十至三十尺，其效果最佳。采淘作业，每过一年进行一次，冬季在坑内设置淘洗设备。这已成惯例。

在横坑道采掘的沙子也就是含金沙砾，用叫作沙子车的可以装运三百斤左右的运矿车运出。由此在运矿阶台地段，配置数名运矿夫，用铁锹依次搬出，供淘洗之用。

管理及税收

大沙河流域历来属于韩家管理，根据会经的制度，向韩家纳税，光绪十五年（1889年）的时候在热闹沟设置大会房，此地也成了韩边外东方重镇的状况。宣统二年（1910年），在娘娘库设置了安图县，韩家的势力稍有缩小，宣统二年（1910年）在韩边外大沙河流域的会房被关闭的同时，韩家的手渐渐就波及不到了，即使可以插手也很困难。宣统三年（1911年）全部移交安图县管辖，把根据过去会房的采夫一人付年金二两的制度，从同年急增加了一两，为每年付年金三两。无论是过去从事采矿的采矿夫，还是附近一带的百姓，对产金业衰败而税率又上涨的处理，极为不满。

产炭地

在高登矿和铁匠炉西沟口附近，有侏罗纪石炭的露矿。在该地有铁匠炉西沟和铁匠炉东沟。铁匠炉在普通铁矿的产地的附近，其炭质黏结性，可供冶金用。因为当地的石炭是把骸炭烧制而成的。是使铁矿很容易得到冶炼的种类。可望将来得到调查。

十六、古洞河流域的金矿

古洞河发源于老岭山脉北甑山。在重叠的山峦间向北流经四十华里，到三道半岔，成为西北流的河流。在后车矿往东南岔汇合。与此同时，两岸扩展与小韩沟、大荒沟、西南岔、韩姚沟等江汇合，水势大增向西流二十华里，经代王碇子、银洞子再向西南流去。经王八脖子在左岸到成大甸子与有名的西北岔汇合。向南流去有二十华里，在大沙河口子数华里的上流注入富尔河的左岸。

沿革

古洞河流域的采金业，估计是从大沙河流域在十年前也就是同治初年，向上流和下流的两个地方同时分别被开发的。在上流的地方始于东南岔，经过形成热闹街即古洞河热闹街的昌盛时代，其后转向西南岔。以至经于在高丽城迹附近的大甸形成小村落。在五道半岔淘洗沙金终因地下水量大未能淘采而放弃。据说山金还未被采掘。

在这些流域的大班儿的采金业，在光绪二十五年时被迫停止。据调查的情况在宣统三年，在西北岔有一组、无名沟一组、西南岔三组，共计六组四十人的小班儿从事采矿业。

地质、矿床

古洞河热闹街处于海拔七百四十米高度，古洞河流域与之扩大的大沙河流域相反，多数与狭小溪谷，是完全不同的地域。附近的地质主要是由绢云母片和角闪岩构成，在其上有玄武岩。含金石英脉在角闪片岩中好像是属于胚胎时期。

沙金层在东南岔较浅，在地表下五至六尺，深度达二十尺以上。在热闹街附近，按层序表示地表毛土（黄土）五尺厚，毛沙十二尺、沙子（含金层）四尺。含金量不太一样，在东南岔昌盛时期平均为每十筐（一筐六十斤）一鎏，就是说可以得到四两金粒，相当于二万四千分之一即每吨 41.66 瓦。宣统三年，从同一量的含金沙砾可以提取金粒一两，相当于九万六千分之一，即每瓩 10.42 瓦。

管理以及税收

古洞河流域、大沙河流域的距离基本相等，在古洞河热闹街备有四角炮台的墙内还有半倾倒的，四周荒草丛生的会房，这可以说是末路（广场）。从宣统三年开始重新建立起管理地位的安图县当局重新加以重视，因此民望低落。

山神庙

有名的开平岭处于一千一百四十米的高度，成了大沙河与古洞河的分水岭。恰巧位于热闹街之间，在山顶有九圣庙。是由两流域金矿的把头在同治十一年建设的。光绪二十二年的时候，改建为石建筑。听说这两座石碑是把头从山东莱州府运来的。

韩边外的小金矿

（1）木旗河金矿

木旗河被记载为大穆钦河或木齐河，发源于富尔岭西边向西南流向，在从松花江东源流合流点数华里的下流右岸，注入松花江。沙金地以木旗河下流的头道沟合流点附近作为中心延伸，于上下数华里之间，过去在此地有金矿，只不过距离韩边外西关门的桦树林子东南十余里。因此属于韩家管理，根据会经的制度向韩家纳税。

沿革

根据过去在吉林通志上的记载，咸丰四年奏请开采沙金，实际上在这以前就着手采金。但是宣统三年至民国初年仍有三至五人的采金者重淘洗沙金。头道沟子口附近的沙金状态，像下面一样。地表——毛土（黑土）三至四尺，毛沙四至五尺——沙子（含矿砾）二尺。

（2）木旗河八道河子金矿

木旗河水源的八道河子，在富尔岭的西北不远的地方，盛产沙金。位于桦甸县城官街的东北一百五十华里的地方，民国八年八月谢永亮向省公署呈请，请求试探，但因为是属于韩家的领域，所以没有得到获准。

（3）桦甸县柳树河子沙金矿

柳树河子是松花江右岸的支流，民国六年成了采取沙金的地方。位于吉林省城东南二百华里，桦树林子的东北部七十华里。大概是属于桦甸县管理。

（4）桦甸县沙河子沙金矿

沙河子位于县城官街东北七十华里，民国元年六月毕业于吉林宪设讲演讲习所的张荣生向公署呈请，要把此地开采，也因为是属于韩家的领域，所以没被允许。

（5）桦甸县韩家沟沙金矿

韩家沟位于县城官街以东一百三十华里，松花江右岸。民国四年五月，苏炎模呈请公署请求试探。但因为手续不完全，没有获得许可。

（6）桦甸县嘎河金矿

嘎河在从桦树林子沿松花江而下的下流三十多华里，是注入朝阳坡的对岸的岔沟，沙金矿南北延伸十华里，几乎和木旗河金厂同时从咸丰年间开始采金。当时产金量不少。光绪二十七至二十八年以来全部中断。宣统二至三年到民国初年有四至五人的小组。到二至三组在此重新淘沙。这里属于韩家管理，根据会经制度纳税。

（7）濛江县那尔轰河金矿

濛江县那尔轰河是在松花江东源流头道江左岸的支流，注入两江口上流约十五华里的地域。沙金矿涉及东北岔和西北岔。属于韩家势力范围，在咸丰年间已经采尽，作为金矿的名称几乎被忘却。

（8）濛江县暖木条子沟砂金矿

暖木条子河是那尔轰河上流的支沟，在濛江县城的北部的西北四十五华里的地方，隶属韩家势力范围，它曾是采取沙金的地方。

（9）濛江县新开河沙金矿

新开河在濛江县城东北四十五华里，隶属韩家管理，曾是采金的地方，在附近溜河、芜泥岗子等地有砂金，据说还未被采掘。

〔日〕门仓三能：《北满金矿资源》第343—361页。

张伟民译，肖振勇校。

（日）《桦甸县志》金属矿业

在本省出产的金属矿，桦甸县的沙金是首屈一指的。产金地达到十数个，分布在松花江主、支流沿岸。除了现在的夹皮沟外，几乎都已成了废矿。老金厂及栗子沟与夹皮沟都曾经是老韩家谋业的地方。另外，由色勒河金银厂河流域，头道柳河至五道溜河，由金银厂口子至大小沙河子，在总计延长六百里之间，曾经是探金夫云集的地方，被称为长白山下的"黄金国"。甚至，在靠近桦甸县的磐石县的呼兰川、黑石镇、头道沟、大泉眼，及南方帽儿山，以及相连的额穆县的暖木条子沟，北大洋胡子等地的产金地，也都曾是谋业之地，或者进行过试挖掘。然而，几乎都已成为废矿。

夹皮沟处桦甸县城的东南150里，距吉林省城陆路400里的地方。道光年发现并定名为夹皮沟金厂。清朝以来，直到民国，在一般矿业法的治外和与老韩家二族的特殊关系下进行经营，然而探金额日渐少。在民国四年，依据日支条约，开始日支合办经营，然而，由于探采亏本，而变成废矿。最近，大同殖产会社对韩家领域的森林、企业、农田改善的同时，又开始开发金矿。

加级沟的金矿，由于现在治安、通路、资本等的关系，已经关闭。近来，大同殖产株式会社已开始着手恢复旧业，其他未调查的还有许多，如果试掘一下的话，可能会发现相当的矿脉。

现在采掘中的：

四区：　　　　煤　　　四处

调查试掘中的：

二区：　　　　金　　　一处

十区：　　　　金　　　一处

未调查的：

十区：　　　　铜　　　一处

八区：　　　　铅　　　一处

五区：　　　　煤、金、银

十区：　　　　金、银

（该地区被称为金银壁，山一半出金，另一半出银，因而得名）

夹皮沟的金场地处吉林府东南六十多里的松花江的上流的江沿上，是俗称韩边外的地方之一，属韩登举家族的领地。以夹皮沟作为中心，东由古洞河，西到大鹰沟，北由帽儿山，南到长白山麓，东西达四十余里，南北达三十余里的面积。而且管内到处都有产金地。其中夹皮沟、头道岔、王八脖子、金银壁岭、二道沟、东南岔沟、蜂蜜沟子、黄泥河子、石阴沟、大沙河、古洞河等为最多。总括管内这些金厂称为夹皮沟金场。

夹皮沟沟口面向西北，向东南方伸延，通长六七里，宽二三百米，根据他人记载，一百二三十年前即有人探金。但是，离沟口三里余之内没有人烟，在叫作下戏台的地方居有零散人家，通过柳官荫子、上戏台，约一里范围之内，共计有五六十户人家。由上戏台再东行数里，即达十三号金场，一日的产金额平均六十余两。由十三号金场向东不远，即有俗称的小线金场，日产三十余两，由十三号金场向西南少许，有一金场，俗称四方青，临近本沟的西侧，日产二十余两金。

头道岔，位于下戏台西方三里外的一个山岭间，南北沟长一里半，宽约五六百米，沟内到处产金，里面住十余家，一家五六人，都从事探金业，由沟口大约不到一百米的东面，有一个洞，此处出产白金，十余人专门从事这里的探掘，一日能出约一钱量。

王八脖子系当地百姓的俗称，位于头道岔以西隔一个小岭，有三里左右，沟口面对两处金场……

伪满桦甸县公署编：《桦甸县志》。

宁波译，郝国琨校。

（日）《满蒙通览》载夹皮沟沙金与矿金

随着人参的采掘，得知挖掘沙金也是很有利可图的，山东流民滔滔不绝地涌入满州。在长白山脉形成了所谓金匪的一大根据地。他们不仅限于夹皮沟，为了四处寻找金源，奉天、吉林的封禁山地几乎都成了他们的私掘地。吉林将军长顺于光绪十六年（1890年）提出的采金意见中曰：

吉林金矿，在省内南部的木旗河、夹皮沟及宁古塔所属的万鹿沟等处。以前曾有数千人聚集偷挖，封禁后其又偷偷潜入三姓山中，搭起窝棚，以采木耳为名，实是乘机盗挖金沙，如有捕获以法惩办，并派遣军队，驱散棚民，然而，顽愚无知，犹如趋利之鹜，驱去而返。

由此可见，很久以前挖金贼就已盘踞在长白山中。大约八十年前，深居长白山中的挖金贼的首领叫韩现琮，被称为"边外"。之所以称为边外，是由于他长期以来在边墙外称王称霸的缘故。韩边外是山东省登州府人。来辽东后任复州侯姓的佣役，任职十年后，韩边外年方四十时，因赌博失败而逃离了侯姓家，来到地处长白山的夹皮沟，成了挖金的矿丁。十二年后，与五十余家异姓缔结了兄弟之约，遂渐扶植势力，当时在夹皮沟有位叫李把头的山东人，由于李把头采金场曾多次遭到土匪的袭击，所以李把头便与韩边外合手协作。一次斩杀了百余名土匪，借势占领了夹皮沟一带。于是李把头要把头目的位置让与韩，双方推让，后来根据抽签的结果，韩边外成了头目。韩边外的采金区域长六七里，宽四五里，使役着千余名金匪，因而，韩边外的名声压倒了长白山东的全部金匪。光绪七年（1881年），受吉林分巡道吴大澂招抚，授与六品官职，改名效忠，约定向吉林将军纳租。光绪二十三年（1897年）死去。其孙登举继其家业，因而，韩边外在满洲的采金史上是颇有名声的。

〔日〕福昌公司调查部编：《满蒙通览》下编第454页—455页。

宁波译。

夹皮沟的沙金

桦甸县夹皮沟的金沙矿，产于附近河床的地表下十尺至数十尺的地方。在该地打一个圆形的竖坑，将坑底周围的含金沙取出，经溪流粗淘之后，移入鋈内搅拌，除去轻沙，把除下的沙金放入簸箕进行淘汰，抽取金分。在某个沙金床较深的地方竖坑近二三十尺，必须用圆木支撑起坑道。下面说的是线金即山金的制炼法。首先把采掘到的矿石以五十斤为单位放入麻袋，用车子或马匹从坑内驮运到金房即制炼场。金房大多是由沿河流而设置的沙子房即矿石室、碾房即磨矿室、流金房即洗矿室等构成。把搬运来的矿石，首先搬入沙子房使之充分干燥，并将其粗碎成大豆粒般大小、然后搬入碾房，在碾房以驴驱动花岗岩的碾砣子石臼，将这些粗矿粉碎然后把粉碎后的物质送入流金房，在流金房有洗涤板及淘汰盘，利用流水制炼，这一方法是与沙金淘制的方法没有多少差异的。

〔日〕福昌公司调查部编：《满蒙通览》下编第517—518页。

宁波译。

（德）《满蒙探密四十年》有关金矿的记述

在入手采金前，由于设网以待黄金迷的骗手极多，必须分外慎重仔细调查，要确定是否埋有沙金，才可以试掘，发现了金子，还要验定其品质的良否与含量多少，都相当了，才可以开设企业，但一个新的产金地，当然是处处都不方便的地方，所以招募劳工送到现场，买马屯粮建筑宿舍、仓库，讲求自卫方法，这还至少需要两三万元，此外流动资本要有二万元，那么在着手工作以前就必须准备五万元资本，这还是最低的标准。倘扩大规模其数字自然是更要随着膨胀的。

自着手三个月后，才能够采金，倘欲准备完全，总需要两年的时间，至于成立像个样子的企业，那还在这以后，具体来说明，在三个月试掘时代之后，要经过以下三个过程：

三个月的试验过程

六个月的调查过程

一年的企业化过程

对五千米区域的费用，约五万元，倘使用最新的滤金机器，就另外需要三十万至百万元，尤其那滤金机颇有问题，使用时是最麻烦的。

这样，才能采沙金。

这里必须的劳工，土沙十立方米需人五名至十名，用马力时，对同量的沙土要用二名半至五名的劳工与一匹半至二匹的马，马拉的大车，一次搬运五百瓩至六百瓩的沙土。

准备采掘的费用

前面曾说过，含有沙金层要在二十多米的地下，那么，仅揭去上层的沙土就大费手续，然后才看见金层，又要经过机械用水洗沙子，才能够拾起沙金来，这里所需要的劳力，十立方米是两名劳工与半匹马。

劳工的工资，除假日外一个月是六元到三十元，而食费与居住归公司负担，只这一点就比街头的劳工强，支付是习惯地一个月一次，公司负担的劳工食费，每人一天四角左右，一马匹的饲料是一元五角，并不是我看得人不如马，实在这深山中马料几乎没有。因此，纵然失礼，不能不把四个人的食费给一马享用。

从这实情上核算采掘所需的费用。十立方米的沙土需要：人力——两元至三元；使用滤金机器——一元九角至两元六角。

这两种比较起来，费用相差不多，倘不是大规模的企业让高价的滤金扣占去资本是很不经济的。

有时使用这滤金机也很必要，而且又上算，譬如矿区水多，金的含有量极多或劳工们有偷金之虞的时候。

沙金业发财吗

在这里读者大概要问我，采金企业到底能发财吗？当然，我会毫不踌躇地即座而答："能的！"但我这回答是根据我是个地质学者的，如果我不是学者而是个经济学家，那么在满洲建国前我的回答会迥乎不同的。

不错，北满天地到处都埋藏着丰富的沙金——这从我地质学上的经验可以显然保证——但北满过去毫无安全的保证与保护，譬如用多数的劳工去淘金，就该觉悟到那沙金必有许多被他们盗去，倘是一两个人暗地带走一些，其罪尚轻，而从事采掘的这些人，几乎是全体合谋，看监督稍一疏忽，马上都吞进自己腹中，纵然觉出奇怪，可也举不出证据来，所以手法在他们是最好的技巧，在企业却都非常苦恼。那么减少劳工数严格监督也许好一点，但这也要考虑到各方面，只有这时能看到的一个特长，因为机械是绝对不能偷去沙金的。

我常常听说，从附近的街长手中取得业经发现的沙金矿区的权利，那仅仅是白缴纳利金，其实这种权利在现在毫无用处，这种失败者是不熟悉北满情形的人，他对官吏们暗中行了贿赂结果造成有冤难诉的损失。

谋夺权利的间谍

满洲事变前，采金权利都要在本省登录——黑龙江就向黑龙江省政府，吉林便向吉林省政府当局呈请，现在则全在新京办理。

权利金倒不多，只是对省官吏、村长、街长的献金，土地使用费、税金等繁杂的附带支出，全威胁了预算……

奇妙的沙金行市

在从事采掘以前，不，即使在采掘以后必须经过以上那种种苦战恶斗而制胜的。

可是，如此艰难到手的金子如何？

那沙金的行市里，又包容了许多有趣味的现象。

……企业家与采金夫的交易是十瓦沙金给工资五六元，但把沙金拿到街上卖，仅价值两三元，以五六元买到的东西卖两三元，恐怕多少企业家也亏累不起。这想法是根据我们普通常识的，如果通晓现场的企业家与采金夫的互相关系的人，就不以为怪了。

在任何采金地，这都是共通的实情，前面曾提过，企业家是用沙金给采金夫作工资的，但马上就拿日用品把这些沙金换回来。这并不只是单纯的交换或藉以防止沙金的散失，因为卖的物品里是非常厚利的，所以物价到处都昂贵得很。

住在交通不便的山中，不得常到街上去的采金夫们，陷于企业家的这种商策中，是威胁到他们本身的生活的，所以他们必须提高金价而抵抗物价。

〔德〕爱得华·阿纳特著：《满蒙探秘四十年》第 162 页—169 页。

李雅森译，郝国琨校。

《桦甸县志》载夹皮沟金矿

矿床及地质：在县治东南相距约二百里，其地群山环抱、地质年代甚古，属原始界之片麻岩系。脉岩主成分为板状之乳白色石英及肉红色石英，并含有栬榴石，黑、黄、白各色云母，及绿尼石，且渐有辉石发现。矿脉母岩系眼状结晶片麻岩，而少量黄铜矿、多量黄铁矿，与自然金及硫化金并产于脉岩之中。矿山地层皱曲异常，系由东北向西南倾斜，矿脉自西北而倾向东南，由小北沟北山与金银壁岭相联络，其脉势上下左右曲折甚多。

按：本矿之脉来于金银壁岭，至夹皮沟而分：一自沟向东南分出，经金银壁口子、五道溜河、浪柴河至汗窑沟，计一百五十余里；一自沟向西北分出，经老金场、板庙子、色勒河至穆钦河，计百六十余里，沿此两途皆有沙金发现。详查此两路之沙金，及左近之岩石，与金银壁、夹皮沟之脉岩形状一致，足征矿脉系由金银壁而来，其分布之广，产量之富，概可想见，实有经营之价值也。

《桦甸县志》卷 6，第 52—53 页。

夹皮沟金矿的沿革及现状　逊清道光初年，有鲁民来此采参，在老金厂汲水于河，遽见金沙颇有所获。（老金厂在夹皮沟西，原名老营盘，因昔在此采金遂名老金厂）继采者随接踵麋集。自老金场溯流而上，沙金益富，直至夹皮沟东南之金银壁岭。山崖现黄色线，见者以为纯金之矿，乃凿取碎之，水淘果得金（按系铜铁硫化与金混合，今矿工以此为断定金矿之标准，呼硫黄线）。于是集工开采，闻者羡之趋若鹜，数人或数十人为一组，聚集至数千人。生产颇丰，商贾辐辏，渐成列市，然无统属保障矿工。陡来豪匪梁才率其丑类，恣意横行，择肥鱼肉，矿工患之。有韩效忠者，勾结豪强逐梁才去，随推韩效忠为首领，听其约束，自是矿山遂为韩占据。已当时仅以土法开采，而所获甚富，据称同治间产量最巨，每日可得五百余两，矿工至四万余人。至光绪二十年后，产量渐衰，然尚有利可搏。韩氏仍逐年接续开采，直至民国元年冬间，开至山腹水患渐大，又适遇矿脉贫瘠，部分遂以亏折停工。光绪二十八年，俄人曾集资探采，嗣日俄战启即为停办。民国六年，韩效忠之孙登举呈请省署，将夹皮沟旧金厂租与日人谷村正年开采，当以违例未准。是年十一月，又有蒋嘉琛与日商林正次呈请合办，计领矿区二处，一为三百九十亩，一为五百亩。因未与山主接洽，妥协未行，核准给照后，韩氏欲结日人合采，以格例未行，今尚废置。

《桦甸县志》卷6，第54—56页。

脉金沙金之开采及淘洗方法

一、脉金之采掘及淘洗

先以钢钻将岩石破尺深之孔，实以火药燃轰之。捡矿石出，以碾米之石研碎成粉，置于木槽内以水溜冲洗，石轻随水冲去，金存槽中，取出加锻炼即为成金。

二、沙金之采掘及淘洗

于地上按碏（采金者呼所掘之穴为碏眼，就地面掘穴为按碏）宽约六尺、长五尺。向下直掘深至丈余，作成阶状，每级约深三尺，设小木梯以便上下。至深处时，拟向左右，再挖地洞，取所见之沙，用铁锹递出碏外，放于溜盘洗后，置于木簸淘洗之。沙去金留，取出以铜勺火炒，其色变鲜，金肆买去熔炼成块即成金。

《桦甸县志》卷6，第58页。

（日）《满洲探险与矿业史》有关资料

在上述的夹皮沟竖坑，金矿坑是由高而宽倾斜的竖坑构成的。从这里通向金矿脉的采掘场，一部分向大矿脉扩展延伸，在倾斜的矿脉构成了坚固的竖坑。如果不利用木支柱的话，也就不能利用矿石层了。在这里采矿是不注意计划性的。在我在的时候（1896-1899年）及以后的一段时间，出水颇少见，间断的上水现象也没有。采矿要用火药，其次用人力采掘。放入筐中，以工人之手搬到地上。以同样的方式把必要的木材搬入坑内，运入坑道。当时的矿脉是一点九米至三点二米，水平延长约三百七十五米，沿倾斜只有六十六米被采掘，其含金率一吨从三十六瓦至三十七瓦，但是，金中含银百分之十七。搬出的金矿石在碎矿场用臼碾成粉末，然后用这个国家所固有的洗金提取方法进行洗矿。

〔日〕阿部武志：《满洲探险与矿业史》第419页—420页。
宁波译，郝国琨校。

（日）《满洲地志》有关采金法资料

采金是被清政府严禁的，如果触犯了此项，就与强盗罪同论，而判处死刑。光绪三十五年上谕，开始允许采掘，这样就有了现在的采金权利。矿区属于他人所有的时候，要用极高的代价请求才能得到转让，但是从开发时经三个月，如果开发前的估计得证实，那么还要每年交纳银一百两，并且采金额的五分之二上交国库。事实上又出现了各种情况，官吏垄断，暴力强占，这样就逼出了偷偷开采，并且偷采者与官兵激战而丧失性命的悲剧不断发生。地方官吏们不理中央的政令，和偷偷开采的人有着暧昧关系。北方黑龙江省各金沙矿，俄国人到处横行霸道，清政府又给以全力支持。偷偷开采的情况越来越严重，其势与日俱增。

沙金的采取主要在春夏秋三季。矿工大部分在露天里劳动，首先挖掘出沙土，然后用河水洗涤淘汰，接着就放大溜（或叫打小鼓子）。

放大溜通常是十人为一班，其中一人挖沙，二人装车，三人拉小车运到溜场，二人在溜场拿铁棒频频地搅拌，使金子沉淀到底层，一人在旁边弄走上层的泥沙，留一人在家里做饭。放大溜的用具是长一丈、宽二尺，底部及侧面用木板做成，深一尺五寸，把带有许多小孔的木板从底部放到高二寸的地方，使金沙通过这些孔而沉淀。打小鼓子是三四人为一班，它的规模较小，淘金的方法与放大溜差不多。

〔日〕守田利远：《满洲地志》第352—354页。
陈勇勤译，肖振勇校。

（日）《北满金矿资源》载粉碎工具

从夹皮沟大房子经立山线、小北沟的水源地有土门岭。土门岭是苇沙河支流宝戏台北沟、小北沟、金银壁河的支流碾盘沟、三道沟支流石匠房子沟相互背对的水源地。如果从这沿石匠房子向西北走，就到了姜家油房，旁边是石匠房子。石匠房子右岸的山是由黑云丹花岩与角闪花岩构成的，自古以来都是采掘碾子底和砣子的处所。夹皮沟和石匠房子相距十五里，冬季运输靠雪橇。从夹皮沟、老金矿、板庙子、二道沟上游运输的碾盘和砣子看来，花岗岩主要分布在石匠房子、碾盘沟、金银壁沟的炮台子店以北处。

据说，韩登举时代的碾盘和碾砣标价，碾盘为金沙三两，碾砣为金沙三分。碾盘是呈扁平的圆柱形，半径为二尺九寸、厚度为八寸的花岗岩。碾砣是细长的圆柱形，半径为九寸，长度为二尺七寸的花岗岩。除此之外在碾子底的周围附有幅宽一尺一寸、厚为一寸五分的圆形木板以便碎粉和处理。在大房子北沟的沟中现在还有许多碾砣的废弃物，在夹皮沟的住户家中往往还可以看到碾砣和碾盘。但过去如何进行沙金的淘洗，还没有更多的证据。

宝戏台北沟中游有的地方，把天然的花岗片麻岩雕刻成碾盘使用，并把那个地方的名字称作押金碾子。

〔日〕门仓三能：《北满金矿资源》第 331—332 页。

张伟民译，郝国琨校。

附录

"韩边外"大事年表

1813 年（嘉庆十八年）

韩宪宗生于奉天复州，后随父迁至吉林九台木石河花曲柳沟。

1833 年（道光十三年）

春，韩宪宗因赌负债出逃，到桦甸砍椽沟淘金。

1834 年（道光十四年）

冬，韩宪宗淘金颇有所获回里。

1835 年（道光十五年）

春，韩宪宗再走砍椽沟、延吉岗等处淘金，不成。

秋，韩宪宗投桦甸木旗河地窨子侯家佣耕。

1845 年（道光二十五年）

韩宪宗长子韩受文生。

1846 年（道光二十六年）

秋，韩宪宗因赌负债。由侯家逃往老金厂淘金。

1848 年（道光二十八年）

韩宪宗与李成等十余人结盟。

1849 年（道光二十九年）

秋，韩宪宗设"火绳计"驱逐巨匪梁才获胜。

1854 年（咸丰四年）

韩宪宗被众金工拥立为"矿工自卫团"团长。

1855 年（咸丰五年）

清军进剿南山"金匪"，"李炮头"以重贿得免。

1856 年（咸丰六年）

韩宪宗自封为"统领"，称霸吉林南山。

1865 年（同治四年）

吉林将军德英招韩宪宗乡勇镇压马傻子农民起义军。

1866 年（同治五年）

夏，吉林将军富明阿招韩宪宗乡勇镇压刘果发、乌痣李农民起义军，并赏给"六品军功"，准其开垦木旗河、桦树林子一带荒地百垧。

11 月，富明阿派兵查封老金场，奏请"安插金工"，清帝旨准。

12 月，富明阿将木旗河、漂河、桦皮甸子等处荒地放给金工开垦并规定征租数额。

1869 年（同治八年）

韩宪宗长孙韩登举生。

1872 年（同治十一年）

韩宪宗令修桦树林子"善林寺"。

1875 年（光绪元年）

云骑尉德升因"贿纵金匪"被押解归案。

1877 年（光绪三年）

5 月，神机营参领双喜进南山查访"金匪"，拿获"匪党"侯毓麒等五人。

1878 年（光绪四年）

8 月，朝廷侍卫倭兴额上奏吉林将军铭安"有接济金匪情事"，上著倭前往吉林听候质问。

1879 年（光绪五年）

2 月 24 日，上谕崇绮、冯誉骥前往吉林查办铭安接济金匪情事。

4 月，倭兴额呈控吉林将军铭安"暗遣哈广和与金匪韩效忠送信"。

4 月，侍郎尹寿衡同协领富凌阿前往夹皮沟上戏台一带查勘，呈报"并无金匪偷挖形迹"，韩宪宗事先外出而"未到案"。

5 月 3 日，因倭兴额"任意妄控"铭安私通"金匪"韩宪宗，上谕将其"降三级"。

1880 年（光绪六年）

3 月 1 日，上谕吴大澂为"帮办边务大臣"，前往吉林查办"金匪"事宜。

11 月 23 日，吴大澂"单骑入山"，微服私访韩宪宗。

11 月 26 日，韩宪宗在地窖子叩拜吴钦差。

11 月 28 日，吴大澂带韩宪宗前往吉林省城"投案"。

12 月 8 日，吴大澂檄令韩宪宗为"南山练总"。

12 月 14 日，铭安、吴大澂奉旨赏给韩宪宗五品顶戴、韩受文等七品功牌，对夹皮沟金矿"明章封禁"。

1881 年（光绪七年）

春，韩受文等押数名"马贼"到省请功。

铭安令官兵保护韩宪宗回九台木石河安葬被杀家属。

秋，韩宪宗在吉林西关前兴街修建一处宅院。

1883 年（光绪九年）

韩宪宗七十大寿，大宴三天。

1889 年（光绪十五年）

韩家在大沙河、古洞河、热闹街增设会房。

1892 年（光绪十八年）

韩登科长子韩锦堂生。

1894 年（光绪二十年）

10 月 27 日，军机处电寄长顺谕旨：招韩宪宗赴奉抗日。

11 月 19 日，贵铎呈请招"韩边外"士勇抗敌。

冬，韩登举率领五百乡勇出征。

1895 年（光绪二十一年）

1 月初，韩登举率领乡勇到达海城前线。

1 月 15 日，韩部民团连克大寅屯、小费屯和小穆屯。

1 月 22 日夜，日军偷袭韩登举营地失败。

2 月 19 日，依克唐阿奏韩登举"屡次冲锋，愈战愈力"，请清廷给以奖励。

10 月，依克唐阿调韩部一千人驻防盛京。

1897 年（光绪二十三年）

韩宪宗病死，韩登举回乡继承祖业。

1899 年（光绪二十五年）

3 月，韩登举令在地窖子、桦树林子修建火药库二座。

夏，俄商进入南山与韩登举议购中东铁路所需枕木事宜。

秋，吉林军械厂总办宋渤声取得苇沙河聚宝山金厂。

1900 年（光绪二十六年）

春，长顺起用韩登举为靖边强军统领，驻防法特哈门。

夏，俄军犯境，韩登举禀请抗敌不准，率部回吉林南山"闭境自守"。

9 月 22 日，长顺"开城迎敌师"，俄军占领吉林城，抓韩绪堂为人质。

10 月 11 日，韩登举致信俄军，告诫不要进犯南山。

10 月 12 日，俄军杀死韩登举信使，进犯蚂蚁岭，被韩部乡勇击退。

10 月 27 日，韩登举禀呈长顺，声明对俄人进犯南山"不能袖手"。

10 月 28 日，长顺致书韩登举，要其到省受降。

冬，俄军调集重兵再犯南山，韩登举败退山里。

1901年（光绪二十七年）

春，韩登举率部游击抗俄，俄军败退吉林省城。

3月15日，长顺与俄交涉大臣刘巴签订《新订吉林开办金矿条约》。

5月，长顺与俄交涉大臣科洛特科夫签订《续订吉林开办金矿条约》。

韩登举长子韩绣堂生。

1902年（光绪二十八年）

夏，长顺严令韩登举到省与俄人谈判，韩登举在三江会馆与俄人"议和"。

夹皮沟小线坑出水，淹死五名工人。

10月，俄军保护矿山技师阿塞尔特、门什葛夫等进入夹皮沟，建立勘矿事务所。

冬月，俄人在夹皮沟北沟开成"大鼻子井"。

1903年（光绪二十九年）

春，韩登举任命姜继昌为"义泰昌"经理。

夏，夹皮沟小线坑起火，伤亡矿工多人。

8月13日，清外务部将在夹皮沟、宁古塔及珲春一带采开金苗执照发给俄人阿思达舍夫，期限为一年。

1904年（光绪三十年）

2月，韩登举给长顺送春节礼物：死虎一头、死鹿一头，活鹤一对，金一箱。

清廷授韩登举花翎都司守备。

夏，日人花田少佐和萱野长知等带领"满洲义军"突袭夹皮沟俄人事务所，驱走俄人。

韩家重修地窨子、桦树林子火药库。

1905年（光绪三十一年）

3月1日，俄军六十余人到地窨子向韩登举订购军粮，临行时韩登举赠送鲜鱼一筐。

夏，南山人民反抗清廷派员清丈，韩登举派徐景升为向导助官兵进剿。

11月19日，清廷宣布俄夹皮沟金矿公司请领的勘苗执照作废。

1906年（光绪三十二年）

5月5日，日本《商业界》杂志发表文章，称"韩边外"为"鸭绿江源之独立国"。

夏，革命党人张继前往南山游说韩登举。

9月4日，日本《读卖新闻》载文说韩氏"独立国"位于"间岛"。

9月25日，宋教仁向黄兴提出运动韩登举势力的上、中、下三策。

1907年（光绪三十三年）

2月8日，日本内阁会议决定解决所谓"间岛悬案"。

3月26日，宋教仁与白逾恒从日本启程来东北，试图运动韩登举反清。

5月7日，日人水谷等进入吉林南山，威逼韩登举"合作采金"。

5月中旬，日人柴四郎、头山满等组织"间岛远征队"声言要占领夹皮沟金矿。

5月26日，韩登举将日人来南山活动，制造"间岛"事件等情呈报清廷。

7月，宋教仁与徐镜心前往南山运动韩登举反清，不成。

8月19日，清廷派道员王崇文到南山一带调查。

8月末，吴禄贞路经南山告诫韩登举要"立功边疆"。

11月13日，俄满洲矿务公司让吉林将军令日人退出夹皮沟金矿。

冬，韩登举率乡勇数百助吴禄贞守边。

是年，桦甸县设治，韩家势力仅存县内七、八两区。

1908年（光绪三十四年）

春，日人小越平陆进南山一带侦察。

夏，小越平陆向日本政府报告：如能利用韩登举，"吉林一省则唾手可得"。

冬，东三省总督徐世昌奏请清廷授韩登举"参将"衔。

1909年（宣统元年）

春，韩锦堂入吉林武备学堂。

1910年（宣统二年）

夏，韩家所属娘娘库地方划归奉天安图县境，韩登举被迫关闭大沙河、古洞河两处会房。

1911年（宣统三年）

韩受文在吉林病死。

夏，夹皮沟小线坑因起火停采。

韩家提高"会经"税额一分，引起人们不满，李老担组织"抗税队"三百余人，要求降低税金。

1912年（民国元年）

吉林督军孟恩远任韩登举为省署高级顾问。

张荣生获得桦甸县沙河子金场采矿权。

1913年（民国二年）

韩锦堂毕业于吉林武备学堂，任吉林军署咨议。

原韩家属地韩姚沟地方脱离韩家独立。

1914年（民国三年）

12月，俄商以二十万吊价租夹皮沟金矿，韩登举未许。

1915年（民国四年）

3月，吉林交涉署派李惠卿来夹皮沟调查俄商与韩登举议价租矿事。

5月，苏炎模呈请省署开采桦甸韩家沟金场未准。

袁世凯与日密签《二十一条》，出卖中国九大矿权，夹皮沟金矿是其中之一。

1916年（民国五年）

12月，日商谷村正友以不平等条约为护符，以一万五千元强租夹皮沟金矿，韩登举被迫与谷拟定《出租夹皮沟金矿草约》十条。

1917年（民国六年）

1月12日，韩登举将日人谷村来南山事与《草约》呈报省公署。

2月6日，省财政厅厅长高翔批转韩的呈报给省长郭佪伯，并注明此《草约》与矿业条例不符。

2月7日，省长郭佪伯训令韩谷《草约》作废。

春，吉林督军孟恩远因"禁烟"事与韩家发生冲突，韩登举派林趾仁去奉向张作霖求援。

8月，林趾仁在奉天见张作霖，声言韩登举愿带二万人自备粮饷投效。

9月，韩登举带厚礼去奉拜见张作霖，张准其编练两师并主媒将黑龙江督军鲍贵卿侄女许配给韩绣堂。

10月，吉林督军孟恩远捕杀韩登举的谋士林趾仁。

11月19日，蒋嘉琛伙同日人林正次请领夹皮沟金矿，韩登举极力阻止。

12月，韩登举联合王奉庭申报请领夹皮沟金矿。

1918年（民国七年）

春，韩家"义泰昌"商行分号发展到长春、九台、哈尔滨、大连。

8月，韩登举与王奉庭呈报获准，韩登举以每年交地租三万五千元将矿租于王。

8月13日，段祺瑞政府与日本签订《中日关于吉黑两省金矿及森林借款合同》。

秋，王奉庭的幕后人日本奸商丰八十一背着韩家将夹皮沟矿照转卖给蒋嘉琛和日人林正次。

11月，蒋林两人呈报开采获准，得夹皮沟金矿两处共九百一十亩，韩家丧失了夹皮沟金矿权。

1919年（民国八年）

春，韩绣堂与鲍蕴芳完婚。

5月，鲍贵卿转任吉林督军，韩登举到省庆贺。

8月，韩登举托弟妹吕雅芳致书其表哥鲍贵卿，求其速办韩家丧失的夹皮沟采矿及森林执照。

9月，霍乱病流行吉林省城，韩登举染病身亡，韩绣堂继任韩家"家长"。

11月，蒋嘉琛呈报愿将夹皮沟开采权优先让与韩家。

韩绣堂赴奉入东三省陆军讲武堂，家长由堂兄韩锦堂代理。

冬，韩家"义泰昌"各分号负债倒闭，韩家债台高筑，将养鹿圈两百多头鹿全部卖给营口商人。

1920年（民国九年）

鲍贵卿任命韩锦堂为省署咨议，兼陆军第七旅三团二营副营长。

韩家出买金银壁、木旗河、诸道溜河林场数万亩。

1921年（民国十年）

韩绣堂学业期满回省，被鲍贵卿任命为省属保卫团总队长，兼省军署咨议官和省公署委员长。

1922年（民国十一年）

夏，姜继昌以韩家地契、矿照为抵押，向"满铁""贷款"二百万元。

11月，谢永亮呈请省公署开办木旗河八道河子金场。

1923年（民国十二年）

1月6日，吉林实业厅下发韩家开采夹皮沟金矿执照，韩家夺回金矿权。

新任吉林督军孙烈臣改编保卫团为"南山山林游击队"，韩绣堂为总队长，韩锦堂为第二大队队长。

1924年（民国十三年）

9月，"仁义军同乐辈"土匪三百人突袭夹皮沟金矿，烧毁韩家炮楼数座，洗劫而去。

1925年（民国十四年）

桦甸县公署解散韩家武装，七、八两区统归县属，韩家失去属地和养兵权。

4月7日，省公署密令桦甸县知事胡联恩调查韩绣堂"勾合日人营生贷款"之事。

1926年（民国十五年）

韩绣堂应招赴京任奉系第四十七旅参谋长。

4月13日，姜继昌带领日人崎直之等四人到夹皮沟绘图探矿。

1927年（民国十六年）

姜继昌以韩家地契为抵押，向鲍贵卿借款五十万元，赎回韩家原有十三处林场。

姜继昌与鲍贵卿、朱家宝合资创办"兴吉林业公司"，请回韩绣堂为总经理。

4月8日韩绣堂与"满铁"吉林分所长吉原大藏签订《关于夹皮沟金矿排水调查事务及聘用专门技师合同》。

4月底，日本技师针尾庆次等三人携带机械赴夹皮沟排水探矿。

夏，韩绣堂与"满铁"签订"合营"吉林制材厂以及抚顺煤矿、本溪铁矿所需木材合同。

8月25日，日本领事馆向公众披露了韩家向"满铁""贷款"二百七十万元的内幕。

1928年（民国十七年）

1月，夹皮沟金矿排水竣工，韩绣堂宣布终止该合同。

1930年（民国十九年）

冬，韩绣堂去北平、天津与鲍贵卿办理韩家所欠债务，规定韩家地租由鲍家"代收"。

韩锦堂被推为韩家"执事家长"。

1931年（民国二十年）

9月，"九一八"事变后，韩绣堂逃往华北。

1932年（民国二十一年）

3月，伪吉林省长熙洽任命韩锦堂为伪省署咨议。

1933年（民国二十二年）

12月23日，韩锦堂与日人花良介合议"契约书"，韩家全部财产由日"大同殖产株式会社"接收，"大同会社"负责韩家所欠"满铁"的"债务"问题。

1934年（民国二十三年）

10月，韩家与"大同会社"交接完毕，韩家最后破产，族员们各奔他乡。

（根据李其泰提供《韩边外年谱》充实整理）